U0453201

郑州大学当代资本主义研究中心资助

郑州大学政治学丛书
Zhengzhou University Political Science Series

善治之道：
国家治理的共识达成与权力运行

夏德峰 / 著

中国社会科学出版社

图书在版编目（CIP）数据

善治之道：国家治理的共识达成与权力运行/夏德峰著. —北京：中国社会科学出版社，2019.12

（郑州大学政治学丛书）

ISBN 978-7-5203-5652-7

Ⅰ.①善… Ⅱ.①夏… Ⅲ.①国家—行政管理—研究—中国 Ⅳ.①D630.1

中国版本图书馆 CIP 数据核字（2019）第 252834 号

出 版 人	赵剑英
责任编辑	赵　丽
责任校对	冯英爽
责任印制	王　超

出　　版	中国社会科学出版社
社　　址	北京鼓楼西大街甲 158 号
邮　　编	100720
网　　址	http://www.csspw.cn
发 行 部	010-84083685
门 市 部	010-84029450
经　　销	新华书店及其他书店
印　　刷	北京明恒达印务有限公司
装　　订	廊坊市广阳区广增装订厂
版　　次	2019 年 12 月第 1 版
印　　次	2019 年 12 月第 1 次印刷
开　　本	710×1000　1/16
印　　张	16.25
字　　数	228 千字
定　　价	76.00 元

凡购买中国社会科学出版社图书，如有质量问题请与本社营销中心联系调换

电话：010-84083683

版权所有　侵权必究

总 序 一

2016年5月16日，习近平总书记在哲学社会科学工作座谈会上的重要讲话中呼吁包括政治学在内的哲学社会科学创新，这对充分体现新时代中国特色、中国风格、中国气派的政治学的发展，提出了新的更高的要求。

什么是政治学？在弄清什么是政治学之前，需要先弄清什么是政治。早在1940年，毛泽东在《新民主主义论》中就指出："一定的文化（当作观念形态的文化）是一定社会的政治和经济的反映，又给予伟大影响和作用于一定社会的政治和经济；而经济是基础，政治则是经济的集中的表现。这是我们对于文化和政治、经济的关系及政治和经济的关系的基本观点。那末，一定形态的政治和经济是首先决定那一定形态的文化的；然后，那一定形态的文化又才给予影响和作用于一定形态的政治和经济。"毛泽东这段著名论述告诉我们，一个大社会，是由经济、政治、文化三个部分组成。经济是基础，经济基础决定上层建筑，不仅决定政治的上层建筑，而且进而决定文化的上层建筑。但政治是经济的集中表现，在一定条件下，政治对经济、政治的上层建筑对经济基础又起着决定性的反作用。一定形态的政治又与一定形态的经济一道首先决定一定形态的文化。所以，一定的政治在一定的社会形态中，占有十分重要的不可替代的作用。

为了进一步弄清什么是政治学，让我们进一步从习近平总书记"5·17"讲话中寻找答案。习近平总书记指出："马克思主义理论体系和知识体系博大精深"，"涉及历史、经济、政治、文化、社会、生态、科技、军事、党建等各个方面";"中国特色哲学社会科学"应该"体现系统性、专业性。中国特色哲学社会科学应该涵盖历史、经济、政治、文化、社会、生态、军事、党建等各领域，囊括传统学科、新兴学科、前沿学科、交叉学科、冷门学科等诸多学科，不断推进学科体系、学术体系、话语体系建设和创新，努力构建一个全方位、全领域、全要素的哲学社会科学体系"。在列举的所有学科中，习近平总书记没有直接讲到法学，这决不是总书记的疏漏。法学本身不是一个领域，它仅是渗透到社会各个领域的一个工具，是阶级斗争的工具，是阶级意志的体现。法学也十分重要。但在总书记的讲话中，法学在哪，我个人理解，法学涵盖在政治学的之中。

无论从毛泽东的论述，还是习近平的论述，都说明我们不能把政治学的内涵理解得过于狭窄甚至偏颇。政治学的研究领域十分广阔，其研究对象应该是经济、政治和文化这三者组成中的"政治"即也可以称为"大政治"，应是与历史、经济、文化、社会、生态、军事、党建等各个领域相并列的政治领域，而不是仅仅限定于公共政策、公共管理、人事管理、社会调查与社会统计等方面的"小政治"。具体而言，政治学就是研究群众、阶级、领袖、政党、国家、政府、军队、法律以及统一战线、战略策略等方方面面发展变化着的活动及其联系并上升到规律和本质的学问。仅仅研究公共政策、公共管理、人事管理、社会调查与社会统计等方面的"小政治"学，既不能有效地为坚持和发展中国特色社会主义服务，也不利于中国特色、中国风格、中国气派政治学的创新发展。

政治学作为治国理政的学问，其研究应当顺应历史趋势、围绕时代主题、坚持问题导向、满足人民期待。新时代中国政治学的创新需要适应新形势新任务的要求，紧随时代步伐，站在历史高度，坚持正确的政治方向、理论方向和学术方向，从理论与实践的结合上总结和提升马克思主义中国化的经验，在与政治建设和政治发展的互动中繁荣发展中国特色、中国风格、中国气派的政治学。

中国政治学研究的根本任务是为坚持和发展中国特色社会主义政

治制度服务，把马克思主义的基本原理与当今世情、国情、党情相结合，不断解决坚持中国特色社会主义政治制度和依法治国中的重大理论问题和实践问题。在经济全球化、政治多极化、文化多样化、社会信息化的当今世界，在改革开放和中国特色社会主义现代化建设的关键时刻，政治学研究者应该进一步增强责任感和使命感，坚定马克思主义信仰、坚定正确的政治立场、坚持理论与实践相结合，把政治学放到世界和中国发展大历史中去创新，着力建构中国特色社会主义的政治学。

郑州大学政治学团队正是立足"大政治学"的研究视野，服务国家和区域经济社会发展，着力研究"互联网国际政治学""政治安全学""文化政治学"，并取得了阶段性的丰硕成果。其中，余丽教授经过多年潜心研究出版了一部开创性学术著作《互联网国际政治学》，并入选2016年度"国家哲学社会科学成果文库"，这在一定程度上填补了业界空白，对我国国际政治学科的建设和发展都具有较为重要的作用。在郑州大学政治学学科荣获河南省重点学科之际，郑州大学政治学学科团队出版"郑州大学政治学丛书"，助力推进郑州大学"双一流"建设。

李慎明

2019年7月于北京

总 序 二

政治学是研究社会政治关系及其发展规律的学问，改革开放四十年来，在党和政府领导下，在前辈学者开拓和建设的基础上，在政治学同人的共同努力下，政治学已经成为我国哲学社会科学领域的重要学科，成为我国治理现代化建设的支撑学科，培养了一大批治国理政和政治学学术人才。

在习近平新时代中国特色社会主义思想指引下，构建具有科学性、民族性、原创性、时代性和专业性的中国特色社会主义政治学学科体系，建设具有中国特色、世界水平的一流政治学学科，是新时代政治学学科发展和建设的目标之所在。

同时，我们清醒认识到，我国政治学学科发展和建设面临的任务相当艰巨，所涉及的内容和范围也十分广泛。从宏观来看，按照社会科学发展的基本规律，任何一门社会科学学科的发展，首先集中在学科基本理论的发展和突破、研究方法的更新和扩展、重要研究领域的选择和深化这三个方面。按照这一基本规定性，可以认为，我国政治学的学科发展，应该把着眼点放在基础理论的深化发展、研究视角和方法的拓展以及具有重大现实和实践价值的领域确定和研究方面。这就要求我们首先要基于时代的发展和政治实践的进步，深入研究政治学的基本理论问题，以期在政治学基本理论研究方面取得突破性进展，进而形成具有相对成熟和科学的政治学基本理论。其次，在马克思主义政治理论和方法指导下，围绕政治学基本理论问题，结合时代和实践，针对新时代中国特色社会主义现代化和改革开放事业发展提出的重大实践问题，展开深入研究，力求获得重大突破。最后，需要对中国特色社会主义政治实践形成的经验加以总结提炼，上升为政治学的理论形态。

政治学本质上是经世致用之学。政治学的生命力不仅在于其学术价值和理论价值，更在于其实际应用价值，这是政治学研究保持强大生命力的原动力。在这其中，尤为重要的是，我国政治学研究应该特别关注中国社会和政治发展的独特性。中国作为具有五千年文化传统的东方文明古国，作为中国共产党领导人民在半殖民地半封建社会基础上建设起来的社会主义国家，作为从传统计划经济转向社会主义市场经济的国家，它的社会、政治、经济、文化诸方面都具有自身的特殊属性，其发展和变革在人类社会文明发展史上亦具有独特之处，其在发展和变革过程中面临的许多问题，更是史无前例。这些独特之处，既是我国政治学学科发展和建设的巨大挑战，又为政治学科的发展和建设带来了独特机遇。

中国特色社会主义发展的新时代，为我国政治学人提供了前所未有的广阔舞台，也呼唤着政治学研究者的新探索、新理论、新创造和新贡献。作为习近平新时代中国特色社会主义事业发展的纲领性文件，党的十九大报告具有鲜明的政治特性，集中展现了中国共产党人新时代锐意开拓发展的中国立场、中国气派、中国风格和中国智慧，周详阐述了新时代中国特色社会主义政治建设和发展的目标任务、总体布局、战略布局、发展方向、方式动力和实际步骤，是新时代中国政治学发展前行的航标和指南针，确立了中国政治学研究的历史方位、根本依据、指导思想、人民属性、主要命题、总体目标、核心精髓以及重大使命。

在新时代的历史方位下，我国政治学人应该坚持辩证唯物主义和历史唯物主义，以人类社会历史发展为宏远视野，以习近平新时代中国特色社会主义思想为指导，根据中国社会主义经济政治社会的历史发展变化，深入研究共产党执政规律、社会主义社会政治建设规律和人类社会政治发展规律，紧紧把握"新时代治理什么样的国家和怎样治理这样的国家"这一重大时代和实践课题，从政治意义上分析和定性新时期、新阶段和新时代的各种矛盾，推进人民民主与国家治理的有机结合，为深入研究中国特色社会主义新时代的治理模式和深入探索中国特色社会主义政治发展道路贡献智慧和力量。

郑州大学政治学团队坚持本土化与国际化相结合，立足扎根中国的深厚土壤，以中国的实际问题为首要关切，着力研究"互联网国际政治学""政治安全学""文化政治学"，已经取得了阶段性成果。其中尤其值得一提的是，本学科带头人余丽教授的专著《互联网国际政治学》入选2016年度"国家哲学社会科学成果文库"，对学术前沿问题互联网国际政治学、网络空间政治安全管理进行了探索性、战略性、前瞻性的基础理论研究和应用研究，研究报告多次被中共中央和国务院相关部门采纳。

在郑州大学政治学学科荣获河南省重点学科之际，郑州大学政治学学科团队出版"郑州大学政治学丛书"，相信必将助力推进郑州大学的"双一流"建设，必将助力我国政治学科的发展和建设。为此，特联系我国政治学科发展的时代和实践使命，以序志贺，并且与全国政治学界同人共勉！

王浦劬
2019年8月于北京

目 录

增进福祉：个体与社会共同体整合性成长

西方社会个体与共同体关系的演变
　　——基于马歇尔公民身份理论的坐标考察 …………………（3）
公民身份视阈下的社会排斥与公共治理 ……………………………（86）
公民能力与服务型政府建设 …………………………………………（96）

共识达成：中国共产党政治建设与
国家治理的有机更新

结构功能主义视野下的国家治理体制机制优化 ……………………（105）
政治信仰存续力提升的价值逻辑与实践路径 ………………………（120）
政治共识的结构释义与形成机理 ……………………………………（131）
中国社会转型期政治共识的凝聚路径及其有效构建 ………………（143）
践行群众路线和参与式民主的耦合协调发展探讨 …………………（151）

善治政府：政府权力清单制度创制与
权力运行优化

地方政府权力清单制度的实施现状及改进空间 ……………………（161）
关于深化权力清单制度内涵式改革发展的若干思考 ………………（173）

综合行政执法改革的难题及其破解 …………………………（183）
农村基层"微权力"腐败的机理机制与预防对策 ……………（196）

善治社会：基层党建引领社会共治共享与精细化管理的实践探索

复合社会治理中的多维联动机制 …………………………（207）
官渡镇建"村规民约三项制度"破解农村信访难题 …………（215）
金水区城管执法"四室一庭、四权分离"的实践探索 ………（224）
郑州市以网格化为载体的社会治理创新 ……………………（234）

增进福祉：个体与社会共同体整合性成长

善治的本质特征是个体与共同体最佳的状态，追求人民幸福最大化和共同体利益最大化是人类政治活动永恒的价值追求，而公民身份理论正是透视个体与共同体关系状况的基本视角。本部分以马歇尔公民身份理论为坐标考察，评述了不同学者对马歇尔公民身份理论的批判和发展，探讨了在全球化、后现代化的背景下，公民身份的要素在添加，公民身份的空间在拉长，公民身份突破了传统的领域和空间。马歇尔围绕英国公民身份权利的演进、公民身份与阶级、公民身份与资本主义等展开的论述，他的理论贡献在于把参与政治共同体的老问题放到了社会制度和社会过程的重要背景之中，阐述了公民身份发展的模式以及公民身份与社会阶级的关系，尤其是他提出的社会权利首创性解释。马歇尔提出的"复合社会"概念体现了民主、福利和资本主义三重不同结构的原则，阐释了三种社会制度机制的整合性发展，来回应三种公民身份权利的发展现实。社会权利是建立普遍主义的福利国家的理论基础，公民身份与资本主义存在着动态的和矛盾的关系，福利国家制度困境的根本原因在于公民身份危机。

社会权利通过社会福利、社会服务等形式来实现社会的整合，而服务型政府建设与共享式发展方式是社会整合的重要途径。用马克思主义理论批判吸收并借鉴公民身份理论的合理化元素，有助于实现社会权利的普及化，推动中国消除地区、城乡、阶层、单位等制度性障碍，实现公共服务供给的普惠化和均等化，增进全社会福祉，提高人民群众的幸福生活。

西方社会个体与共同体关系的演变
——基于马歇尔公民身份理论的坐标考察

公民身份与国家权力组成了现代国家的基本政治关系，构成了国家与社会关系的重要解释维度。作为表达个体在共同体中的成员资格及其获得过程的概念，作为连接个体与共同体之间关系的纽带，公民身份成为政治学研究中绵延千年的主线。公民身份含义的每一次变革，反映在政治上必然是政治关系和政治制度的重大转型。从这一角度来说，理解和认识公民身份是有意义的，它是我们理解国家与社会之间关系变迁的基础。

一 公民身份理论和实践的历史演进

公民身份是西方政治理论和实践中的一种思想体系和制度形态，经过历史演变，公民身份在不断拓展自己的概念空间，拥有了极为丰富的理论内涵。从公民身份理论的演化来看，存在着自由主义范式与共和主义范式的张力，权利与责任分别是二者的焦点与核心，共和主义提出塑造积极公民，不再把公民积极参与公共政治生活视为单纯的义务，而是公民的美德与责任，而自由主义主张的是个人权利，塑造的是一种消极公民的形象。

（一）公民身份的概念检视

Citizenship的对应汉语表达有多种，例如，《公民与文明社会》

《公民权研究手册》《现代政治中的公民身份》，时下占主流的是"公民身份"与"公民资格"，肖滨认为，"把 citizenship 表述为'公民身份'语境的更侧重于个体主动争取政治共同体的承认和接纳，追求公民角色、政治地位和认同感，争取享有与其他公民平等的权利义务时，应该更合理"[①]。"把 citizenship 表述为'公民资格'的语境倾向于从政治体或统治权威的规范维度，依据个体具备的美德、资质、财富和贡献能力，通过法律、制度等刚性手段确认个体为其成员，并授予其相应权利、责任和行动，而个体以公民角色遵循共同体的法律制度"[②]。欧阳景根认为把 citizenship 译为"公民身份"要更为准确与全面一些。"作为一种公民身份，'citizenship'一词表达的不仅仅是一种'成员资格'，一种'归属'，也不仅仅是一种'公民的权利'，它更多的是要表达作为一种身份或一种角色的公民，在'权利与义务''地位与责任'之间的平衡，以及作为公共权力机构的国家由此应对其成员所承担的责任。"[③] 公民身份的起源可以追溯到古希腊的城邦国家，"公民"一词源于希腊语中的"polites"或拉丁语中的"civis"，原指属于雅典城邦或罗马共和国的成员。公民原本意指由于生活在城市之中而参与了一种教化或文明化进程的人。[④] 在地域狭小的、联系紧密的城邦之内，公民身份关联着自治中的参与。亚里士多德认为，"城邦正是若干公民的组合"，他对公民的定义是"公民是有权参与议事和审判职能的人"[⑤]，是指一个具有参与人民的自我治理过程的政治权利的人。法国革命者用公民（citoyen, citoyenne）一词象征平等的社会现实：贵族政治的等级差别被打破。英文的 citizen

---

① ［英］布赖恩·特纳：《公民身份与社会理论》，郭忠华等译，吉林出版集团 2007 年版，第 9 页。
② 肖滨等：《现代政治中的公民身份》，上海人民出版社 2010 年版，第 42—44 页。
③ 欧阳景根：《作为一种法律权利的社会福利权及其限度——公民身份理论视野下的社会公平正义之省察》，《浙江学刊》2007 年第 4 期。
④ ［英］恩靳·伊辛、布雷恩·特纳：《公民权研究手册》，王小章译，浙江人民出版社 2007 年版，第 8 页。
⑤ ［希］亚里士多德：《政治学》，中国人民大学出版社 2002 年版，第 408 页。

指在"城市中的自由人"或者"享有交易自由及其他特权的城市居民"。18世纪的公民身份与"自由"一词联系在一起，由于城市居住者是处于封建农奴关系中实现自我解放的第一群体，这个术语也承载着自由的含义。"当自由普及的时候，公民身份也就从一项地方性的制度发展成为全国性的制度。"公民概念经历了从公民与非公民之间的不平等，公民之间的等级划分，到公民内部的一律平等。①公民概念的发展历史是社会各种因素相互交织的结果，它本质上是人的发展史。"公民是一个法律概念，也是一个政治概念。从法律上说，公民指的是具有一国国籍，并依据该国宪法和法律规定，享有权利和承担义务的人……在政治上，公民所拥有的法定权利集中表现为参与公共事务并担任公职的正当资格，而这一点唯有在某种形式的民主共和政体之下才是可望的和可能的。因此，就本质而言，公民的产生及其角色扮演，实为推行民主政治的结果。"②公民的地位意味着共同体对个体的接纳，意味着承认个体对共同体所做出的贡献，同时还意味着赋予个体以自主性。这种自主性通过一系列政治权利得到反映，意味着承认权利拥有者的政治能动性，尽管这些权利会因为时间和空间的巨大差异而表现得完全不同。

按照《不列颠百科全书》的定义，公民身份指的是"个人同国家之间的关系，这种关系是，个人应对国家保持忠诚，并因而享有受国家保护的权利。公民身份意味着伴随有责任的自由身份"③。公民身份浓缩了个体与共同体之间的关系，反映了两者的关联。福克斯认为，公民身份的含义可辨认出三种主要的定义，它们分别是法律的定义，即规定公民与民族国家之间的权利义务关系；哲学的定义关注何种公民身份模式最有可能引致正义的社会；社会政治的定义则强调公民身份作为一种地位，它代表某一社会的成员资格并牵涉一系列社会

---

① 馨元：《公民概念之演变》，《当代法学》2004年第4期。
② 张凤阳等：《政治哲学关键词》，江苏人民出版社2006年版，第131页。
③ 《不列颠百科全书国际中文版》（第四卷），中国大百科全书出版社1999年版，第236页。

实践。① 李斯特将公民身份划分为作为"地位"的概念与将公民身份作为"实践"的概念之区别。前者强调拥有民事权利、政治权利与社会权利，而后者则要求接受并履行更广泛社群之责任与义务。② 这种地位/实践的二分法，反映了两种不同的、即自由主义与公民共和主义之思想传统。还有研究认为，"公民身份可以描述为不仅是一组实践（文化、象征和经济）而且是一束权利和义务（公民的、政治的和社会的），在一个政体内解释一个个体的成员身份"③。

托马斯·雅诺斯基认为，公民身份可以界定为个人在一民族—国家中所拥有的、在特定的平等水平上具有一定普遍性权利和义务的被动和主动的成员身份。这一定义有四个要点。

第一，公民身份始于对一特定民族—国家的成员身份的确定，这意味着要确立一种"资格"，或者说，意味着要确定在一个特定疆域内所有的居民、本地人和臣民中，谁将被看作公民而赋有特定的权利。这一资格最初只属于一个有限的精英群体（如雅典的精英、英格兰的贵族），后来才发展扩大而包括了更多的人（如先进工业化国家的80%—90%的居民）在此过程中，一方面是特定国家内部原先那些非公民（如受到贬损的民族、种族、性别、阶级或残障者群体等）慢慢地取得了权利，获得了成员资格。另一方面，从外部看，则是那些外来人以某种方式获准进入该国，并进而被接受为或归化为该国公民。

第二，公民身份包含着在一种法律体系之下主动的影响政治的能力和被动的生存权利。仅有被动的权利，一个仁慈的独裁者可以用有限的法律权利结合再分配系统中广泛的社会权利来进行统治。而主动权利则使民主国家中的公民得以进入政治的前场甚至经济的前场。当

---

① Keith Faulks, "Citizenship in modern Britain", *Edinburgn*, Edinburgh University Press, 1998, pp. 2 – 4.

② ［英］露丝·里斯特：《公民身份——女性主义的视角》，夏宏译，吉林出版集团2010年版。

③ Simon Susen, "The transformation of citizenship in complex societies", *Journal of Classical Sociology*, 2010（10）, pp. 259 – 285.

公民在公民权利方面变得日益主动时，社会科学家们就要关注对于公民的参与水平、原因和后果的衡量评估了。

第三，公民权利是载入法律的、共所有公民行使的普遍的权利，而不是非正式的，未载入法律的或仅供特殊群体行使的权利。某些民间组织或群体可以对公民权利提出某些要求或建议，但是这些要求出自某些亚文化内部的规范，屈从于社会压力或群体规范，并且它们通常和其他亚文化的规范相冲突。将公民权利法律化的过程就是要努力使这些权利尽可能地化冲突为互补。

第四，公民权利是一种平等表述，权利和义务在一定限度内保持平衡。这种平等是不完全的，但它通常使处于从属地位者的权利相当于社会精英有所提高。这种平等主要是程序性的——如都能进入法院、议会、政府机构等——但也可能包括会直接影响实质性平等的有关费用交付和服务提供的担保。公民们实际享用权利的程度也可能因阶级和地位群体之权力的不同而有相当大的不同。①

公民身份与一系列政策领域相关联，从福利、教育、劳动力市场，一直到国际关系、移民等。公民身份之所以与这些问题相关联，是因为它将三个基本的问题纳入了它的轨道，即：如何确定一个政治体内的成员资格的边界以及政治体之间的边界（外延）；如何分配安排成员的权益和义务（内涵）；如何理解和调适成员之身份认同的"强度"（深度）。② 希特认为，公民身份即使在现代也"是由各种认同、义务和权利组合而成的概念，而不是一个单一概念"③，只有在具体语境中才能把握西方不同时空中的多重内涵。公民身份是一个受到广泛讨论且争议性很强的概念，在不同的语境中并且以不同的方式

---

① ［美］托马斯·雅诺斯基、布雷恩·格兰：《政治公民权：权利的基础》，载［英］恩靳·伊辛、布雷恩·特纳《公民权研究手册》，王小章译，浙江人民出版社2007年版，第17—19页。

② ［英］恩靳·伊辛、布雷恩·特纳《公民权研究手册》，王小章译，浙江人民出版社2007年版，第6页。

③ ［英］德里克·希特：《何谓公民身份?》，郭忠华译，吉林人民出版社2007年版，第117页。

被使用，这导致几乎不可能得到一个普遍认同的定义。社会公民身份的全面理解需要考虑到四个方面的社会复杂性：公民身份不同内容的规范性，不同类型公民身份的争议，公民身份条件的可塑性，公民身份制度安排的合法性。① "如果我们承认不同的社会传统强调公民身份的不同层面，以不同的方法研究公民身份并提出不同概念的公民身份，这并不令人惊奇，事实上，多样的社会方法对于人类现实的特定方面是支撑多层次社会建设的复杂指标。"② 社会分析的多样性部分是由于可获得解释工具的多样性，在公民身份研究领域，从侧重社会的不同的方面和解释的前提可辨识出三个突出的理论传统：马歇尔的公民身份理论、托克维尔/涂尔干的公民文化解释与葛兰西/马克思主义的公民社会模型。从学界对公民身份的研究价值取向与路径来说，可以划分为以下三个类别。

一是强调公民身份的权利和义务。公民身份的内容关注公民的权利与义务，它产生于共同体中个体的成员身份。很多学者发现，公民身份可以定义为各种权利与义务的集合，它使人们获得了一系列"由政治共同体全体成员所要求并给予的（权利）……公民身份权利普遍存在，但局限于社会中的'内部成员'"③。公民在享有这些权利的同时，还承担了对所属政治共同体的责任和义务。特纳对公民身份的定义解释是，"在一个共同体内对于分配权利、责任和义务的一系列过程"④。公民身份不仅是涉及一些资源重新分配的包容过程，而且是基于共同的或想象的团结构建身份的排斥过程。马歇尔从政治哲学和宪法的角度出发，他认为，公民身份是一种地位，一种共同体的所有成员都享有的地位，所有拥有这种地位的人，在

---

① Bryan S. Turner, "Contemporary problems in the theory of citizenship", In Bryan S. Turner (ed.), *Citizenship and Social Theory*, London: Sage, 1993, pp.1-18.

② Simon Susen, "The transformation of citizenship in complex societies", *Journal of Classical Sociology*, 2010 (10), pp.259-285.

③ Jan Pakulski, "Cultural Citizenship", *Citizenship Studies*, 1996 (1), pp.73-86.

④ Bryan S. Turner, "The erosion of citizenship", *British journal of sociology*, 2001 (2), pp.189-209.

这一地位所赋予的权利和义务都是平等的。① 马歇尔对公民身份的定义贡献是把公民身份的概念分解为一束不同的而又相互绞合的权利，他把公民身份的构成要素区分三种权利：公民权利、政治权利和社会权利。

二是强调公民文化与心理认同归属，金里卡和诺曼认为公民身份有三种表现：作为权利的公民身份、作为（政治）行动的公民身份和作为认同的公民身份。卡伦斯认为公民身份包括法律、心理和政治维度；希特则将公民身份包括"公民身份的感受""政治公民身份"和"公民身份的地位"三个方面。克拉托奇维尔认为可以从地位和归属两个方面来理解公民身份。通过把关怀的价值引入公民身份，在公共领域与私人领域中同时建立起亲密关系。在多元化背景下，罗尔斯提出公共理性的公民身份，用以解决多元差异和统合的难题，其公共理性的民主公民身份可视为对其前期制度正义的一种补充。与罗尔斯普遍主义的公民身份的理论倾向不同，杨提出差异的文化公民身份，金里卡提出文化的公民身份权利，通过赋予差异群体以权利，寻求多元化背景下的普遍共识。比如沃尔泽提出，公民身份是在"彼此间有某种特定承诺的男女组成的各有特色的、历史稳定的、持续存在的诸多共同体"中形成和发展的"集体意识"。

三是强调公民参与和行为的意义，关注公民的主体性和能动性。这类学者从共同体自治和参与方面解释公民身份，强调参与政治领域的重要性和对公共社群生活的追求，即强调通过积极参与政治生活而建构公共生活。深厚的"公民身份概念，其主要特征是权利和义务、积极主动的参与、公民和共同体相互依赖、作为良好生活之基础的政治共同体、通过公民美德而获得积极自由"②。"实践"概念有助于理解公民身份社会建构的动力，公民身份随着政治斗争的结果而历史地

---

① ［英］T. H. 马歇尔：《公民身份与社会阶级》，载郭忠华、刘训练主编《公民身份与社会阶级》，江苏人民出版社2007年版，第23页。

② Bubeck, "A Feminist Approach to Citizenship", *Florence University Institute*, 1995, p. 21.

变化。特纳还认为，公民身份是一套应得的权利与义务，它们把个体建构成一个社会政治共同体中完全成熟的成员，并通过它给公民提供一条获得稀缺资源的途径。① 在巴伯看来，公民身份是在一个共同体内参与过程的结果，公民之所以是公民，是因为他们讨论并参与政治。"公民是结合在一起的邻里，他们既不是通过血缘也不是通过契约结合起来，而是通过共同关注和共同参与联系起来的，这些共同关注和共同参与是为了寻求解决各种共同冲突的共同方案。"② 福克斯认为，"参与伦理是界定公民身份的一种关键特质，它反映了公民与大部分其他属民之间的差异。公民身份是一种积极而非消极的地位"③。公民身份是一种互惠的社会理念，它的一个关键的定义性特征就是参与。

（二）公民身份的理论流派

一是共和主义公民身份理论。共和主义公民身份的概念可以追溯"公元前6世纪至前4世纪的斯巴达和雅典，罗马共和国统治时期的近500年太平盛世，开启了公民共和主义的序幕。这个时期也叫古典公民共和主义时期"④。柏拉图的《理想国》是以斯巴达为原型，而亚里士多德以雅典为参照。两者都强调忠贞不移的公民忠诚和义务。亚里士多德在《政治学》讨论和阐述了公民身份的思想。亚里士多德基于公民是"凡得参加司法事务和治权机构的人们"⑤"城邦正是若干公民的组合"的观念，认为一个好公民"必须拥有对统治和被统治来说都必备的知识和能力"。伯利克里在演讲中对公民有过精辟

---

① Bryan S. Turner, Peter Hamilton (eds.), "Citizenship: critical concepts. Routledge", *General commentary*, 1994 (1), pp. 1-7.
② [英] 本杰明·巴伯：《强势民主》，彭斌等译，吉林人民出版社2006年版，第200页。
③ [英] 基思·福克斯：《公民身份》，郭忠华译，吉林出版集团2009年版，第3—4页。
④ [英] 德里克·希特：《何为公民身份？》，郭忠华译，吉林出版集团2007年版，第43页。
⑤ [希] 亚里士多德：《政治学》，商务印书馆1965年版，第111页。

的阐述，"我们的公民既要履行公共义务，又要履行个人义务，决不允许他们埋头于各自事务而有损于对城邦事务的了解"①。公民关心城邦事务既是一种荣耀也是一种义务。好公民是一个具有公共精神的人，他将共同体的利益置于个人利益之前。古典共和主义传统主张，"公民所共享者为统治活动，目的则为追求最高且最广的共善，也就是在法律的架构之中经由自治而培养德行"②。古典共和主义对公民身份在质、量两方面均有严格限制。强调公民美德和责任，积极参与公共事务。公民的特征是一个垄断城邦政治领域的特权阶层，具有强烈的排外特色，公民的特性是"他"（公民身份为男性范畴）具有积极投身、承担该城邦公共义务的意愿。

马基雅维利在古典的公民共和主义与现代的公民共和主义之间架起一座思想史桥梁，马基雅维利强调通过积极参与公共事务，避免将对财富、奢侈和安逸的私人生活的考虑凌驾于对普遍的公共善的承诺之上，从而导致一种积极生活。近代公民身份的概念形成于卢梭传统的自决概念，他认为公民是主权者，共和国是公民意志的体现，所有公民都有平等地参与治理共和国公共事务的权利，"共和国的存续以公民美德为基础，没有公民，便没有美德，没有道德，便没有公民的自由"③。卢梭的共和主义论述乃通过社会契约论来建立政治共同体的普遍意志作为正当性与法律之根源。文艺复兴之后，社会契约论的集大成者卢梭认为，"作为主权权威的参与者，就叫作公民，作为国家法律的服从者，就叫作臣民"④。共和主义思想在19世纪时仍然在反对传统的君主制中发挥着重要作用。但是，"自从18世纪晚期开始，公民身份的共和主义阐释逐步让位于自由主义的解释"。由于人

---

① 孔繁斌：《公共性的再生产——多中心治理的合作机制建构》，江苏人民出版社2008年版，第265页。
② 萧高彦：《共和主义与现代政治》，载许纪霖主编《共和、社群与公民》，江苏人民出版社2004年版，第10页。
③ Cobban, Alfred, *Rousseau and the Modern State*, London: Heinemann and Cambridge, MA: Harvard University Press, 1964, p.104.
④ [法]卢梭：《社会契约论》，何兆武译，商务印书馆2003年版，第21页。

类社会进入20世纪后传统的旧式国王和君主专制制度已经不存在了，更使它一度几乎从政治思想领域消失了。不过近年来似乎有一种新的共和主义学说正在形成。

二是自由主义公民身份理论。自由主义系起源于17世纪的启蒙运动与宗教改革，并由此分别形成了自由主义对人类自我理性的相信，以及对人类个体与群体间差异的尊重。自由主义公民身份的知识谱系随着欧洲立宪传统思想而蓬勃发展，它与资本主义及民族国家的发展密切相关。它是范围更广泛的社会变革的产物，代表着对旧有封建社会之秩序的挑战。在此背景下，早期的自由主义公民身份理论开始直接挑战封建王国的独裁和暴政，尤其是封建王权的象征——君主。希特认为，自由主义兴起的本质是从"君主—臣民关系向国家—公民关系"的转变。自由主义公民身份个人权利的至上性以及国家对于权利的保护，其起源可以一直追溯到近代西方资产阶级革命，英国是这一传统的摇篮，洛克则是这一传统的助产婆。① 随着自由主义公民身份传统的发展，公民身份形成了一种普遍平等的取向。贯穿于整个19世纪与20世纪的扩大民事和政治权利、随后是社会权利的呼声越来越高，使这种转变不断得到强化。马歇尔是现代自由主义公民身份的奠基人，他把公民身份划分为公民权利、政治权利、社会权利，形成了公民身份三要素的模型。从人类自由的角度看，三大要素分别代表了三种不同的自由状态，即"免于国家干预的自由""在国家中的自由"和"通过国家获得的自由"，将自由主义公民身份理论的个体正义维度扩展到社会正义维度。

共和主义思想与自由主义思想有许多共同之处，这两种思想都强调个人的理性和经过个人的同意形成的社会契约是国家形成的基础，认为政治权威来源于公众的授权。② 分歧主要是，在自由主义理论中具有公民身份的个人是一种一般的或者说是抽象的个人，而共和主义

---

① ［英］德里克·希特：《何为公民身份？》，郭忠华译，吉林出版集团2007年版，第5页。

② 杨伟民：《社会政策导论》，中国人民大学出版社2010年版，第350页。

理论中的具有公民身份的个人是与其所在的共同体不可分割地联系在一起的个人,因此,自由主义更强调公民身份中的个人权利,而共和主义更强调公民身份中的个人对共同体及其他人的责任和义务,并且视之为公民的美德,认为这种美德对于共同体和个人都是目的而不是手段。不过,共和主义者与自由主义者的明显的区别是更强调人类共同体的优先性和重要性。

(三) 公民身份制度实践的历史演变

从历史的角度审视,公民身份的概念具有历史性,随着社会与政治的模式的不同,表现出不同的内涵。研究公民身份的历史学家通常将公民身份的发展划分为几个明显的阶段,以此标示这一概念从古代到现代再到后现代的含义转化。例如,雷森伯格认为,公民身份的第一个发展阶段肇始于古希腊而终结于现代性的出现,以1789年法国大革命的出现作为标志。[①] 但是雷森伯格的二段论显得太过空泛,模糊了古希腊、罗马和中世纪城市之间公民身份的理念差异。因此,不能把前现代公民身份看作一个单一的概念,在公民身份的发展历史上既表现出延续性,又存在着对立。在19世纪以前,公民身份一直和特权与排斥相关,是极少数人享有的特权身份,经过文艺复兴和17—18世纪的资产阶级革命以及一系列的立法实践,公民身份才在法律上成为人人都可享有的平等资格。在历史的演变过程中,作为一项古老的西方政治制度在不同的历史阶段与不同的政治共同体框架中存在着不同的政治价值诉求。

1. 古希腊的公民身份模式

公民身份的传统可以追溯到古希腊,到公元前5世纪中期为止,在构成古代生活框架的基本制度体系中,公民身份已成为其中的一种制度。希腊城邦的公民身份是一种特权。旅居的外邦人、妇女、奴隶和城

---

① [美] 基思·福克斯:《公民身份》,郭忠华译,吉林出版集团2009年版,第12页。

邦周边的农民都是被排除在外的。"城邦不是以亲属关系为基础，而是以公民权利为基础，就是这一点使它有别于公社，而且也有别于东方的君主国。"① 城邦是一个道德共同体，它强调公民参与治理城邦、服从法律、培养德性以及对城邦的无私奉献。在城邦中，公民"不遗余力地献身于国家，战时献出鲜血，平时献出年华；他没有抛弃公务照顾私务的自由……相反，他必须奋不顾身地为城邦的福祉而努力"②。古希腊公民身份的突出特征是："小规模的、文化上是整体的、等级体系的、有歧视的，同时也是道德的、理想的、精神的、积极的、参与的、共同体主义的，甚至是英雄主义的。"③ 古希腊的公民身份有雅典模式也有斯巴达模式，虽然斯巴达与雅典在此后的历史中代表不同的政治体系，但两种政体都是传统的共同体主义国家形态，都具有一套法规和政治制度。二者的差异政治参与的人数比例不同。二者都限制公民身份，并在财富、家庭血缘、经验等基础上允许现实政治的不平等。

希腊公民身份是从梭伦改革开始的，在梭伦之前不存在清晰的公民身份观念。梭伦扩大了有资格参与公共生活的人数，他把财富视为分配政治权利和责任的一个基础，他把军事责任授予处于社会结构顶端的三种类型的公民。财富最多的公民组成骑兵部队。在引导从个人和家庭的自我中心走向一种公民合作的伦理发展路线中，梭伦的成就可能被视为一种道德进步。在克里斯提尼改革之前，成为一名公民需要具有一种遗传基因或宗族或氏族方面的成员资格。克里斯提尼推翻了雅典的旧组织，为地方居民确立了公民身份的基础。他的行政单位大致是村庄的族群，他规定大约140人为一个族群单位，通过使族群登记成为雅典公民身份的必要条件，克里斯提尼融化了家庭、宗教或其他联合，使地域政治成为最重要的组织。在克里斯提尼之后的雅典历史上，18岁的成年人通过他父亲可以出席族群会议，他如果被接

---

① ［英］霍布豪斯：《自由主义》，朱曾汶译，商务印书馆1996年版，第3页。
② ［美］乔·萨托利：《民主新论》，东方出版社1998年版，第316页。
③ Riesenberg, *Citizenship in the Western Tradition*, Chapel Hill: The University of North Carolina Press, 1992, p. 8.

受并且记录在族群的名单中，就成为一名享有政治与法律权利的正式公民。克里斯提尼创建这种程序使年轻的新公民合法化，并且把来自许多不同区域和职业背景的雅典人吸引过来，减少了政治共同体内部的紧张关系，让更多的人分享政治权利，并且把城市和农村的人口连接成一个更为紧密的混合体。五百人会议的创制关涉雅典公民进入十个部落这个新组织的问题。这项制度取代了先前一种五百人会议，成为城市重构之后的主要政治制度。十个部落中的每个都选出五十人作为会议的成员，这些人的选择要考虑到部落内部每个村社的规模和重要性。实际上，五百人的团体规模过大而难以产生有效的政府，会议分割成五十个代表单位，这些代表单位组成一个行政部门即主席团，不仅便于公民的政治参与和人员的更换比率，而且也在对世代雅典人的政治教育方面有重要作用，让他们学习管理、程序和审判的技巧。①前501—前500年，每个公民都要求此后发誓忠诚于公共福利与雅典人民和政体的共同目标。大约在同一个时期，雅典对那些不是公民但又是雅典这个大社会的成员有了更为清晰的规定——首先是外邦人，然后是驻雅典的外邦代表。后者是指那些被授予准公民地位，以作为其原籍城市在雅典的一个准外交官机构。雅典对那些被授予准公民地位，减少了原初公民与新加入的公民之间在一种正式方面有差别并没有关系。总之，此时的公民身份如果不是雅典政制的中心制度的话，也是被确立为雅典政制的中心制度之一。到前475年为止，公民身份被视为一种报酬，给予那些以某种方式与雅典人民和睦相处的外国人。因此，不仅公民身份实践的发展证实了，而且雅典人和其他希腊人也都知道了公民身份的意义所在。前451—前450年，伯利克里通过了一条法律，使公民身份取决于父母双方的雅典血缘。亚里士多德的解释是，这项法令是"公民数量不断增加的结果"。公民身份在伯利克里的演讲中既是一种奖赏又是一种排斥。奖赏关联到城市赋予其

---

① ［美］彼得·雷森伯格：《西方公民身份传统——从柏拉图到卢梭》，郭台辉译，吉林出版集团2009年版，第38—41页。

英雄一种公共荣誉，以及帮助那些可能英勇捍卫公共福利的人以及其家庭的一种前景。他的演讲把公民身份表达为一种道德传统，试图超越任何技术的、法律意义上的公民身份。公民身份的危机在伯罗奔尼撒战争后期呈现出来，寡头政治的执政者与民主政体的首领之间出现的一场斗争，寡头政体的执政官佩山得假借财政紧缩之名，成功裁减了国家支付津贴职务的数量。改革改变了雅典的构成，把职务局限于富裕阶层。寡头制的首领据于某个理由，提议把享有充分积极的公民总数限制到3000人，又据于另外一个理由主张把公民身份授予"所有那些已为这种民主制而战斗的人"。

公民身份变得物质化和政治化，成为一种刑罚和奖赏的工具，因此也成为政治权力的工具。斯巴达的公民身份是在战争与害怕叛乱的背景下发展起来的，公民成为一种令人敬畏和恐惧的战士，斯巴达建立了一套半军事化的制度，大多数公民把自己最好的青春全部奉献给一个稳定的、警觉的、危险的军旅生涯，公民在战场上的表现及其对共同体的忠诚表达为一种最高荣誉。斯巴达的公民身份是雅典公共服务概念的一种强化，良善的生活就是艰苦的生活，因为这要求公民以他自己的身体，集中全部精力为共同体做最大贡献。吕库尔戈斯的改革对斯巴达有着长期的影响，他把土地分配给所有正式公民，并在一次公餐中登记入伍的名单，这种新的政体造就了公民战士，他们可以单独参加政治和军事生活。包括两个国王、主要的军事将领和五位长官，他们掌管着正义和对外政策，还有一个由30名公民战士组成的议事委员会和一个民众大会。① 与军队、公餐和议事程序一样，民众大会也是一种公民教育和公民身份的制度，必须被看作在斯巴达对古代以及后来各种想象力的全部影响的因素之一。但是到了公元前3世纪，公民阶层的干劲开始退化，除了军事荣耀以外的因素开始深入制度体系之中。

---

① ［美］彼得·雷森伯格：《西方公民身份传统——从柏拉图到卢梭》，郭台辉译，吉林出版集团2009年版，第26—28页。

2. 罗马的公民身份模式

罗马早期的公民身份大致等同于希腊早期的公民身份，二者都强调个人的各种义务和特权，服从法律和实践权威。与古希腊公民身份模式相比较而言，罗马的模式更为复杂，更有弹性，也更具有法律色彩。这种差异甚至前500年在王政结束之前都是非常明显的，而那时国王谢尔维乌斯·图里乌斯把公民资格赐予平民。① 这些平民在罗马没有任何特权，居无定所。罗马的公民身份不仅产生一种传统的、积极的政治阶层来制定并管理政策，而且也想吸引了大量公民积极参与公共事务。对于大多数人来说，公民身份意味着参与大量选举，包括构成为政治图景的各种民众集会、法庭和各种预备会议。在共和国早期扩张的几个世纪中，公民身份的授予是用来创造社会和政治纽带，而后来的帝国却再次用来作为把国家团结起来的工具，公民身份所表达的是法律地位和利益。从共和国向元首政治再到帝国的转型，公民身份的政治层面最终变得越来越弱，但在公民层面却大大扩展了。在帝国的统治之下，公民身份保留着西塞罗称为的一种法律社会。因此，罗马公民身份在实质上已蜕变成只相当于现代的国籍的一种法律身份。作为对效忠罗马的回报，它只赋予（公民）获得罗马士兵和法官保护的权利，而与自我治理的现实实践已没有任何强固的联系。

对公民身份的概念来说，公元前4世纪罗马人引入了三个在历史上非常具有深远影响的措施。其背景是，城市的领土扩张到整个拉丁地区。在公元前381年，罗马对塔斯库勒姆这块飞地充满敌意的行动表示恐惧，因此把公民资格授予给其自由的男子居民，这就让塔斯库勒姆完全融入罗马共和国体制中。这同时也引入了"拉丁"与"罗马"双重身份的概念，从此，一个成年男子可以同时是他自己城市的和罗马共和国的公民。在解除塔斯库勒姆的威胁之后的半个世纪里，罗马也授予其他拉丁语城镇的居民一种半公民身份——没有投票选举

---

① ［英］德里克·希特：《公民身份——世界史、政治学与教育学中的公民理想》，郭台辉等译，吉林出版集团2010年版，第26页。

权的公民身份。通过这种措施，公民可以享有私人的但不是公共的许多特权。① 至此，公民身份的概念现在也发生了变化，罗马公民身份的地位更多是成为一种荣耀。到公元前1世纪末为止，罗马已经把它的势力范围扩展到了整个地中海海湾和高卢地区，其手段是把摧枯拉朽的军事技术和公民身份登记的恩惠巧妙地结合起来。种族、宗教和财富都不是承认公民身份的决定性因素。罗马公民身份提供了一种在法律面前人人完全平等制度。罗马帝国时代，罗马公民身份的自豪感随着特权的世俗化而消退，并且由于各种义务的重要性远大于各种权利的重要性而消失殆尽，出现这些变化的部分原因在于现实环境的逐渐改变，部分由于法律制定的变动。安托尼亚那赦令（Constitutio Antoniniana）使公民身份的地位从意大利人和各行省精英扩展到实际上所有帝国征服下的所有子民，当然奴隶除外。阶级在实践中已经取代了公民身份，并且成为地位的一种现实标志。公元212年罗马帝国卡拉卡拉（Caracalla）皇帝的赦令最终把公民身份的铸造贬低为实际上没有任何价值的东西。② 罗马丧失了这些公民身份的高标准之后，只剩下一个在地上笨拙爬行的帝国，已经完全丧失了任何道德的动力和目的。由于日耳曼各部落的渗透和入侵，罗马帝国在西部的控制崩溃了，随后作为一种政治观念的公民身份也烟消云散了。

3. 中世纪时的公民身份模式

其一，宗教公民身份。罗马帝国的崩溃，基督教会的势力越来越强大，逐渐形成了一种新的生活方式，在这种情况下，公民身份的内涵也发生了分化和转型，逐渐形成了世俗世界与彼岸世界的双重公民身份。"公民身份"被基督教世界的各种封建的、宗教的身份遮蔽了，没有了政治参与和自我治理的传统内涵，不过，它也没有彻底消

---

① ［英］德里克·希特：《公民身份——世界史、政治学与教育学中的公民理想》，郭台辉等译，吉林出版集团2010年版，第27页。

② 同上。

失。政治秩序支配着其他观念，诸如信仰、信任、守法和忠诚。[①] 忠诚具有双重的影响。不过，韦伯认为，"基督教信仰对于作为政治实体的城市公社观念的发展至关重要，这种政治实体是以共同信念而非共同的部落或者地方成员身份为基础建设起来的。当城市自治原则与基督教的政治义务融合成为欧洲社会自治市镇中的单一制度时，公民身份就开始成为现代资本主义文明社会结构的重要组成部分"[②]。

其二，中世纪城市公民身份。中世纪北欧在王国或封建国家层面上并不真正存在公民身份，然而，在城市内部也不乏真实的、平等的公民身份之实例，其特定的权利和义务严格来说是地方性的，而不是全国性的。在中世纪晚期，公民身份意味着城市中成员。[③] 城市是一个由城市居民联合起来的共同体，他们从领主或主教手中买下自治的特许状，基本都是一些独立而自治的商业实体，不受封建权利和义务的束缚。城市的显著特征是拥有它自己的法律和法庭以及一种那个在任何程度上的自主行政管理。"自由民"或"市民"就是自治市的公民，这些自治市通常在封建等级体制内拥有某些特定的、有限的自我治理权利。中世纪的市民就是一个公民，因为并且以至于他是在这种法律下行动的，并参与对行政管理官员的选择。但从根本上讲，这些自由民依然是从属于某个统治他们的贵族或领主的臣民。虽然英国很早就建立起一种中央集权的强大君主制，也很早就发展一种有影响的国民代议制度，但它们都把城市公民身份的所有和目的局限于因征税问题而与王权进行自主的讨价还价。在伦敦和其他的英国城市中，对城镇组织的控制是在行会的控制下进行的。行会的成员资格不久就成为公民身份的前提条件，到了 13 世纪中期为止公民身份变成一个政治议题。由于公民身份意味着利益，所以就需要保护和制约，这就是

---

① Dora Kostakopoulou, *The Future Governance of Citizenship*, Cambridge University Press, 2008, p. 17.

② Bryan S. Turner, "Contemporary problems in the theory of citizenship", In Bryan S. Turner (ed.), *Citizenship and Social Theory*, London: Sage, 1993, pp. 1–18.

③ Dora Kostakopoulou, *The Future Governance of Citizenship*, Cambridge University Press, 2008, p. 17.

为什么需要政治化的原因。在1274—1275年伦敦保持一种对学徒的官方登记,这或多或少类似于表达一种公民身份的法律。① 伦敦对公民身份的表达类似于佛罗伦萨的情况,行会成员关注保护公民身份的特权,公民身份似乎是政治经济权利的前提条件。意大利北部和中部的城市—国家是中世纪在实践中最为成熟的公民身份典范。到12世纪为止出现两百多个这样的自主市,每一个市镇都存在相互契约、法律规定、爱国忠诚以及政治参与的公民整体,就像古代世界的任何一个城邦一样。城市授权给行会,让它管理其成员的各种活动,因为城市不可能有效管理数量巨大的人们。大部分公民都参与政治和行政管理的各种活动,但一般都建立在一种兼职的基础上。各种集会和议事会通常都是很大规模的,这样就能容纳相当大数量的公民,让尽可能多的公民参与辩论和决策制定。这些城市—国家得以演进的一个重要因素是缺乏一个强有力的君主专制制度和得以巩固的民族—国家,与此同时还有罗马法或隐或现的连续性以及罗马公民的责任意识。在英国和意大利,商人和工匠与其关注政治权利的践行,还不如说关注享有公民身份的法律与经济利益。那些争取获得公民身份的人不仅仅需要在政治过程中有发言权,而且在商业经济的世界中他们迫切需要平等,把公民身份视为一种获得财富和高等社会地位的手段。在英格兰,中世纪的自治传统对绝对主义施加了强大的影响,从而在很广的范围上改变了治理的模式。② 影响了政治理论家,例如Bracton和Fortescue,关注财产所有者的利益和强调有效规则的必要性。Fortescue的《英格兰的治理》著作根据15世纪在各个阶层便利的合作来颂扬有限君主制的效率。

其三,文艺复兴时期,意大利的文艺复兴标明人文主义和理性主义价值观的重新出现,人们重新对古希腊的哲学、斯多葛学说、罗马

---

① [美] 彼得·雷森伯格:《西方公民身份传统——从柏拉图到卢梭》,郭台辉译,吉林出版集团2009年版,第158页。
② Dora Kostakopoulou, *The Future Governance of Citizenship*, Cambridge University Press, 2008, p.19.

共和主义关注和公民身份理念的复兴,在文艺复兴时期,罗马共和主义和公民美德的理念服务于理性精神和逃避意大利政治的骚乱的需要,在自治的城市中,公民能够享受自由、体验满意的生活和为了阻止专制统治而行使权利,政治参与被认为是实现良好政府的必要方式,城市已经具备一种参与的政治文化。布鲁尼在当时是复兴公民身份的一个关键人物,他以一种非凡的方式有助于使严谨沉思的理想加速向一种积极公民生活的转型,从一种等级社会中的信仰向一种平等政体的转型。在16世纪里,马基雅维利和布丹对公民身份的传统都贡献了重要思想,马基雅维利综合有关自由、公民身份以及共和主义的争论,对与公民身份相关的概念和问题做了修正,主要观点包括财产权与爱国精神、服兵役与自由、宗教与公民美德之间的关系。布丹把公民身份看作一组政治权利和特权的集合,他认为,每一个公民都是臣民,但是并不是每一个臣民都是一位公民。他把公民建构为一个具有政治潜能和行动能力的个人,而且由于公民已经被人们从奴隶区别了出来,是以财产为基础为自己的共和国提供服务的。[1] 布丹以法理学家的方式做出了其他关键的区分。公民并不必然就是平民,也就是说不必然是城市中的居民。城市的高墙并不会塑造公民,只有法律和文化才造成公民,而且总是通过君主的行动来实现的。布丹把公民定义为"享受一个城市的权利和特权"的人,他的成就是在臣民时代创造了一种新型的公民定义。对布丹来说,一个公民的本质就在于他参加政治生活的可能性。在启蒙时期,"平等的话语"才在反对贵族阶级和其他特权身份群体的政治、法律利益的过程中出现。社会契约理论、自然权利等学说为公民的共和主义向自由主义身份转向打下基础。公民权利的兴起是现代政治发展中具有根本意义的事件。

4. 现代以来公民身份确立与发展

现代国家大约出现在文艺复兴时期后期,随着公民身份脱离以城

---

[1] [美]彼得·雷森伯格:《西方公民身份传统——从柏拉图到卢梭》,郭台辉译,吉林出版集团2009年版,第294页。

市和市民社会为中心的状态，而转变为一种民族国家的制度。到 16 世纪，中世纪的政治秩序，以灵活的封建主义和地方公民身份为特征，已经被现代国家所取代。在中世纪城市中赋予公民的自由被彻底地扩展了，自由本身从一种特权转变为一种权利，公民身份演变为一个全新的概念和成型的政治制度。"尽管 1688 年权利法案声称的权利并不是公民的权利，正是这种合法的集体秩序思想尊重个体的自由引致公民身份概念的产生，它支配了十八和十九世纪的欧美政治。正是这个原因，再加上权利法案列举了一些公民权利和司法面前的平等，可以认为自由主义公民身份范例起源于十七世纪晚期。"① 伴随着 17—18 世纪欧洲资产阶级革命的胜利，公民身份也完成了其孕育和现代转型过程，现代公民身份得以完整地建立起来。现代自由主义公民身份奠基于近代自由主义理论的发端，它与资本主义及民族国家的发展密切相关的。现代公民身份建立在自然法学派的基础上，将近代人文主义中的个人主义与基督教文明的契约精神结合在一起，突出体现在公民权利和人民主权两大原则上。资产阶级革命的过程同时也是公民权利兴起和大发展的过程。在英、法、美等国资产阶级革命所颁布的里程碑式的文件中，明确宣告了现代公民权利的内容和神圣性。1679 年，第一部《人身保护法》(Habeas Corpus Act) 在英国获得通过，1789 年并且彼此相隔仅数个星期之久的法国《人权宣言》和英国《权利法案》，法国大革命首先建立起这一公民身份的实践。在思想启蒙和市民社会发展的基础上，近代资产阶级革命成为兑现公民权利要求的转折点。

资本主义的发展和 18 世纪晚期欧洲发生的革命性变迁破坏了这些地方性和碎片化的政治角色在市民社会中的作用，公民身份开始与国家而不是城市联系在一起。个人对共同体的认同从而也开始出现分化。《威斯特伐利亚条约》的订立和民族—国家世界体制的确立，则使城市公民身份发展强有力的民族—国家的公民身份。在 17 世纪晚

---

① Dora Kostakopoulou, *The Future Governance of Citizenship*, Cambridge University Press, 2008, p. 22.

期和18世纪，随着现代国家发展成为基于空间的实体和疆域成为政治忠诚的目标，公民身份变得与国籍绞合在一起。[1] 公民身份意指国家成员和民族成员，后者被认为一个统一的主体体现共同体的意志。正如布鲁贝克的观察，在这方面，"民族的公民身份是有一种现代制度通过它每一个国家的构建和长期延续自身作为一种公民的联合体，公开标识一群人作为他的成员，而世界上的其他人被看作非公民，一个外国人"[2]。随着国家变成民族的投射，国家的诉求变成等同于民族共同体的意愿，用国家权力来控制进入政体变成一个主权国家的标志。早期民族主义包容的内在尺度有助于消除特权、区域利益和君主制统治，但是这也造成了新的排斥，国外外来者和新定居者被认为是非本地人。公民身份不仅变成关联了移民政治，而且辅助以文化和（民族）种族的界限来调整疆域边界。在20世纪的大部分时间里，民族国家被认为是稳定的、非分化的共同体，具有固定的和预定的边界。民族的归属和凝聚由民族国家的教育系统和提高了的安全感与物质享受的供应所培育，社会整合从爱国主义和共同体情感扩展到正式平等的公民身份和享有国家提供福利的资格，因而突出了公民身份的社会维度。[3] 在更宏大的变迁中，一系列关键性的制度安排都开始在民族—国家的层面上加以衡量，包括福利制度、产业发展制度、教育和文化制度，等等。

从古代一直到当代，公民身份含义的嬗变一直在继续，但在这种历史演变的背后，我们仍可以找到公民身份的一个基本稳定的内涵以及功能：就其实质内涵而言，不论在何种历史阶段，公民身份始终体现为一种个体与其所处的政治共同体之间的体制化关系，决定和反映着共同体的社会结构。

---

[1] Dora Kostakopoulou, *The Future Governance of Citizenship*, Cambridge University Press, 2008, p. 23.

[2] Reinhard Brubaker, *Citizenship and Nationhood in France and Germany*, Gambridge, MA: Harvard University Press, 1992, p. XI.

[3] T. H. Marshall, *Social Policy in the Twentieth Century*, London: Hutchinson, 1975, p. 200.

二 马歇尔公民身份理论的基本要素

1949 年 T. H. 马歇尔在纪念阿尔弗莱德·马歇尔发表了著名的演讲"公民身份与社会阶级",第二年他对演讲的内容加以扩展,并以论文的形式加以出版。《公民身份与社会阶级》被看作他的一部杰出的著作。他从英国的社会——历史背景出发,系统阐述了公民身份的演进历史,分析了公民身份的构成要素。"他把公民身份看作一个人在成长过程中逐渐形成的生活方式,把其演化看作一个地域上融合和功能上分化的双重过程,把公民身份的构成看作由公民权利、政治权利和社会权利所组成的复合范畴。"① 马歇尔考察了公民身份与社会阶级之间的复杂关系和内在张力,描述了阶级不平等的分裂性与公民身份权利的整合性之间的平衡,主要是从社会关怀的视角,探讨制度与政策如何影响公民身份,并基于公民身份的目的如何改变制度和政策的问题。马歇尔对公民身份的关注揭示了自由主义理论的一个特殊问题:"如何协调政治民主的正式框架与作为经济体系的资本主义所带来的社会结果之间的关系,即如何协调形式平等与社会阶级持续分化之间的关系。"② 围绕着马歇尔的核心论点展开了持久的争论,产生了一大批支持者与反对者,评论马歇尔公民身份理论的篇幅已经大大超过了他本人建构公民身份理论的篇幅,评判的焦点集中在《公民身份与社会阶级》,许多理论家和思想家从各自所处的立场和时代背景出发,论证了马歇尔的成功和不足,从而把公民身份理论研究广泛地扩展开来。

---

① 郭忠华、刘训练主编:《公民身份与社会阶级》,江苏人民出版社 2007 年版,第 2 页。
② [英] 布赖恩·特纳:《公民身份与社会理论》,蒋红军译,吉林出版集团 2007 年版,第 7 页。

（一）马歇尔的公民身份概念及其内涵

1. 公民身份的概念与内涵

马歇尔认为，"公民身份是一种地位，一种共同体的所有成员都享有的地位，所有拥有这种地位的人，在这一地位所赋予的权利和义务上都是平等的"①。尽管没有普遍原则来决定那些权利与义务究竟应该是什么，但公民身份作为发展中之制度，社会建构了理想的公民身份之想象，用以衡量社会成就及指引志向。在此预先规划的路径上，激励人们向前的是更进一步的平等，即不断丰富公民身份之内容，并扩大拥有此身份者的数量。他还指出，公民身份需要一种不同类型的纽带，"一种建立在忠诚于共同拥有之文明的基础上的对共同体成员身份的直接感受。这种忠诚是拥有权利并受到共同法律保护的自由人的忠诚，它的发展即受到为获得这些权利而斗争的推动，也受到了在获得它们后对其享有的推动"②。

公民身份是以公民为基点对公民与国家之间关系的总体概括，公民身份的特点可以描述为一种地位，也可以描述为一组权利。我们可以从三个方面来理解马歇尔的公民身份概念。

首先，成员资格问题涉及的是"共同体"，每一个个体都属于某一个共同体，有该共同体来保障其权利。权利通常被认为来自成员身份，在公民身份的形式上来说权利的组合可以是成员关系的构成。反映了一个概念关于基于"产出"（接受政策的内容）而不是"输入"（参与），权利之所以重要，是因为它借助法律地位或传统地位赋予人们以特殊的能力。公民身份控制着个体和群体在社会中获得稀缺资源的机会。

其次，作为权利和义务平衡体的公民身份则具体表征着公民与国家之间的关系，它尤其体现在一国的法律制度之中，这是公民身份的核心内容。合法的权利和义务一旦制度化为正式的地位，给人们正式

---

① ［英］T. H. 马歇尔：《公民身份与社会阶级》，载郭忠华、刘训练主编译《公民身份与社会阶级》，江苏人民出版社2007年版，第15页。

② 同上书，第21页。

的权利在社会中获取稀缺资源,"资源"意指基本的经济资源,如社会安全、医疗保健权利、住房补贴、退休福利或税收优惠。但是资源也包括可获取的文化资源或物品,如在传统的自由主义框架内,公共场所讲自己语言的权利和有关宗教信仰自由的权利。① 权利的重要性来源于地位的社会性质。

最后,公民身份表达着平等的诉求。与意味着等级和被支配地位的奴隶、附庸或者其他依附群体不同,公民在社会中享有合法与平等的成员身份。"所有人要求享受这些条件的权利实际上就是要求分享社会遗产的权利;进而就是要求成为社会的完全成员的权利,即成为公民的权利。"② 公民身份的理想就是要实现更加充分的平等,公民地位之内容的扩展,获得该地位的人数的增加。正如马歇尔自己清楚的讨论,一些成员是完全的,暗示着其他一些成员是"部分"的,公民身份的扩展通过纳入那些以前是"外部"的有关的人口提高公民的比例。

公民身份的发展具有两种不同的情况:一方面是有一批新的类型者加入现有公民身份权利范围;另一方面是在公民身份中增加了新类型的权利,即产生了公民身份的新成分或因素。马歇尔不囿于社会成员政治范围的约定俗成,从权利和体现权利的制度背景来理解公民身份,将公民身份理解为一组特定的权利和使权利得以实施的社会制度,比起天赋人权的理念,用人权概念表达对公民权利的理解,马歇尔对公民身份的改造是一种进步。马歇尔的研究路径也表明,研究权利只有在特定的制度化背景中才有意义,因而也只有在特定的物质条件下才能实现。

2. 社会权利的概念与内涵

社会权利或称社会公民身份是马歇尔公民身份理论的核心。马歇尔是第一个将社会权利概念化并支持使之作为现代公民身份的要素。

---

① Bryan S. Turner, "Citizenship studies: A general theory", *Citizenship Studies*, 1997 (1), pp. 5 – 18.
② [英] T. H. 马歇尔:《公民身份与社会阶级》,载郭忠华、刘训练主编译《公民身份与社会阶级》,江苏人民出版社2007年版,第6页。

他对社会公民身份的理解是,"从某种程度的经济福利与安全到充分享有社会遗产并依据社会通行标准享受文明生活的权利等一系列权利。与这一要素紧密相连的机构是教育体制和社会公共服务体系"①。马歇尔根据最低限和最高限因素来定义社会公民身份,最低限是指每个公民都可以从国家获得基本的最低经济支持,即"获得适量经济福利和安全的权利"。最高限是指"全面分享社会遗产和按照通行的标准过文明生活的权利",意味着公民可预期全面参与社会中。把公民身份的发展看作"文明生活的具体内容的普遍丰富",可以通过减少风险和不确定性,通过平衡富人与穷人的生活条件而实现。依据马歇尔论证说,社会权利可以使社会底层的人进入主流社会,并有效地行使他们的公民权利和政治权利。

  公民身份理论中的社会权利在20世纪以前并没有被纳入公民身份的结构当中去,在马歇尔看来,"国家必须保障某些必需品和服务(比如像医疗机构、药品供应、收容所和教育)的最低供应或者国家必须在这一方面投入基本的货币岁入——比如养老退休金、保险收益和家庭津贴"②。马歇尔的社会公民身份的观点是,"将社会权利纳入公民身份的地位当中,并由此产生一种要求获得实际收入的普遍权利,而实际收入与其要求者的市场价值是不成比例的"③。马歇尔的设想是,"通过使货币收入与真实收入日益分离出来的方式,普遍的教育和医疗机构最终有助于使分裂的阶级文化融入进一种'统一的文明'"④。马歇尔设想的国家是,不仅能缓解社会阶级不平等的剧烈冲突,而且事实上完全消除一些以阶级为基础的地位差别。

---

① [英] T. H. 马歇尔:《公民身份与社会阶级》,载郭忠华、刘训练主编译《公民身份与社会阶级》,江苏人民出版社2007年版,第8页。
② 同上书,第27页。
③ 同上书,第24页。"而实际收入与其要求者的市场价值是成比例的"此处的翻译应为误译或印刷错误,加入一个"不"才符合原意,对照原文可知:a universal right to real income which is not proportionate to the market value of the claimant。
④ [美] 南希·弗雷泽、琳达·戈登:《公民权利反对社会权利?——论契约对救济的意识形态》,载[英] 巴特·范廷博根《公民身份的条件》,郭台辉译,吉林出版集团2007年版,第106页。

3. 公民身份的权利与权力

公民身份应该被视为一个体系的概念。公民权利本质上是一种个人权利,但当公民运用这一权利成立社团组织,开展各种运动时,公民权利就转换成一种集体性质的"权力形式"。公民权利把"个体看作一个行动者,而不是一个消费者"。"在社会化的早期阶段,它是内在原则的外显表达,因此它就变成个人人格的一部分,体现在点滴的生活中,它是文化固有组成部分,社会行为能力的基础和社会情境的创设者,情景使社会行为在一个民主文明的社会可能起作用。"① "公民权利分散在许多机构之中,不像政治权利通过单个的机构起作用。"② "公民权利尽管是适合个体,但也用来创立各种形式的群体、协会、公司和社会运动。它是政治和社会多元主义的基础。"③ 马歇尔认为,公民权利在三者之中最强大,以至于可以认为是权力的一种形式。④

为什么不同的公民身份权利具有不同的权力潜力。"马歇尔强调权力可以被理解为作为潜在的影响力,不仅是可见的行为与资源,而且是作为潜在的手段对于可能存在没有实行的潜在的权力。"⑤ 马歇尔认为公民身份的公民权利可以被理解为潜在的权力,但社会权利不能被作为权力来行使,尽管它授权给公民和减少不平等,但它建构个体为消费者而不是作为一个行动者。然而,政治与公民权利具有对权力的潜能因为它们建构公民作为一个行动者而不是一个消费者,它们使公民通过各种方法去采取行为以实施他认为是可欲的与可能的要求。⑥ "从在市场上平等的购买能力来说,社会权利是权力的重要来源,然而,相对于公民权利与政治权利,社会权利作为福利的普适性资格,缺少重新塑造政体的权力,公民是享受国家分配资源的消费

---

① T. H. Marshall, "Reflecions on Power", *Sociology*, 1969 (3), pp. 141 – 155.
② Ibid..
③ Ibid..
④ Ibid..
⑤ Ibid..
⑥ Ibid..

者,这些资源对于授权给公民和减少经济不平等是重要的。"①

(二) 公民身份的权利要素

马歇尔把公民身份区分为公民的、政治的、社会的要素,公民身份的不同要素具有不同的制度基础,并且在各种重要的方面具有不同的历史。

"公民的要素(civil element)由个人自由所必需的权利组成:包括人身自由,言论、思想和信仰自由,拥有财产和订立有效契约的权利以及司法权利(right to just)。这项权利不同于其他类型的权利,因为它通过一定的法律程序,并以人人平等的方式确定和保护所有人的权利。这表明,与公民权利最直接关联的机构是法院。政治的要素(political element),我指的是公民作为政治权力实体的成员或这个实体的选举者,参与行使政治权力的权利。与其对应的机构是国会和地方议会。社会的要素(social element),我指的是从某种程度的经济福利与安全到充分享有社会遗产并依据社会通行标准享受文明生活的权利等一系列权利。与这一要素紧密相连的机构是教育体制和社会公共服务体系。"②

马歇尔的公民身份理论模型

时期	权利	制度
17—18 世纪	公民权利	法院
18—19 世纪	政治权利	议会
19—20 世纪	社会权利	福利国家

早先,这三种要素是混合在一起的,权利的混合则是因为各种机构也是混合在一起的。公民身份的演化涉及融合与分化的双重过程,

---

① T. H. Marshall, "Reflecions on Power", *Sociology*, 1969 (3), pp. 141 – 155.
② [英] T. H. 马歇尔:《公民身份与社会阶级》,载郭忠华、刘训练主编译《公民身份与社会阶级》,江苏人民出版社 2007 年版,第 7—8 页。

其中融合是地域上的，而分化是功能上的；公民身份既是分裂的，又是整合的，分裂是因为公民身份权利的三要素是分离的，它们取道于各自不同的发展路径，而在整合意义上说，权利和义务不再隐含有特定地区或地方性身份的含义，也就是说，它们已经被国家化了。

（三）公民身份的权利要素的内在逻辑与张力

身份的每一种权利都具有自身的功能，它与国家之间的关系也各不相同。公民权利是公民社会的成员所享有的对抗国家的权利；政治权利意味着对国家进行一定程度的控制；社会权利来自国家的诉求。社会权利是如何关联公民与政治权利的不能被定义一种推理的方式，而且一些权利可能更强烈地关联着其他一些权利。"马歇尔承认公民身份与社会阶级的冲突，而不是公民身份内部的冲突。"① 马歇尔的阐述仅承认公民身份与社会阶级之间的冲突。在马歇尔看来，公民权利和政治权利是社会权利实现的必要条件，社会权利是公民身份的最终归宿，它为人们能够更全面地行使公民和政治的权利提供了物质保障和社会资源。

一是公民权利与政治权利。公民权利主要发展于 18 世纪，它们是确保个体从封建依附关系中解放出来，实现个体独立和平等的手段。公民权利主要具有如下方面的特征：首先，界限性。公民权利是由国家和法律规定的"法定权利"；其次，平等性。公民权利最初所指向的目标是封建贵族、君主、教士等特权阶级，旨在打破封建社会的等级秩序、特权统治和血缘政治，使所有的社会个体都具有平等的价值和尊严，并且在政治共同体中拥有平等的成员资格。最后，历史性。公民权利是一个历史范畴，与一定的生产方式相联系。只有在近代资本主义经济的发展以及随之而来的公民社会的发展的条件下，公民权利才能得到发展。"因为公民权利表示可能的对于公民思维与行

---

① Michael Lister, "Marshall-ing' Social and Political Citizenship: Towards a Unified Conception of Citizenship", *Government and Opposition*, 2005（4），pp. 471 – 491.

为的模式、公民期望与可行性的评价，在一个建立完善的公民权利制度和公民权利被吸纳入社会的性格的帮助下，公民权利的行为分类已被塑造。"① 没有国家更强调已确立公民权利的尊严作为一个民主自由的堡垒，就没有现代民主。

马歇尔将这种由公民权利延伸而产生的工人集体权利称为"工业公民身份"，② 如果说工人集体权利的制度基础是工会，那么工会就是工人行使公民权利（特别是结社权）的产物。"工团主义（trade unionism）创造了一种与政治公民身份（political citizenship）体系平行并作为其补充的工业公民身份（industrial citizenship）体系。"③ "工业公民身份通过工团主义的需要与斗争出现，给全体公民扩展了社会权利的范围，通过使用经济权力的手段来影响政党和政府。"④ 在这种意义上，公民权利的确立才是政治权利发展的基础。马歇尔认为，"在19世纪的资本主义社会里，把政治权利视为公民权利的一种副产品是恰当的；但在20世纪应当放弃这种观点，并把政治权利视为公民身份本身直接的、独立的组成部分，这同样是恰当的"⑤。马歇尔把公民权利和政治权利区分开来，同时，又因为有了社会权利的实施，公民才能获得最低意义上的过正常生活的物质保障，也才有可能反过来支持公民权利与政治权利的巩固。所以说，马歇尔所指的公民身份的三要素是不可或缺，互相支持的。

二是公民权利与社会权利。马歇尔把公民身份的社会权利的现代发展追溯到18世纪现代基本教育的实施。但他在稍早的历史中，也发现了一个明显的矛盾，那就是当公民身份的平等原则从17世纪晚

---

① T. H. Marshall, "Reflecions on Power", *Sociology*, 1969 (3), pp. 141 – 155.

② Indusr citizenship 有不同的译法，有翻译产业公民身份、工业公民身份、经济公民身份。

③ ［英］T. H. 马歇尔：《公民身份与社会阶级》，载郭忠华、刘训练主编译《公民身份与社会阶级》，江苏人民出版社2007年版，第22页。

④ Msurice Roche, "Citizenship, Social Theory, and Social Change", *Theory and Society*, 1987 (3), pp. 363 – 399.

⑤ ［英］T. H. 马歇尔：《公民身份与社会阶级》，载郭忠华、刘训练主编译《公民身份与社会阶级》，江苏人民出版社2007年版，第12页。

期开始以公民权利的面目开始发展时,资本主义社会不平等恰巧也发展于同一时期。公民权利的发展对于竞争性市场经济而言是必不可少的。现代契约是一个双方在身份上自由而平等的主体之间的协议,与阶级、职位与家庭联系在一起的差别身份被单一的、共同的公民身份所取代。这种公民身份提供了一种平等的基础,在其之上可以建立一种不平等的结构。作为个人地位的一部分,赋予人们尽力获得他们愿意占有之事物的合法资源,但并不保证对它们的占有。"财产权与其说是一种占有财产的权利,不如说是一种获取财产的权利——如果你有这个能力的话;一种保护财产的权利——如果你已经得到它的话。"[①] 但是,如果公民权利没有与社会权利结合在一起,它所具有的价值也就将极为有限:"如果你……向一个赤贫的人解释说,他的财产权和一个百万富翁的财产权是一样的,他很可能会认为你是在胡说八道。同样,言论自由的权利也不会有多少实质性内容,如果缺乏教育,你就没有多少东西值得说,就算你说了也无法让人明白。"[②] 这些明显的不平等不能归咎于公民权利的缺陷,而要归咎于社会权利的缺乏。从历史上看,所有权(并非只是亲自占有的)一直是公民身份本质的先决条件。穷人因为无力满足这一标准,因而不能够认为是正式的公民。对于穷人的救济是一种慈善行为,穷人之所以能从国家获得支援并不是因为他具有的公民权利,而是因为一个人道主义国家的一种证明,否则他们的状况是不可容忍的。马歇尔引用了英国1834年实施《济贫法修正案》的结果这一经典例子:《济贫法》对待穷人的申请并不是将其作为公民权利的组成部分但却是作为这些权利的替代——因为只有申请者不再是任何意义上的公民,其申请才能得到满足。[③] 这意味着社会进步是通过加强公民权利,而不是创造社会权利;通过开放市场中的契约,而不是实施最低工资和社会保障来实

---

① [英] T. H. 马歇尔:《公民身份与社会阶级》,载郭忠华、刘训练主编译《公民身份与社会阶级》,江苏人民出版社2007年版,第18页。

② 同上。

③ 同上书,第13页。

现的。所以，马歇尔指出，"断言在19世纪和20世纪人们享有的公民权利是没有缺陷的，或者说它们在实践上就像在原则上宣称的那样是人人平等的，显然是荒谬的"①。但是，马歇尔也指出，由于同意工会系统的集体谈判的要求，英国在19世纪后期实际上接受了工人享有某些社会权利的要求。

公民身份概念在19世纪和20世纪的发展过程中带来了某些重要的变化。作为公民身份要素之一的社会权利，其实就是指公民应该从国家获得或国家应该提供给公民的社会福利权利。将社会福利政策与公民权利相联系，也表明现代社会的福利服务、通过多元化的社会供给方式来满足公民的基本生活需求，与恩赐、怜悯是完全不同的。这种不同之一就体现为公民的积极参与。

三是政治权利与社会权利。社会权利的近代形式最早是由19世纪的社会主义者所提倡的。无论参与政治生活的权利是多么形式化和受到限制，但它必然使人们对自己被排除在经济保险和福利生活之外的情况更不能够容忍。之所以产生能够保障少许社会权利的政策，一方面是由于人民要求改革的压力，另一方面是为了消解人民要求变革的压力而进行的改革这双重力量。"从亚里士多德到阿伦特，公民身份的理论家认为在一个政治共同体中参与，要求一定的社会经济地位，这一思想谱系认为，差距太大的不平等对于政治生活来说是分裂和腐蚀性的，贫穷和匮乏也是有效政治参与的障碍，可能为了确保食品和住所的永远需要，否认政治参与需要一种审议的空间，或因为穷人受贪婪的驱动而不是正义的原因在他们的政治活动中。"② "政治权利，无论是直接的或间接的行使参与权力，不仅依赖公民权利，就个体自由来说，而且依赖社会权利，就文明的水平和物质的富裕来

---

① [英] T. H. 马歇尔：《公民身份与社会阶级》，载郭忠华、刘训练主编译《公民身份与社会阶级》，江苏人民出版社2007年版，第18页。

② Michael Lister, "'Marshall-ing' Social and Political Citizenship: Towards a Unified Conception of Citizenship", *Government and Opposition*, 2005 (4), pp. 471–491.

说。"① 虽然马歇尔未能对此作详细的补充，但他在坚持公民身份的不同成分是相继出现的之后，又指出，政治权利和社会权利在其历史发展中，在很大程度上是相互重叠的。由此可以证明，社会权利的出现是为了使那种在平等参与公民身份的地位，与在经济保障中遭到不平等的排斥之间的对峙得到调整，这种对峙由于政治公民身份的扩大，已显得十分清楚了。社会福利制度与民主普选制建立了关联，公民的民主意识不断增强，对福利政策制定的政治参与程度不断提高，使社会福利由单纯的经济制度或社会政策体系上升为一种国家形态，同时也使社会福利由经济社会问题上升为政治问题，对公民的保障逐渐由对物质利益的保障上升为对民主权益的保障。

英国社会福利权利的出现，首先是因为 19 世纪英国工人阶级获得了政治权利，在公民身份的理念下，福利成为公民应享的个人权利，国家必须履行其对公民的福利责任。随着社会权利的到来，公民身份的最终理想和个人对共同体的充分参与是可以实现的。应该强调的是，在一个自由民主社会的诸多原则之中存在一个基本差异，这一方面是公民权利和政治权利，而另一方面是在福利国家中表达的社会权利。自由原则一般是以一种消极的方式并且是在"免于"（大多数是免于国家干预）的自由方面作系统阐述的。社会权利意味着给予公民身份的正式身份一种物质基础，保障某种层次的物质福利，可以使公民运用其权利充分参与共同体。诸如教育、健康等社会公民身份的落实与生活质量问题息息相关。在马歇尔看来，"建立在其他两个维度之上的社会公民身份是公民身份的最终归宿，它为人们能够更全面地行使公民和政治的权利提供了物质保障和社会资源"②。

总之，马歇尔的公民身份是一个系统的概念，公民身份的权利之间既存在张力又相互依赖，这些权利是在一个"相互的或脆弱的互动

---

① Michael Lister, "'Marshall-ing' Social and Political Citizenship: Towards a Unified Conception of Citizenship", *Government and Opposition*, 2005 (4), pp. 471–491.

② ［英］莫里斯·罗奇：《重新思考公民身份——现代社会中的福利、意识形态和变迁》，郭忠华等译，吉林出版集团 2010 年版，第 12 页。

中"存续。① 李斯特认为，马歇尔提出两种观点关于为什么公民身份应该以这种方式看待，首先实践的观点认为一种公民身份要素的行使需要另一种公民身份权利，或更简单地说，政治权利的有效行使需要公民权利，政治权利要求社会权利，公民权利可以预见政治权利、社会权利等。在马歇尔的著作中还存在一种更抽象的、理论的观点关于公民身份的内在一致性，公民身份的基本原则是地位的平等，而且一旦这一原则在某一领域扎根，例如在市民领域，它溢出进入其他领域。这并不意味着这一原则在每一个领域都呈现相同的形式，然而，地位平等的原则在不同的领域呈现出不同的形式，在某些情况下的权利可能产生紧张关系，这意味着公民身份不应被看作一个单一的概念，应该作为一个系统的概念。② 换句话说，公民身份不是简单的、包容所有的范畴，然而更适合是一个地位平等的基本原则包容不确定要素。

三　英国公民身份发展的历史演化

资本主义的发展对公民身份具有双重影响。一方面，资本主义制度的确立，摧毁了封建社会严格的社会等级制度结构，人身依附关系的消除，建立了公民身份地位的平等。资本主义对自由、开放之市场的要求，打破了封建社会狭隘的地区分割，从而使得公民身份逐渐和一种民族身份相连。另一方面，资本主义在导致政治上的平等的同时，也产生了经济上的不平等。从这个意义上说，公民身份的现代性发展过程表现为从一种按照等级制的合法身份来看的形式上的不平等到作为一种无保护的市场力量之后果的事实上的不平等。③ 马歇尔认

---

① A. H. Halsey, T. H. Marshall, "Past and Present 1893 – 1981: President of the British Sociological Association 1964 – 1969", *Sociology*, 1984 (18), pp. 1 – 18.
② Msurice Roche, "Citizenship, Social Theory and Social Change", *Theory and Society*, 1987 (3), pp. 363 – 99.
③ Bryan S. Turner, *Citizenship and Capitalism*, London: Allen & Unwin, 1986, p. 136.

为,"历史的分析要比逻辑的分析更加清晰"①,他把公民身份分为公民权利、政治权利、社会权利这三个部分,他认为,公民权利出现较早,它在第一次改革法通过之前,就已经以某种类似于其现代形式的方式确立;其次出现的是政治权利,它的扩展是19世纪的主要特征之一,尽管普遍的政治公民身份原则直到1918年才被承认;最后是社会权利,它在18世纪和19世纪早期近乎绝迹,它的复兴始于公共基础教育的发展,但是直到20世纪它们才取得与公民身份中其他两个方面平起平坐的地位。马歇尔还提出在后两种权利中还存在着明显的重叠部分。对于马歇尔来说,公民身份的发展是一个演化过程,主要有经济、意识形态、历史事件、法律和政治影响决定。在这一过程中,国家依次保护公民权利、政治权利和社会权利,通过直接颁布法律和间接赋权给像工会这样的权利要求机构。这使得公民不但享有消极的民事和政治自由,也享有了积极的自由。用马歇尔的话说,这种权利的逐步扩大,在平等和参与强大逻辑的驱动下,共同体中拥有权利的人具有更大的包容性,这是一个进步。依据马歇尔,个体只有拥有公民的、政治的、社会的要素,才可以获得完全公民身份。此外,公民身份还具有包容和排斥性,这取决于它的意图。

(一) 英国公民权利的历史发展

马歇尔将现代公民身份的开端置于现代英国的早期,他指出,"要想使18世纪涵盖公民权利的形成阶段,必须向前追溯到《人身保护状》,《宽容法》和出版检查制度的废除;同时还必须向后延伸至《天主教徒解脱法》《结社条例》的撤销以及与科贝特和理查德·卡莱尔的名字联系在一起的争取新闻自由运动的成功"②。这一阶段可以更加准确地但不那么简短地概括为从光荣革命到第一次《改革法》。到这一时期结束的时候——政治权利在1832年跨出了第一步,

---

① [英] T. H. 马歇尔:《公民身份与社会阶级》,载郭忠华、刘训练主编《公民身份与社会阶级》,江苏人民出版社2007年版,第7页。
② 同上书,第9页。

公民权利已经扩展到人们的财产权,并且在最基本的方面诞生了其当代的轮廓。

近代意义上英国的公民权利的观念是在资产阶级反对封建特权和封建专制的过程中提出的。1215年《自由大宪章》虽然目的在于确认诸侯们的封建支配权,后来被资产阶级用作在专制主义下保护其自由的文献,该法明确提出了要保障人的宗教、生命、人身和财产的权利,这是最早涉及公民权利的法律文件,曾在欧洲产生过广泛的影响。1628年产生的《权利请愿书》,重申了《自由大宪章》中有关保护公民自由和权利的内容,《权利请愿书》是议会争取自由和权利的胜利果实。1679年的《人身保护法》为了限制国王及其臣属的专横暴虐行为,使他们不得任意处置反政府人士。1689年的《宽容法》,确立了宗教宽容原则,尽管给予包括罗马天主教徒在内的所有基督教徒以信教自由,但仍维持非国教徒在政治方面的不平等地位。1829年通过《天主教解放法》,取消了对天主教徒的政治歧视,让他们获得了平等的公民权。

1688年英国的"七主教案"被视为英国将司法权从行政控制下解放出来的标志性事件,为司法独立原则奠定了基础,也确认了国王无权废止议会立法的宪政规则。英国的现代报纸在17世纪早期开始出现,迄今已有400多年的历史。1679年议会否决了压制性的《印刷法》,使新闻自由初见端倪。1695年废除了"书报检查法案",出版事业得到相对的自由。约翰·威尔克斯,英国记者、政治家,1757年通过贿选进入议会,1763年他在《北不列颠人报》上著文攻击国王和内阁,后被下院除名。1768年、1769年他又两次当选议员,但被下院拒绝。为此,英国许多地方爆发了支持威尔克斯的集会。他的成就在于扩大了英国的新闻出版自由。

在英国近代社会转型中,财产权的确立和发达对于促进工商经济发展、宪政体制形成以及个体自主精神培养至关重要。英国宪政发展的过程中,财产权与政府的税收具有十分重大的影响,财政和税收往往是议会与国王权力斗争的焦点。议会试图通过财政问题把王权置于自己的控制之下。而国王则试图避免某因财政问题而受到议会控制。1689 年《权利法案》以"确保英国人民传统之权利与自由"为目的，再次重申：国王未经议会同意征税为非法，未经议会同意停止法律为非法；未经议会同意在和平时期建立常备军为非法。摩根说："1688 年造成的巨大变化仍然是一场真正的革命，权利法案显然打破了世袭的权利，这种世袭权利是 1660 年旧政体复辟的基础，而被以议会为代表的民族意志所取代。"英国式民主的核心是在法治基础上对个人权利的保护。

（二）英国政治权利的历史发展

英国渐进的变革方式，各种传统的制度法规以"旧瓶装新酒"形式长久地保持下来。英国政治权利形成于 19 世纪早期，"当政治权利开始出现的时候，其意义并不在于创造了新的权力以充实已经为所有人享有的身份，而在于它把一些既有的权利授予了更多的人"[①]。当 1918 年的改革法确立了成年人投票权，从而将政治权利的基础有经济实力转向个人地位时，这种原则上的关键性转变也就实现了。

1. 英国选举制度的发展

中世纪英国封建是以土地分封为基础的权利和义务的关系，是一种经济和社会的制度。在政治领域内，随着封建制度的确立，贤人会议也实现了封建化，演变为御前大会议。1215 年的《大宪章》和随后的《牛津条例》用法律的形式把国王和贵族的权利和义务规定下来。《大宪章》把制度作为政治的重心来考虑，使议会成为政体的主要构件。1236 年以后，"大会议"逐渐被正式称为议会。随着英国议会的产生，国王的权力受到了进一步的限制，议会选举制度也有所完善，尤其是在选举资格的规定方面。1429 年的选举法把郡选民的资格规定为年收入 40 先令以上的土地所有者。1445 年又作出被选举权

---

① [英] T. H. 马歇尔：《公民身份与社会阶级》，载郭忠华、刘训练主编译《公民身份与社会阶级》，江苏人民出版社 2007 年版，第 12 页。

资格的规定,各郡当选议员的最低资格是年收入20英镑以上的骑士。在议会发展的过程中,平民代表—乡村骑士和城市平民开始进入议会,并日益扮演重要的角色。

19世纪初,英国工业革命初步完成,社会结构也发生了重大变化。贵族地主阶级衰落了,资产阶级和无产阶级日益壮大,他们强烈要求参与政治,使本阶级拥有更多的分配份额。1830年代表资产阶级利益的辉格党提出了第一个选举制度改革法,并于1832年得到国王批准,这就是著名的1832年选举改革法。1832年英国的议会改革法令赋予了资产阶级、上层中产阶级和富农以选举权,贵族不再是拥有政治权力的唯一阶层。"全国选民大约增加了30万,即由1831年的51万增加到81万。选民在全国成年居民中的比例由5%提高到8%。"① 尽管"1832年改革法案并未显著扩大选民范围,但也使代表权的基础从世袭特权向人口和财富因素转移"②。"以民主公民身份(democratic citizenship)来衡量,18世纪的政治权利无论是在内容上还是在分配上都存在缺陷。但就数量而言,1832年的改革法对这一缺陷几乎没有任何补救。法案通过之后,选民的数量仍然少于成年男子总数的1/5,选举权(franchise)仍然被某个群体所垄断,但它已经向19世纪的资本主义理想可以接受的那种垄断迈出了第一步——这种垄断多少看似合理地被认为是开放的而非封闭的"③。土地所有权并不总是想得到就能得到的,即使一个人有钱购买也不行,尤其是在各个家族将土地视为保障自己生存的社会和经济基础的时代更是如此。但是1832年议会改革是英国政党政治的转折点,政党活动的范围由过去的以议会为主转变为面向全国。改革加强了下议院的地位,进一步削弱了上议院和王权,从而成为现代代议制民主确立的开端。

---

① 阎照祥:《英国政治制度史》,人民出版社1999年版,第292页。
② Charles Tilly, "Demoeracy is a Lake", in Reid Andrews and Herrick Chapman (eds), *The Social Construction of Demoeracy, 1870 - 1990*, New York: New York University Press, 1995, p.379.
③ [英] T. H. 马歇尔:《公民身份与社会阶级》,载郭忠华、刘训练主编《公民身份与社会阶级》,江苏人民出版社2007年版,第11页。

1832年改革之后，英国相继于1867年、1872年、1884年又进行了几次大的选举制度改革，进一步降低了选民资格限制，重新调整了某些议席的分配，公民的选举权和被选举权迅速得到发展。1867年议会改革虽然扩大了选举权，但在议席分配和选区划分方面进展不大。1884年的改革则可以视为1867年改革的继续。实际上，1867年之后的政治改革一直在持续，如1872年议会又通过《投票法案》，确立了秘密投票制，在一定程度上保证了选举自由。1884年的议会改革令对郡区选民和城区选民规定了同样的财产资格，每年收入10镑的成年男子均可成为选民。大批农业工人获得了选举权。英国选民由1883年登记的315万人增加到改革后的570余万人。但仍有40%的男子和所有妇女没有得到选举权。[①] 政治民主的扩大不仅满足了工业资产阶级的意愿，同时也提供了工人参政的可能性，为工人政党的产生创造了条件。

　　1918年英国议会通过法案，在授予所有成年男子普选权的同时，授予年满30岁的妇女以普选权。从而将政治权利的基础有经济实力转向个人地位时，这种原则上的关键性转变也就实现了。"在19世纪的资本主义社会里，把政治权利视为公民权利的一种副产品是恰当的；但在20世纪应当放弃这种观点，并把政治权利视为公民身份本身直接的、独立的组成部分，这同样是恰当的。"[②] 1919年底英国妇女最终获得了与男性平等的选举权。1948年废除了复数投票制，议会民主制最终在英国形成。

　　2. 集体谈判权

　　19世纪政治权利的主要成就还有集体谈判权的承认，从而能够借助这些权利经由工会的渠道与资产阶级和工厂展开合法斗争，让工人行使其集体的公民权利，从而为工团主义的发展扫清了障碍。工团主义创造了一种次级工业公民身份，它自然而然地渗透着一种与公民

[①] 阎照祥：《英国政治制度史》，人民出版社1999年版，第342页。
[②] ［英］T. H. 马歇尔：《公民身份与社会阶级》，载郭忠华、刘训练主编译《公民身份与社会阶级》，江苏人民出版社2007年版，第12页。

身份制度相适应的精神。

宪章运动是19世纪工人阶级组织的最重要的社会政治运动。宪章运动的发生在很大程度上归功于1836年成立的伦敦工人协会。伦敦工人协会要求"使社会上一切阶层获得平等的政治和社会权利"。它主张通过教育、宣传等和平的方式来争取工人阶级的利益，通过选举制的民主化来达到自己的目的。[①] 在伦敦工人协会和伯明翰政治同盟的发动下，宪章运动在1938年蓬勃发展起来。1840年的全国宪章协会已具备了一个工人政党在组织方面应当具备的基本要素。宪章派的策略是举行全国性请愿活动和举行全国代表大会以向政府施加压力迫使其接受激进改革方案。宪章运动尽管以政治运动为表现形式，把争取选举权作为首要的政治目标，但是经济目标是深层动因。工人阶级主要是希望通过获得选举权而能够对议会政治产生影响，更好地维护和改善自身的社会经济状况，而非试图从统治阶级手中夺取政权。宪章运动的目的是，工人们要求取得普选权，以便有机会参与国家的管理。"普选权问题是饭碗问题"，工人阶级希望通过政治变革来提高自己的经济地位。

工会是工人阶级自发的群众组织，其主要宗旨是通过集体谈判与雇主商定本行业的劳动工资，维护其成员的利益，它同时也是劳动者之间建立在平等关系之上的一种互助福利组织。英国直到1824年《结社法》被取消，结社才成为工人的合法权利。宪章运动之后的30多年，英国工运的主要特点是由大规模的政治斗争"摆向"经济斗争。1868年英国第一个全国性的工会联盟——全国职工大会宣告成立。1900年在伦敦成立了劳工代表委员会，规定其主要任务是促进和协调争取劳工代表进入议会的计划。工人开始从自由—劳工联盟向着独立的过程迈进。它通过政治行动保护工会利益，促使更多的工会团体加入劳工代表委员会的较大事件。1902年，劳工代表委员会的会员增加到49.6万人，1903年增加到86.1万人，在全国工会会员中的比例上升到43.3%。

---

① 王觉非：《近代英国史》，南京大学出版社1997年版，第471页。

(三) 社会权利的发展

马歇尔以英国的经验事实论述了社会权利的产生、变化与属性。"在战后时期，英国的公民身份逐渐制度化为作为社会凯恩斯主义表达的战后重建的理想与愿望，简而言之，公民身份是一种地位，它减轻资本主义社会中社会阶级地位的负面影响。"①

英国贫困救济制度的起源。1601年的《伊丽莎白济贫法》确立起了官方济贫制度，其后，作为英国政府济贫主要政策的济贫法制度逐步建立起来，英国历届政府长期沿用。它是政府通过立法用强制征收济贫税的方式来救济贫民的第一次行动，政府给予生活处于贫困的居民提供帮助，随后一系列济贫法令的实施不仅在一定程度上缓和了当时较为紧张的社会矛盾，并且使《济贫法》一直在被不断地修正和完善，为未来社会的保障埋下了种子。但《济贫法》是一项广泛的经济计划纲要，"其总体目的并不是要建立一种新的社会秩序，而是要维护现有的秩序，使之保持最低限度的根本性变革"②。它事实上不过是伊丽莎白时代为了维持当时现状的一种保护性措施，而不是真正地为了保护公民的社会地位而设计的公民社会权利保障法案，提供的是怜悯而不是尊严。从公民身份的角度可以这样评价，"《济贫法》不是把穷人的权利要求看作公民权利不可分割的一部分，而是把它看作对公民权利的一种替代——只有当申请者不再是任何真正意义上的公民时，他的要求才会得到满足"③。这一模式在竞争性市场经济的冲击下趋向瓦解，这一计划也随之破产。正如马歇尔所言："正是在18世纪末期，旧的计划社会（或者说模式化社会）与新的竞争性经济这两种力量展开了最后的角逐。在这场斗争中，公民身份发生

---

① Bryan S. Turner. T. H. Marshall, "social rights and English national identity", *Citizenship Studies*, 2009 (1), pp. 65 – 73.
② [英] T. H. 马歇尔：《公民身份与社会阶级》，载郭忠华、刘训练编译《公民身份与社会阶级》，江苏人民出版社2007年版，第12页。
③ 同上书，第13页。

了分裂；社会权利站到了旧势力的一边，而公民权利则站到了新势力的一边。"①

19世纪英国社会权利的奠基时期。19世纪20年代是英国工业革命后期的经济快速发展时期，人们开始相信自由放任市场经济才是真正符合当时的经济要求。1834年英国改革了济贫制度，即被称为新济贫法。新济贫法遵循"劣等处置"和"济贫院检验"两个原则，促使贫民自力更生，减少济贫开支。济贫院内的贫民的选举权被剥夺，而且状况悲惨不堪。"赤贫的人由于被救济院所收容，所以，他们实际上丧失了人身自由的公民权利；同时，根据相关法律，他们也丧失了可能拥有的任何政治权利。这种对公民权的剥夺直到1918年才停止……谁接受救济，谁就是在跨越从公民共同体到流浪汉团伙的门槛。"②"《济贫法》并不是社会权利与公民身份的地位相分离的唯一范例，早期的《工厂法》（Factory Acts）表现出同样的趋势"③。工厂法是工业革命的产物，英国是19世纪前期《工厂法》比较完善的国家。1802—1878年，英国颁布实施十余项《工厂法》，对《工厂法》的适用范围、工厂雇用工人的最低年龄、最高工作时间、从事夜间工作的工人的年龄与工作时间以及工资发放等问题作出规定。到19世纪末，《工厂法》已经成为社会权利大厦的支柱之一。

20世纪英国社会权利的发展。18世纪的公民权利以及此后19世纪发展起来的政治权利实际上仅仅是一种原则上的平等，由于阶级偏见和教育的影响，它们没有成为实质的平等。随着19世纪公共基础教育的发展，我们已经了通向20世纪公民身份之社会权利重建道路的决定性第一步。在20世纪开始之前，保守党和自由党都把提供社会救济和社会保险的政策看作选举获胜的手段。这不仅促使自由党内

---

① [英]T. H. 马歇尔：《公民身份与社会阶级》，载郭忠华、刘训练编译《公民身份与社会阶级》，江苏人民出版社2007年版，第12页。
② 同上书，第13页。
③ 同上。

阁实行福利立法，也对保守党反对福利立法的态度起了抑制作用。20世纪30年代在凯恩斯主义精神的指导下，西方发达国家开始朝福利国家的方向迈进。《贝弗里奇报告》为英国描绘的社会保障发展的宏伟蓝图，极大地促进了英国社会保障制度的发展。1944年9月发表的关于社会保险的白皮书指出：政府有责任采取措施防止民众由于自己不能控制的原因而陷于贫困，改革后的国民保险制度应是一种综合性的社会保障制度，他将覆盖所有民众以及所有风险。1948年，英国首相艾德礼宣布英国建成了世界上第一个福利国家，此后，其他国家相继效尤，纷纷以福利国家相标榜。福利国家实行"从摇篮到坟墓"的社会保障政策，它使公民获得了许多与以往权利类型完全不同的权利。

马歇尔指出，"接受教育的权利是公民身份真正的社会权利之一，因为儿童教育的目标就是要塑造一个未来的成年人。从根本上说，他不应该被视为儿童入学的权利，而应该被视为成年公民接受教育的权利"[1]。教育是公民自由一个必要的先决条件。只有当教育为核心的社会权利内化为公民权的基本内容，阶级差异和社会不平等才可能借由公民权的主张得到实质的改善。1833年以前英国教会、民间团体和一些个人对于英国教育的发展做出了卓越的贡献，教育的发展已具相当的规模。1833年英国政府第一次对教育拨款，国会决定每年拨款2万英镑资助教育，这是国家干预教育的开端。1880年实施的义务教育最初为5年，到了1972年时达到了11年。公共教育在这一阶段里，"权利是微小而平等的"[2]。社会已经认识到自己需要接受过教育的公民。英国于1906年和1907年通过了两项教育立法，前者授予地方教育局用地方税务为营养不良的初等学校儿童提供膳食，后者要求地方教育当局为初等学校儿童提供医疗检查。这两项立法奠定了英国教育福利政策的基础。教育福利政策既是教育现代化程度高的一个

---

[1] [英] T. H. 马歇尔：《公民身份与社会阶级》，载郭忠华、刘训练编译《公民身份与社会阶级》，江苏人民出版社2007年版，第14页。

[2] 同上书，第31页。

标志，又是推进教育现代化进程的一个重要动力。从20世纪初开始，英国教育福利的范围逐渐扩大，教育支出成为中央和地方政府的一项重要支出。英国政治民主化进程和政党政治对该时期的教育发展也有很大影响。公立初等教育免费是从1918年开始的，而公立中等教育免费直到1944年。在这一阶段中，"教育阶梯正式成为教育体系中虽然很小但却很重要的一部分"①。孩子们可以为这些有限的名额展开竞争。到1964年，"个人权利在表面上占据了优先考虑的地位，稀缺名额的竞争被选拔和分配所取代，其目的是保证在数量上能够容纳所有人，至少在中等教育层次上要做到这一点"②。中等教育的供给已经充足了。

四 围绕马歇尔公民身份理论的论争

（一）关于公民身份权利发展的理论论争

1. 马歇尔及其支持者的观点

马歇尔把英格兰作为他的示例，通过考察公民身份与社会阶级之间的关系，研究了与资本主义现代化相联系的公民权利与义务的扩展问题。他把人的基本权利分割成为公民权利、政治权利和社会权利，以此为角度考察18—20世纪英国的公民身份发展史。作为一种事件的叙述，马歇尔自己已经把这一过程很好地概念化了，但他对这一进程的原因的讨论却相对较少，从而后来引起了许多批评。马歇尔将公民身份的权利视为连续发展的，因此公民权利就像能够担保其他各种权利那样，"而各种权利之间的关系也被他假设为即使不是必然产生的，也是逻辑上和谐一致的"③。阿尔伯特·赫希曼主张，可以把马

---

① [英] T. H. 马歇尔：《公民身份与社会阶级》，载郭忠华、刘训练编译《公民身份与社会阶级》，江苏人民出版社2007年版，第31页。
② 同上。
③ [英] 巴巴利特：《公民资格》，谈谷铮译，桂冠图书有限公司1991年版，第26页。

歇尔的或英国的公民身份演进顺序作为一种"正常"顺序，可以把它运用到整个西方世界。莫里斯·罗奇也认为，"虽然马歇尔的演讲和他在其他地方的研究关注的大部分是有关英国的经验，但他的参照系潜在地具有普遍性，并且可以广泛地运用到整个西方社会的社会学中去"①。尽管马歇尔的观点主要是以英国历史为素材归纳的，但是获得了超越英国地域的更为广泛的认同。"马歇尔通过嵌入在社会变革的历史理论合法化社会权利概念，作为公民身份连续阶段的逐步展开。这种进化的概念假定社会公民身份作为一个'历史的终结'理念而最终完成。"② 埃斯平-安德森也认为社会公民身份是福利国家发展的最高阶段。③ King and Waldron 声称，"马歇尔不仅描述了英国公民身份的发展，而且提出了一个关于如何看待公民身份的规范观点"④。马歇尔并不是主张公民身份的发展是目的论，它不是一个自发式演变的必然过程，而是有条件的社会和政治斗争，他认为，在每一阶段都需要限制自由市场特征产生的阶级不平等与自由市场的自致性，"公民身份需要一种不同类型的纽带，一种建立在忠诚于共同拥有之文明的基础上的对共同体成员身份的直接感受。这种忠诚是拥有权利并受到共同法律保护的自由人的忠诚，它的发展既受到为获得这些权利而斗争的推动，也受到了获得它们后对其享有的推动"⑤。"马歇尔没有追随霍布豪斯，而霍布豪斯明确地否认对机械演化的信念，社会的发展既不是联系的也不是有规则的"⑥。

---

① [英] 莫里斯·罗奇：《重新思考公民身份——现代社会中的福利、意识形态和变迁》，郭忠华等译，吉林出版集团 2010 年版，第 16 页。

② Jytte Klausen, "Social Rights Advocacy and State Building: T. H. Marshall in the Hands of Social Reformers", *World Politics*, 1995 (2), pp. 244 – 267.

③ Ibid..

④ Desmond, King, Jeremy, Waldron, "Citizenship, Social Citizenship and the Defence of Welfare Provision", *British Journal of Political Science*, 1988 (4), pp. 415 – 43.

⑤ [英] T. H. 马歇尔：《公民身份与社会阶级》，载郭忠华、刘训练编译《公民身份与社会阶级》，江苏人民出版社 2007 年版，第 21 页。

⑥ A. H. Halsey. T. H. Marshall, "Past and Present 1893 – 1981: President of the British Sociological Association 1964 – 1969", *Sociology*, 1984 (18), pp. 1 – 18.

2. 批判马歇尔的代表人物及其观点

一些研究者认为马歇尔对公民身份权利的演变具有进化主义取向，并对此提出了批评。迈克尔·曼认为，马歇尔大部分都是探讨经济不平等与大众参与要求之间的，二者在每一个地方都是由资本主义的兴起所引发的。这当然表明了一个普遍进化的研究方式，实际上他也的确间歇地使用"进化"这个术语。① 汤姆·巴特摩尔认为，马歇尔"把这一进程看作一个朝着更好阶段——在某种程度上说，这是资本主义本身固有的发展趋势——半自动地、和谐地发展的过程是相当有误导性的。尽管表现得很含蓄，马歇尔在某种程度上也明确地认识到这一进程卷入了某些冲突因素，认识到假定'公民身份对社会阶级的影响应该以对立原则之间的冲突形式出现'是合情合理的。然而，他并不认为这种冲突是阶级之间围绕着不同性质和内容的公民身份而展开的冲突"②。安东尼·吉登斯也批评了马歇尔公民身份的历史进化观，"认为公民身份权利的发展是由一个自然的进化过程带来的，只有需要之时国家才伸出仁慈之手予以帮助。英国应该和其他社会一样，很少存在不经冲突就由国家权威作出的让步"③。Simon Susen认为，公民身份是社会斗争的结果和动力，"在面对持久的现代化面前，现在的公民身份应被认为是经过合法化社会整合与政治参与形式的艰苦谈判而取得历史成就"④。Simon Susen还指出，马歇尔的进化主义理论框架建立在三个假设之上：首先，假定社会历史发展的普遍性以及特别是历史发展的不可避免性（历史决定论）；其次，假定这个不可避免的历史发展是线性的和渐进的（目的主义的）；最后，假定公民身份的权利可以被看作现代社会历史发展的意识形态的表达和制度化的结果，保证系

---

① ［英］T. H. 马歇尔：《公民身份与社会阶级》，载郭忠华、刘训练编译《公民身份与社会阶级》，江苏人民出版社2007年版，第193页。

② 同上书，第251页。

③ ［英］安东尼·吉登斯：《民族—国家与暴力》，胡宗泽等译，生活·读书·新知三联书店1998年版，第249页。

④ Simon Susen, "The transformation of citizenship in complex societies", *Journal of Classical Sociology*, 2010 (10), pp. 259 – 285.

统的稳定性和资本主义政治的合法性（功能主义）。① 中国研究者褚松燕也指出，"从总体上看，马歇尔认为公民资格诸权利的发展和扩展是立法决定而非社会斗争的结果，他所提供的解释是公民资格发展的表面化和具体化，实际上，立法决定作为结果的出现必然经过艰苦而激烈的斗争和博弈的过程，尤其在19世纪末期和20世纪初期的资本主义社会"②。莫里斯·罗奇认为，公民身份地位不会自动获得授权。"在许多情况下，必须通过抗争才能获得。19、20世纪许多解放（公民身份）运动已经为此提供了证明，例如工人阶级运动、争取选举权运动、女性主义运动、黑人民权运动以及其他公民解放群体。"③

在当代世界的发展和转型时代，权利似乎并不是按照相同的顺序演进。有研究者从马歇尔对公民身份权利发展次序的描述进行了批评，认为不同权利的发展之间没有必然的平行或均衡关系。有研究认为社会权利的发展实际上是先于政治权利发展的。如本迪克斯指出，社会权利可以被看作平等地"补偿同意受规则和国家共同体代理机构治理的个人的各种好处"④。特纳则指出，虽然公民权利可以在资本主义内部得到发展，但是政治公民身份却可能遭到拒绝。⑤ 安东尼·吉登斯认为，马歇尔所勾画的景象实际上存在着明显的缺陷，他把公民身份权利看作一个依次发展的过程，这种从公民权利到政治权利再到社会权利的发展次序完全违背了历史事实。⑥ 即便是英国，这个画面也比马歇尔认可的要更为复杂。例如，有些公民权利直到20世纪

---

① Simon Susen, "The transformation of citizenship in complex societies", *Journal of Classical Sociology*, 2010 (10), pp. 259–285.
② 褚松燕：《个体与共同体——公民资格的演变及其意义》，中国社会出版社2003年版，第30页。
③ [英] 尼克·史蒂文森：《文化与公民身份》，陈志杰译，吉林出版集团2007年版，第109—110页。
④ Reinhard Bendix, "*Nation-Building & Citizenship* (enlarged edition)", *Transaction Publishers*, 1996, p. 106.
⑤ [英] T. H. 马歇尔：《公民身份与社会阶级》，载郭忠华、刘训练编译《公民身份与社会阶级》，江苏人民出版社2007年版，第212—213页。
⑥ Anthony Giddens, "Profiles and critiques in social theory", University of California Press, 1982, p. 180.

方始获得（而其他权利有的已被侵蚀或者削弱），譬如已婚妇女 1990 年才获得独立于丈夫的税负地位。"在 20 世纪初被誉为女性主义运动'第一波'的浪潮之下，英国及其他欧洲国家的女性被动员起来争取投票的政治权利，这在一定程度上改写了马歇尔所定义的从公民维度到政治维度的公民身份发展次序。女性主义运动的成功，是女性获得了更为全面的公民权利并废除了合法歧视女性的传统，包括婚姻、家庭和产权上的歧视。"① "每一个历史的独特性在为国家的合法性与政治身份之间的动态关系设置了变量。"② 马歇尔以英国社会为基础的历史叙事所具有的普遍性已受到了许多质疑，而且他的分类在今天已经显得不够精致。此外，马歇尔也因为把历史上出现的公民身份看作当地社会不可逆转的过程而遭到批判。有研究者认为，马歇尔的潜在价值体系显得有些一厢情愿和过于保守。③ 还有一些学者指出在最近几十年，民主的选举经常发生在缺乏公民和社会权利的国家。④ 最值得一提的是，吉列尔莫·奥唐奈认为马歇尔的路线这段时期没有被采取，借助哈贝马斯、韦伯和马歇尔的观点，奥唐奈的出发点是——空间和时间上的一些差别。先进发达国家公民权利基本上发生在政治权利和社会权利实现之前，然而在当代大多数拉美国家情况是不同的，尽管这个制度赋予的政治权利已成为普遍有效的，所有成年人的公民权利扩展是不完整的。

3. 对批判者的批判

其一是有研究认为对马歇尔的批判是建立在失实解读的基础上。

---

① ［英］莫里斯·罗奇：《重新思考公民身份——现代社会中的福利、意识形态和变迁》，郭忠华等译，吉林出版集团 2010 年版，第 11 页。

② Simon Susen, "The transformation of citizenship in complex societies", *Journal of Classical Sociology*, 2010 (10), pp. 259 – 285.

③ Roche, M. Citizenship, "Social Theory and Social Social Change", *Theory and Society*, 1987 (16), pp. 363 – 399.

④ See, e. g. Guillermo O'Donnell, "Democracy, Law, and Comparative Politics", *Studies in Comparative International Development*, 2001, pp. 7 – 36; LarryDiamond, "Developing Democracy: Toward Consolidation", *Baltimore*, Johns Hopkins University Press, 1999; Fareed Zakaria, "The Future of Freedom: Illiberal Democracy at Home and Abroad", *New York*, Norton, 2003.

希特认为,在缺乏历史理解的基础上的批判,"是对其文本断章取义的结果。严谨的研究的确还需加上许多附带的条件,包括明确承认其阶段划分存在着重叠之处"①。特纳也指出,"虽然马歇尔的理论存在一些明显的问题,但我认为,对马歇尔的批判经常建立在错误的基础之上,至少,有一些批判是建立在对原文误读的基础之上。例如,马歇尔显然注意到了福利权利形成的宏大社会和军事背景,因为他发现,英国战时的状况为成功地要求福利权利和福利供给提供了非常有利的条件"②。对于批评马歇尔理论的依据,特纳认为吉登斯批评马歇尔有进化论取向,可能是从马歇尔原先的文章语气推论出来的,但是马歇尔实际上"并不遵循内在的、进化的观点"③。巴巴利特认为,我们绝不能把这看作马歇尔所认为的一种进化的指标,因为他补充说,应该"用合理的灵活性来研究"这种周期发生的过程。同时他又认为,这种各自独立的发展的确在事实上常常相互重叠。④ 马歇尔在评价蒂特莫斯时提到战争的因素,"战争在很大程度上消除了社会服务的阶级元素,并不能简单地说,这种经验在多大程度上加强对于和平时期的社会元素具有普遍性应用的决心"⑤。其二是马歇尔并没有忽视斗争的作用。雅诺斯基认为,马歇尔把冲突放在一个重要的位置。"马歇尔认为冲突是公民权利发展的动机,并提出冲突的三个层次:非制度性冲突——包括自由选择和随机噪音;制度内冲突——竞争性政治制度内部的群体冲突,它会增强该制度的团结;反制度冲突——破坏稳定的冲突,它可能导致社会制度的破坏"⑥。马歇尔在评价蒂特莫斯时提到战争的

---

① [英] 德里克·希特:《何谓公民身份?》,郭忠华译,吉林出版集团2007年版,第49页。
② [英] T. H. 马歇尔:《公民身份与社会阶级》,载郭忠华、刘训练编译《公民身份与社会阶级》,江苏人民出版社2007年版,第213页。
③ Bryan S. Turner, *Citizenship and Capitalism*, London: Allen Unwin, 1986, pp. 46 – 47.
④ [英] 巴巴利特:《公民资格》,谈谷铮译,桂冠图书有限公司1991年版,第8页。
⑤ T. H. Marshall, "Wartime Social Policy Problems of Social Policy by Richard M. Titmuss", *The Economic History Review*, New Series, 1951 (2), pp. 263 – 266.
⑥ [美] 托马斯·雅诺斯基:《公民与文明社会》,柯雄译,辽宁教育出版社2000年版,第322页。

因素，"战争在很大程度上消除了社会服务的阶级元素，并不能简单地说，这种经验在多大程度上加强对于和平时期的社会元素具有普遍性应用的决心"①。特纳指出，"马歇尔的理论事实上也没有明显采取一种进化论的视角，他看到了战争环境对社会政策的发展所具有的偶然重要性"②。Michael Lister 认为，"马歇尔并没有把公民身份看作遵从一种目的论路径，在 20 世纪 50 年代的形势达到了标示'历史终结'的点，就公民身份发展的程度而言"③。"考虑到公民身份作为一个整体概念存在着固有的内部的和外部的压力，很难理解公民身份是如何达到终结点的。"④"公民身份的性质是谈判与妥协、创造张力与包容，公民身份地位与内容的扩展取决于这样一个（也许正在进行）过程的结果。"⑤ 希特指出，马歇尔并没有完全忽视英国公民身份的斗争历史，他把 20 世纪资本主义与公民身份之间的关系描述为"战争的状态"。在后来的著作中，他还把民主—福利—资本主义之间和谐共处的社会称作是"复合的社会"。这一概念的提出从另一个侧面回应了批判者。雅诺斯基也认为，"吉登斯这一批评是站不住的，因为马歇尔在构思权利的发展时显然考虑到了阶级斗争。事实上，马歇尔甚至谈过公民权利的发展是劳资之间的一场战争"⑥。

（二）围绕马歇尔的公民身份权利与义务的理论论争

1. 马歇尔对公民身份的权利与义务的论述

马歇尔关于公民的概念关联着完全的成员、"绅士"和一种文明的

---

① T. H. Marshall, "Wartime Social Policy Problems of Social Policy by Richard M. Titmuss", *The Economic History Review*, New Series, 1951 (2), pp. 263–266.
② ［英］T. H. 马歇尔：《公民身份与社会阶级》，载郭忠华、刘训练编译《公民身份与社会阶级》，江苏人民出版社 2007 年版，第 213 页。
③ Michael Lister, "'Marshall-ing' Social and Political Citizenship: Towards a Unified Conception of Citizenship", *Government and Opposition*, 2005 (4), pp. 471–491.
④ Ibid..
⑤ Ibid..
⑥ ［美］托马斯·雅诺斯基：《公民与文明社会》，柯雄译，辽宁教育出版社 2000 年版，第 275 页。

生活方式的意义,很明显带着一种负有道德和评价的意义。① 这就涉及马歇尔自我设问的第三个问题:权利与义务的平衡问题。马歇尔认为公民身份是包含权利和义务的一种地位,但他对义务的考虑却相当简单。不过它并没有忽视这一问题。马歇尔在许多地方提到了公民身份的职责问题。例如,他指出,"作为公民,他们有资格享有某些社会权利。但是,建立社会权利的正式途径是政治权利的行使,因为社会权利意味着对某种标准之文明拥有一种绝对的权利,它只以公民身份一般义务的履行为条件"②。马歇尔注意到,最初,这一种制度是通过提供一定程度的社会安全来限制社会不平等的方式。它也声称:"如果人们利用公民身份来捍卫权利,公民身份的相应责任也不能被忽视。"这些责任要求,"一种真实的对共同体福利的责任感应该起到激发公民行为的作用"。他明确地提出了"改变权利与责任之间平衡"的问题。③ 对于如何实现"权利与义务之间不断变化中的平衡如何?"他的回答是:权利已经成倍地增加,并且它们都是确定的。而强制性的义务只有很少几条,大部分的公民义务则已淡化成模糊的或非正式的责任。④ "对于权利来说最明显、最必要的义务就是纳税和缴纳保险金的义务。由于这些义务都是强制性的,所以不存在自愿行动或者忠诚情感的问题。接受教育与服兵役也是强制的。其他的义务则是含混不清的,并且包含在良好公民的生活应当承担的一般性责任之中,也就是说这些义务需要提供那些能够增进共同体福利的服务。"⑤ 他把公民权利的精确性与公民责任的模糊性进行对比,而不仅仅是一系列有限的强制性责任,即交税、国家保险金、受教育和服兵役。另一方面,他认为比

---

① Msurice Roche, "Citizenship, Social Theory, and Social Change", *Theory and Society*, 1987 (3), pp. 363 – 399.

② [英] T. H. 马歇尔:《公民身份与社会阶级》,载郭忠华、刘训练编译《公民身份与社会阶级》,江苏人民出版社 2007 年版,第 22 页。

③ T. H. Mashall, "Class, Citizenship and Social Development", Chicago: University of Chicago Press, 1964, p. 129.

④ Ibid..

⑤ [英] T. H. 马歇尔:《公民身份与社会阶级》,载郭忠华、刘训练编译《公民身份与社会阶级》,江苏人民出版社 2007 年版,第 37 页。

较模糊的责任应该"包括在成为一位良好公民而生活的一般职责之中，作出这种服务以便能够提升共同体的福利"。要实现权利与义务之间的平衡，政府需提供各种社会权利，如最低工资、获得家庭补贴和工作的权利。社会权利的实施不只是一个关怀政府的一些利他的产品。

马歇尔把工作义务放在首位，他强调这是项基本义务，并且更重要的是"全身心地投入工作并勤奋劳作"，福利国家公民身份制度的发展是确保资本不能耗尽未来的劳动力。① 这样，马歇尔的观点不仅仅是关于公民个人还关系到公民集体。一种真实的方式，"全身心地投入工作"，他注意到"每一项应得的权利必然涉及给予的职责"。由于衡量工作勤奋的标准是有很大的弹性的，公民身份必须在生活世界中得到维护和培养，马歇尔在思考"责任"及其所引发的问题时，拐弯抹角地承认了这一点。马歇尔的写作是在完全就业时期，公民身份的社会义务很容易满足，这就给他留下空间来扩大义务，而且声称仅仅是工作不足，所需要的是努力工作。②

马歇尔声称，有些责任为了政体很容易得到保证，这是因为它们或多或少地会自动实现，意向明确，不需要维护公民利益的动机或情感（如交税和交国民保险费）。然而，另一些责任则更加复杂，因为它们或含糊不清，或难以养成和坚持的习惯。所以，"一个成功的办法就是诉诸危急时刻的公民义务，但是敦刻尔克精神不可能是任何文明的永久特征"③。马歇尔还注意到如果在捍卫权利时诉诸公民身份，那么就不能忽视公民身份相应的义务。"这并不是要求个人牺牲他的自由或无条件地服从政府的每一项命令，但它确实要求个人应该在一种真实的、强烈的、对共同体福利的责任感的激励下行事。"④ "为公民的个人

---

① Dann Hoxsey, "Debating the ghost of Marshall: a critique of citizenship", *Citizenship Studies*, 2011 (6-7), pp. 915-932.

② Msurice Roche, "Citizenship, Social Theory, and Social Change", *Theory and Society*, 1987 (3), pp. 363-399.

③ [英] T. H. 马歇尔：《公民身份与社会阶级》，载郭忠华、刘训练主编译《公民身份与社会阶级》，江苏人民出版社2007年版，第38页。

④ 同上书，第34页。

利益留有一定空间以推动其相应公共义务的号召。"① 但是，马歇尔同时也指出，"共同体实在是太庞大、太遥远了，以至于无法把握这种形式的忠诚，也无法把它转化为一种持久的推动力量"②。"承担义务是极端重要的，但是一个人的努力对整个社会的正常运转所产生的影响实在是太微小了，以至于他很难相信自己如果逃避或者缩减义务，就会造成很大的伤害。"③ 马歇尔认为，解决这种问题的办法在于，"发展对当地共同体，尤其是工作群体的忠诚这样一些更为有限的目标"④。

2. 批判马歇尔的代表人物及其观点

一些研究者认为马歇尔的公民身份理论缺乏对义务的重视。公民身份不仅意味着一系列权利，而且包含着一连串责任，此外还包括公民社会中的认同感。自由主义把保护个人权利置于最重要的地位，作为公民身份的基础。福克斯指出，"马歇尔的著作同样忽视了公民应承担的责任，因而堪称继承自由主义传统的典范"⑤。莫里斯·罗奇认为，"马歇尔在分析公民身份时倾向于过度强调权利而非义务"⑥。另一方面，一些研究者还探讨了马歇尔的公民身份权利与义务的平衡问题。里斯特认为，马歇尔并没有解决权利与责任之间平衡的问题，但他把这个问题提出来确实有利于说明这一问题的两个重要方面。首先就在于他在"强制的"义务与"模糊的"义务之间进行了区分，以及与这一区别相关的权利（特别是社会权利）与义务之间关系的本质。⑦ 乔瑞德·帕里对相互性原则作出了有益的思考，他提出建立

---

① ［英］T. H. 马歇尔：《公民身份与社会阶级》，载郭忠华、刘训练主编译《公民身份与社会阶级》，江苏人民出版社2007年版，第36页。
② 同上书，第38页。
③ 同上书，第37页。
④ 同上书，第38页。
⑤ ［英］基思·福克斯：《政治社会学》，陈崎等译，华夏出版社2008年版，第111页。
⑥ ［英］莫里斯·罗奇：《重新思考公民身份——现代社会中的福利、意识形态和变迁》，郭忠华等译，吉林出版集团2010年版，第7页。
⑦ ［英］露丝·里斯特：《公民身份：女性主义的视角》，夏宏译，吉林出版集团2010年版，第34页。

一种以"根据每一个人的能力,给予他们相应的主体性条件的需要"为原则的"互惠社会",这一点是对马歇尔的回应。① 换言之,凡是能使人们实现作为一种实践的公民身份的潜能,就是他们所需要的。雅诺斯基认为,社会很难有完全的平衡,因为市场和其他社会机制在不断地产生出新的不平等。"当人们意识到权利与义务的不平衡时,他们都有多大成就则视他们的相对社会力量的大小而定。"②

3. 为马歇尔辩护的代表人物及其观点

在为马歇尔的公民身份理论的责任与义务辩护的论述中,一些研究者认为马歇尔在强调公民身份的社会层面的重要意义时,坚持认为公民身份包含着责任,特别列出了工作的义务。"社会的公民有义务避免不负责任的罢工,参加工作,并且是有意识地为社会整体的福利而工作。之所以需要社会党和工会来反复强调权利,是因为权利在过去不幸地被否定,但这并不妨碍我们注意到需要一种与权利平衡的责任。"③ 马歇尔在提出公民身份理论时,扩大权利而非责任才是他的首要关注点。昆廷·斯金纳指出,"马歇尔当然也提及了公民的义务。但是,与权利相比,它们在他的福利国家的语言里只占据了不太重要的地位"④。巴巴利特认为,"大多数评论者未能注意到马歇尔赋予公民资格的责任或义务及其在维持社会秩序和整合中的作用以重要意义,虽然莫里斯·雅诺维茨是一个例外。但雅诺斯基却非常夸大马歇尔论点中义务的重要性"⑤。德怀尔承认马歇尔公民身份中的义务,但他认为,"公民身份义务与个人自治之间存在潜

---

① Geraint Parry, George Moyser, "Neil Day: Political participation and democracy in Britain", Cambridge University Press, 1992, p. 186.
② [美]托马斯·雅诺斯基:《公民与文明社会》,柯雄译,辽宁教育出版社2000年版,第5页。
③ [英]德里克·希特:《公民身份——世界史、政治学与教育学中的公民理想》,郭台辉、余慧元译,吉林出版集团2010年版,第386页。
④ [英]昆廷·斯金纳、博·斯特拉斯:《国家与公民:历史·理论·展望》,彭利平译,华东师范大学出版社2005年版,第222页。
⑤ [英]巴巴利特:《公民资格》,谈谷铮译,桂冠图书有限公司1991年版,第115页。

在的冲突"①。罗奇认为，马歇尔主导范式中"完全没有关于社会公民身份和福利国家的义务、职责和责任的概念是错误的。但是，相对于它对于战后福利国家中新的个人社会权利的强调而言，主导范式所包含的关于义务的概念往往没有得到明确阐释、相对被忽视或者不受强调"②。

（三）马歇尔的公民身份类型学的理论论争

马歇尔的理论建立在英国个案上，但是普遍公民身份理论要求从一个比较的和历史的视角来分析公民权利问题，因为公民身份的性质在不同社会之间有着系统的差异。公民身份的出现是西方社会民主政治的特定历史阶段，具有完全不同的特征。马歇尔的理论框架得到拓展、精致化，并最终被超越。

1. 马歇尔的公民身份类型学

马歇尔把公民身份的构成看作由公民权利、政治权利和社会权利所组成的复合范畴。公民身份的三要素对应着免于国家干预的自由、在国家中的自由和通过国家获得的自由。齐格蒙特·鲍曼对此指出，马歇尔公民身份中的"每一种权利都依赖于国家，把国家同时作为其出生地、执行者和庇护人"③。马歇尔对现代历史的解释与其所处的时代的精神是步调一致的。威廉姆斯认为，"当我们将福利权利视为民事、政治和社会权利所组成的权利套装的一部分时，马歇尔的观点依然有用。它依然是一个潜在的标尺，既可以衡量是否被排除在完全公民身份地位之外，又可探讨基于多种维度的社会分化机制"④。"马歇尔假定一个有些

---

① ［英］彼得·德怀尔：《理解社会公民身份——政策与实践的主题和视角》，蒋晓阳译，北京大学出版社2011年版，第46页。
② ［英］莫里斯·罗奇：《重新思考公民身份——现代社会中的福利、意识形态和变迁》，郭忠华等译，吉林出版集团2010年版，第28页。
③ ［英］齐格蒙特·鲍曼：《免于国家干预的自由、在国家中的自由和通过国家获得的自由：重探 T. H. 马歇尔的权利三维体》，载郭忠华、刘训练主编译《公民身份与社会阶级》，江苏人民出版社2007年版，第237页。
④ ［英］彼得·德怀尔：《理解社会公民身份——政策与实践的主题和视角》，蒋晓阳译，北京大学出版社2011年版，第52页。

同质化的社会，区域、种族、文化的分歧在与阶级的划分比起来不重要"①。罗格斯·M. 史密斯认为，"作为一种规范性陈述，这种观点是有力的，但是作为一种历史分析，马歇尔以阶级为聚焦中心的陈述并不完全足以解释许多公民发展……今天，各个不同的现代国家对于马歇尔的三类公民权利的具体内涵和外延的定义差异非常之大，因此，他的陈述事实上既不能成为现代世界中通行的正式公民法的具体刻画，也无法成为有关公民权的广泛共享的理解的精确表达"②。特纳的评价是，"虽然马歇尔的构想可能适合于英国这个特例，但从历史和比较的角度看不一定适合于其他社会，英格兰的情况也许是一个例外，而不是一种普遍性规律"③。而且他还认为，"在马歇尔的理论中，权利的三个维度决不是同等重要。比如作为公民和政治成员身份的资产阶级权利不能与资产阶级的财产权相抵触或对它构成挑战"④。他把19世纪出现的集体谈判看作公民权利的加强，而不是新权利的诞生。在马歇尔看来，"社会权利使公民身份获得了实质性含义，因为它们使公民身份建立在公民财政资源的基础上"⑤。吉登斯认为马歇尔所说的工业公民身份不过是公民权利的扩展，但马歇尔显然是将工业公民身份看作不同于公民权利的单独的事物。雅诺斯基认为，参与权利的概念提出来，过去对于工业公民身份的模糊不清问题就可以得到澄清。事实上，这方面的权利分别属于三种不同的公民权利。公民有组织起来的法律权利，不论是成立工会还是成立企业，在法律上都是一样。工会在正式政治体制之内采取行动和开展抗议活动的权利，属于组织上的政治权利。至于集体谈判、罢工和

---

① Bryan S. Turner, T. H. Marshall, "social rights and English national identity", *Citizenship Studies*, 2009 (1), pp. 65 – 73.

② [英]恩靳·伊辛、布雷·恩特纳：《公民权研究手册》，王小章译，浙江人民出版社2007年版，第150页。

③ [英] T. H. 马歇尔：《公民身份与社会阶级》，载郭忠华、刘训练编译《公民身份与社会阶级》，江苏人民出版社2007年版，第215页。

④ [英]布赖恩·特纳：《公民身份与社会理论》，郭忠华等译，吉林出版集团2007年版，第8页。

⑤ [英]基思·福克斯：《公民身份》，郭忠华译，吉林出版集团2009年版，第96页。

参与车间管理，则属于参与权利。①

2. 关于马歇尔的公民身份的类型学的批判

首先，公民身份模式的理论自洽性。马歇尔把公民身份的构成看作由公民权利、政治权利和社会权利所组成的复合范畴。"从本质上说，权利并不完全吻合于他所设想的那三种形式，试图将纷繁复杂的权利硬套入这种模式的做法是错误的。"② 特纳还指出，"马歇尔还忽视了经济权利观念即工业民主观念的讨论，这种权利可能进一步冲击资本家财产权的自治性"③。希特认为，"在马歇尔的权利三维体中，人们还发现了另一种缺陷，即他没有认识到社会公民身份是一种不同于政治，尤其不同于公民权利的公民身份。公民权利旨在对抗国家，社会权利则为国家所提供。社会公民身份包含了相应的开支，以及相应的一定规模的税收。但是，税收又会侵害到资本主义生产方式中神圣的财产权这一公民权利"④。因此，社会权利和公民权利在马歇尔的模式中尽管显得相互补充，但是由于公民权利和社会权利建立在不同的原则和基础之上，事实上二者可能具有潜在的冲突。根据马歇尔的论断，社会权利标志着"历史的终结"或者至少是"公民身份的历史终结"。巴巴利特指出，我们必须怀疑"社会权利能否算作公民身份权利"，他把公民身份看作政治体中的"参与权利"。社会权利是促进政治参与的手段，而不是公民身份的组成部分。除此之外，"公民身份权利必然是普遍性权利，但社会权利只有在具有具体内涵的时候才具有意义，但具体权利从来就不是普遍性的权利"⑤。最后，

---

① [美]托马斯·雅诺斯基：《公民与文明社会》，柯雄译，辽宁教育出版社2000年版，第53页。
② [英]巴巴利特：《公民资格》，谈谷铮译，桂冠图书有限公司1991年版，第92页。
③ [英]布赖恩·特纳：《公民身份与社会理论》，郭忠华等译，吉林出版集团2007年版，第8页。
④ [英]德里克·希特：《何谓公民身份？》，郭忠华译，吉林出版集团2007年版，第46页。
⑤ [英]巴巴利特：《公民资格》，谈谷铮译，桂冠图书有限公司1991年版，第92页。

因为社会权利依赖于官僚机关和财政基础，它们因此根本就不是权利，而是权利行使的条件。

其次，公民身份模式的适用性及其解释力度。马歇尔的考察主要是限于一种地方性经验（英国），这可能会影响到其理论框架进一步的适用范围。马歇尔的理论存在的主要问题在于，"他不曾考虑到社会变化所导致的公民与国家之间关系的变化对公民身份的含义所产生的影响"①。特纳的解释说，马歇尔的公民身份理念是基于一个特定的战后英国国家角色的转变和发展的概念化，这一概念的缺点在于它是在特定的时间、地点和背景下提出的，当考虑其他国家的社会权利发展时需要作出一些改变。②雅诺斯基在《公民与文明社会》中探讨了马歇尔理论的时代局限性，在20世纪最后10年，福利国家困境使一些社会权利受到威胁，这关系到国内穷人和贫困公民的权利的保护；东欧剧变涉及有关国家向民主制和资本主义过渡中如何重建公民权利和文明社会；移民和难民问题关系到民族国家是否有权保护国界之内享有公民身份的群落，不再接纳来自不同种族和民族的外国人，尤其是当这些外国人是在寻求摆脱经济束缚和政治威胁的时候。"马歇尔的公民理论还不足以解释许多这一类正在出现的权利与义务的问题"③。马歇尔的公民身份理论只限于民族国家模式，当时还没有出现全球多元化的社会形态。马歇尔的理论集中于普世权利和责任的平等，缺乏有效处理差异的巧妙性。在概念上，还没有环境公民身份、文化公民身份等的出现。

3. 对批判者的批判

对于马歇尔公民身份三维的范式，希特认为这是过于短视的批判，"认为其他国家的公民身份并没有以英国的方式发展的说法，只有在假定了马歇尔的目标是旨在建立一种普遍有效的类型学的前提才是有效

---

① ［英］基思·福克斯：《政治社会学》，陈崎等译，华夏出版社2008年版，第104页。

② Dann Hoxsey, "Debating the ghost of Marshall: a critique of citizenship", *Citizenship Studies*, 2011 (6-7), pp. 915-932.

③ ［美］托马斯·雅诺斯基：《公民与文明社会》，柯雄译，辽宁教育出版社2000年版，第5页。

的。但他显然没有这种意图……在这种情况下,马歇尔无须为他所没有做到或者不能做到的事情蒙受批判。"① 希特还认为这是一种极不公允的批判,"他只是做了粗略的勾画,其他人却想添加或重新安排细节。无论如何,马歇尔的三维体作为一种极为有效的精神画像都得到了牢固的树立,它帮助人们理解了公民地位和条件的复杂性"②。马歇尔"把公民身份看作一个一体的和连贯的概念,并没有显示出任何真正的兴趣不同形式的公民在不同的历史轨迹的比较研究"③。Maurice Roche 认为,"很明显马歇尔关注的主题是具体的英国历史而且他没有提及其他国家的历史。但是同样的明显马歇尔也关注——亚主题——一些超越纯粹英国案例的普遍的意义,他写作关于抽象的和普遍的实体和概念,例如'资本主义'与'社会主义',与理解'我们当代的制度'的问题以及这些制度作为'文化'和'文明'的定性概念的承担者"④。如果马歇尔想做一些在他提及的普通的亚主题和英国特定的主题做一些连通,他可能认为英国的案例非常重要对于理解公民身份,因为英国对于其他民族国家的历史和总体世界历史的影响是巨大的。

五 马歇尔的公民身份理论的发展

"在 20 世纪 90 年代,作为支配模式的马歇尔主义公民身份的假设——尤其是完全就业、公共领域与私人领域的性别分工、核心家族的稳定性——显然已经消势。同时,传统的公民身份模式还被指责无力提供一种平等的福利形式。"⑤ "在许多方面,这些新问题在马歇尔

---

① [英]德里克·希特:《何谓公民身份?》,郭忠华译,吉林出版集团2007年版,第48页。
② 同上书,第49页。
③ Bryan S. Turner, T. H. Marshall, "Social rights and English national identity", *Citizenship Studies*, 2009 (1), pp. 65 – 73.
④ Msurice Roche, "Citizenship, Social Theory, and Social Change", *Theory and Society*, 1987 (3), pp. 363 – 399.
⑤ [英]布赖恩·特纳:《公民身份与社会理论》,郭忠华等译,吉林出版集团2007年版,前言第6页。

的框架内不容易解决,这就产生了问题:如果我们生活在后凯恩斯时代政策的环境,我们也是生活在一个后马歇尔公民身份模式吗?"① 莫里斯·罗奇指出,"马歇尔关于社会公民身份的分析只是反映了他所处的时代的情况,因此,在理解我们的时代和理解促使福利国家改革的社会压力时,他的分析已变得不合时宜"②。特纳也认为,由于支持战后英国福利共识的社会和经济条件已经被经济和技术的发展所改变,这些经济和技术的发展深深影响了公民的社会认同,社会公民身份被侵蚀。③ 时代的发展推动公民身份的要素与平等内涵不断丰富,公民身份的包容性在增强。

(一) 公民身份构成要素的拓展

1. 公民身份的参与权利要素

正如马歇尔所指出,工会制度已"创立一种与政治上的公民身份权利体系相平衡和补充的工业公民身份的体系"。"它是以工会制度为基础的、次级的公民身份体系,而工会则负责集体谈判,它主要不是寻求市场的平衡,而是对社会正义的某些基本权利提出要求。"④ 虽然后来本迪克斯、特纳、吉登斯等人对马歇尔的公民身份的次级权利体系都力图澄清其性质,但都没有能够将这种权利提升到与公民权利、政治权利和社会权利同等水平的地位,没有找出令人满意的解决办法。雅诺斯基认为,"马歇尔将公民身份理论化的传统存在着一些空白,这正是本书所要加以填补的"⑤。参与权利概念的提出,过去

---

① Bryan S. Turner, T. H. Marshall, "Social Rights and English National Identity", *Citizenship Studies*, 2009 (1), pp. 65–73.

② [英] 莫里斯·罗奇:《重新思考公民身份——现代社会中的福利、意识形态和变迁》,郭忠华等译,吉林出版集团2010年版,第6页。

③ Turner, B. S., "The erosion of citizenship", *British Journal of Sociology*, 2001 (2), pp. 189–209.

④ [英] 巴巴利特:《公民资格》,谈谷铮译,桂冠图书有限公司1991年版,第32页。

⑤ [美] 托马斯·雅诺斯基:《公民与文明社会》,柯雄译,辽宁教育出版社2000年版,第5页。

对于"工业公民身份"的模糊不清问题就可以得到澄清。雅诺斯基运用社会层面的主动/被动和国家支持层面的公域/私域范畴对公民身份所包含的权利进行了划分：

公民身份按作用和领域的二分法

		文明社会	
		公众领域（政治）	私人领域（市场）
权利类型	被动：存在，地位，或具有权利	（1）法律权利	（2）社会权利
	主动：行为，身份，或创造权利	（3）政治权利	（4）参与权利

被动指的是公民获得承认的地位，或者说公民有权利做某事，主动指的是公民需要主动行为以创造权利或使权利得到实现。公域指在政治过程中获得保护和发展的权利，私域则指国家为公民个人家庭和工作中的福利提供底线保障。"马歇尔的基本原则之一表明，正通过社会权利走向经济民主，而公民被动权利向较主动权利的延伸还为参与权利铺平了道路，尽管参与权利在本迪克斯和马歇尔的基本概念阐述中未曾点明。"① 马歇尔所说的"工业公民身份的次级权利体系"填补了主动行为和私域的交集空白，这就是参与权利。于是，公民身份就由四种权利构成。② 事实上，这方面的权利分别属于三种不同的正式公民权利。公民有组织起来的法律权利，不论是成立工会还是成立企业，在法律上都是一样的。工会在正式政治体制之内采取行动和开展抗议活动的权利、属于组织上的政治权利。至于集体谈判、罢工和参与车间管理，则属于参与权利。

雅诺斯基认为，社会权利是公民权利的最终实现，在这种类型的划

---

① ［美］托马斯·雅诺斯基：《公民与文明社会》，柯雄译，辽宁教育出版社2000年版，第63页。

② 同上书，第39页。

分中，参与权利就是国家为公民在市场或公共组织等私人领域创设的权利，是国家保证的私人行动权。参与权利不仅保证工人有权参与企业管理，而且还保证客户和社区有权参与福利机构的事务。因此，参与权利能涵盖福利国家内部原先被忽视的许多权利，其中包括公民的主动倡议、劳资联席会和客户委员会，以及新近出现的妇女参与形式。总之，公共或政治民主的实质在于公民法律权利和政治权利，私域大体上是经济上的民主的核心则存在于社会权利和参与权利。① 雅诺斯基的参与权利填补了马歇尔对公民身份权利发展探讨的不足，使人们对当代私人部门、公共部门和个人之间的合作提供了理论支持和解释，也为我们对权利发展以及相关的社会现象提供了比较可行的分析工具。

2. 公民身份的文化权利要素

其一是马歇尔的公民身份理论的文化意蕴。T. H. 马歇尔在纪念与他同名的经济学家阿尔弗雷德·马歇尔时分析了其讨论阶级和不平等问题所暗含的社会学观点。阿尔弗雷德·马歇尔认可数量或经济不平等的合法性，但是他批判了"从文明或文化的基本要素对生活质量所作的总体评价"的质量或文化的不平等。T. H. 马歇尔把阿尔弗雷德·马歇尔的这个观点称为一种隐含的却有效的"社会学假设"。T. H. 马歇尔在分析中似乎也赞同，存在一个"使人们接受社会不平等的统一的文明"。他根据"所有人享有（'有教养的人'/绅士的一般生活条件）的要求"阐释了这种假设。按照 T. H. 马歇尔观点，这种"所有人的要求就是主张有权享受社会遗产，而这又意味着要求被接纳为正式的社会成员，也就是公民"。这个观点"假定人与人之间存在一种基本的平等"。这种平等地位与共同体中人的正式成员资格概念有关。马歇尔相信，在自 18 世纪以来的现代社会形式的发展过程中，"人的成员资格基本的平等……已经因融入了新的成分而丰富起来了，并且注入了数量惊人的权利……它与公民身份的状况明显一

---

① ［美］托马斯·雅诺斯基：《公民与文明社会》，柯雄译，辽宁教育出版社 2000 年版，第 5 页。

致"。因此,马歇尔的观点似乎是:共同的民族文化或"文明"在社会中已然发展到现代阶段,所有社会成员对民族文化或"文明"都享有平等的权利。满足对文化成员资格和融入这种文化的基本要求,或多或少在某种程度上与基于阶级划分的文化多样性相符合,也与精英阶层的社会不平等有某种程度的一致性。那么,从这个分析来看,我们可以说,公民身份有一个"共同的场地"或文化的基础。① 马歇尔在提及教育和自我提高时,含蓄地承认了文化的权利,但他的文化概念是同质的民族文化。马歇尔认为赋予那些被从文化上排除在外的群体以共同的公民身份权利将有助于将这些被排斥群体整合到一个共同的民族文化当中。尼克·史蒂文森认为马歇尔承认了文化资本具有增强社会经济的重要性。"按照他的逻辑,我们可以把现代状况下的文化权利解释为获得读写能力、批判能力和公共文化商品的平等权利,这样人们就能够有平等的机会参与到文化生活以及经济和政治生活中来。"② 在马歇尔看来,工人阶级文化上被排斥的根源在于他们的社会经济地位,将社会权利纳入公民身份的权利当中,通过福利国家提供物质福利的供给,将有助于将不同国家的工人阶级整合到一种民族文化当中,因为平等的公民身份权利将会产生一种直接的共同体成员感,这种成员感建立在对一种文明的忠诚之上。

其二是在文化方面围绕马歇尔的公民身份理论的论争。莫里斯·罗奇认为,从马歇尔所研究过的文化方面的概念来看,他似乎一厢情愿,想当然地以为存在一种共同的、占主导地位的文化,并把这种文化当作相对而言较为可靠的理论分析基础,认为文化权利潜在地存在于公民权利和社会权利之中。③ 巴巴利特则认为,"马歇尔的概括不能很好地适应对于不同文化的移民群体在民主社会共同

---

① [英]尼克·史蒂文森:《文化与公民身份》,陈志杰译,吉林出版集团2007年版,第109—110页。

② 同上书,第87页。

③ [英]莫里斯·罗奇:《公民身份、大众文化与欧洲》,载[英]尼克·史蒂文森《文化与公民身份》,陈志杰译,吉林出版集团2007年版,第109页。

体的整合或同化问题的考察"①。德兰蒂也认为,"马歇尔的理论集中于普适权利和责任的平等,缺乏有效处理差异的巧妙性"②。Gal Ariely 也认为,"当代分析家承认公民身份的不同性质,而非必然的普遍包容性,不同群体的公民具有不同的权利"③。"尼克·史蒂文森指出,虽然马歇尔确认了与司法体系、议会和福利国家相对应的公民身份三维体:公民权利、政治权利和社会权利,但是,他没有进一步深入研究公民身份权利的变化,没能提出公民身份的文化维度"④。莫里斯·罗奇认为,"如今至少还有一个维度已经得到确认并可以增加到马歇尔有关公民身份维度的清单之中,那就是公民身份的文化维度。马歇尔倾向于把这一维度视为理所当然,并在单一文化和民族国家的角度下对其进行解读。然而西方社会已经见证了少数民族关注公民权利、关注政治认同和政治承认的运动的兴起"⑤。"马歇尔的再分配政策作为公民身份的一个问题旨在作为一个为了扩大福利国家的建设而构建选举支持的修辞手段,为了解决如何使公民身份更少的排斥和宽松的政策接纳移民和其他群体的问题,有必要超越这个政策。"⑥ 这种观点表明,在马歇尔的框架内公民身份权利的演变比一般认为的有更多的领域。

其三是公民身份的文化权利的扩展。文化公民身份被当作对全球移民和通信潮流所带来的文化多元主义以及随之而来的作为国家调节系统的福利国家的终结的反映。自由主义理论不仅是以公民个

---

① [英]巴巴利特:《公民资格》,谈谷铮译,桂冠图书有限公司1991年版,第128页。

② 转引自[英]彼得·德怀尔《理解社会公民身份:政策与实践的主题和视角》,蒋晓阳译,北京大学出版社2011年版,第52页。

③ Gal Ariely, "Exploring citizenship spheres of inclusion/exclusion: rights as 'potential for power'", *Patterns of Prejudice*, 2011 (3), pp. 241–258.

④ [英]布赖恩·特纳:《文化公民身份概要》,载[英]尼克·史蒂文森《文化与公民身份》,陈志杰译,吉林出版集团2007年版,第20页。

⑤ [英]莫里斯·罗奇:《重新思考公民身份——现代社会中的福利、意识形态和变迁》,郭忠华译,吉林出版集团2010年版,第7页。

⑥ Jytte Klausen, "Social Rights Advocacy and State Building: T. H. Marshall in the Hands of Social Reformers", *World Politics*, 1995 (2), pp. 244–267.

人权利保障为基础建立起来的,而且是以文化同质化的公民社会为前提的。多元文化主义当中的激进派如艾丽斯·马瑞恩·杨对普适性公民身份提出挑战,主张差异的公民身份观念以及差异政治。她认为,"试图创造一个普适的、超越群体差异的公民概念根本就是不正义的,因为这压制了历史上受排斥的群体"①。"群体差异的公民身份观念诉求一个更高的平等的规范,可能重新确立政治、社会和经济的不平等制度基础,差异公民身份意味着重新确立对于特定群体的制度特权。"② 而温和派的威尔·金里卡在其著作③中论述了自由主义可以包容差异性文化群体的群体权利要求,通过提出文化的公民身份权利,金里卡将集体的因素纳入社会正义的考虑范围,并由此丰富了公民身份的权利框架,即从公民权利、政治权利、社会权利进一步扩展到文化权利。金里卡认为应区别对待,他区分了几种集体权利,并指出大多数文化差异群体寻求的是融入和整合,而非自治和分离,他们的要求就是:改革社会制度以使其能够容忍并接纳多种族群体的文化独特性。但是自治权利的要求的确对自由社会的稳定和团结构成了潜在的威胁,因此,辨明多民族国家中可能的团结资源仍然是自由主义的严峻任务。泰勒也一方面认为自由主义的无差别对待和普遍政治在多元文化背景下已经难以通行,另一方面又认为当今的差异政治和自由主义的普遍政治共享一种普遍的平等原则。马歇尔关于社会公民身份的分析只是反映了他所处的时代的情况,因此,在理解我们的时代和理解促使福利国家改革的社会压力时,他的分析已变得不合时宜。"他假定社会权利的主要目标是消除阶级的不平等并保护公民免受市场力量的侵蚀。这种假设虽然延续到后来的社会民主思想和实践,但却忽视了不平等的其他关键轴

---

① 许继霖:《共和、社群与公民》,毛兴贵译,江苏人民出版社2004年版,第243页。
② Jytte Klausen, "Social Rights Advocacy and State Building: T. H. Marshall in the Hands of Social Reformers", *World Politics*, 1995(2), pp. 244–267.
③ [加] 威尔·金里卡:《多元文化的公民身份——一种自由主义的少数群体权利理论》,马莉等译,中央民族大学出版社2009年版,第9页。

心与支配的其他机制和场所"①。

3. 女性主义公民身份

女性被排斥在公民身份权利之外的历史可以追溯到古希腊,在古希腊,女性和奴隶不是公民,只有自由的男人才被认为有权利作为公民参与城邦事务。彼得·德怀尔认为,《公民身份与社会阶级》一文的语言和视角具有排斥性,具有种族中心特征,"马歇尔声称的普适地位似乎反映了他自己最熟悉的白人、身体状况良好、中上阶层的男性公民世界"②。在公民权利方面,马歇尔把19世纪的女性地位描述为"在很多重要的方面是特殊的"。忽视占人口一半以上的妇女不适于公民权利先于政治权利的事实,只有到1928年以后,妇女才被赋予选举权,只有到1990年以后,妇女才与其丈夫分开课税。可以说,妇女是以极其渐进的方式获得与男性大致平等的公民地位的。通过把其对公民身份的讨论与阶级差别联系在一起,马歇尔忽略了深嵌于阶级分化当中的性别差异③。希特承认,"这种批判只能得到部分辩护,因为马歇尔的确没有对妇女和其他在批判者看来他本应注意的群体投以注意力。但是,这些群体也只是最近通过抗争才在政治上崭露头角,并因此成为关注的焦点的。以少数民族为例,在1949年的英国,它们只是一些为数极少的群体"。④ 许多评论家,尤其是从女性主义视角出发的评论家,对马歇尔的公民身份"条件"提出质疑(如工作权利),因为它没有能够涉及各种不同社会群体的地位和经历。莫里斯·罗奇指出,"在20世纪初被誉为女权主义运动'第一波'的浪潮之下,英国及其他欧洲国家的女性被动员起来争取投票的政治权利,这在一定程度上改写了马歇尔所定义的从公民维度到政治维度的公民

---

① [英]巴特·范·斯廷博根:《公民身份的条件》,郭台辉译,吉林出版集团2007年版,第107页。

② [英]彼得·德怀尔:《理解社会公民身份——政策与实践的主题和视角》,蒋晓阳译,北京大学出版社2011年版,第51页。

③ [英]德里克·希特:《何谓公民身份?》,郭忠华译,吉林出版集团2007年版,第48页。

④ 同上书,第45页。

身份发展次序"①。此外,希特也提出,必须加上某些新近提出的环境权利,在某些评论家看来,这些权利可以看作"第三代"权利。巴特·范·斯廷博根也指出把生态公民身份的概念指代为增补而且还是修正公民身份三种已存在的形式:公民的、政治的和社会的。巴特·范·斯廷博根认为,"在21世纪来临之际公民身份将可能获得一种新的和第四维度。在这里我把生态公民身份的概念指代为增补而且还是修正公民身份三种已存在的形式:公民的、政治的和社会的"②。

(二) 公民身份类型学的发展

1. 迈克尔·曼的统治阶级的策略模式

迈克尔·曼将公民身份权利发展的原因解释为精英社会中统治阶级将公民身份作为统治策略从上到下的推行。迈克尔·曼认为,"马歇尔所描述的英国公民身份策略仅仅是发达工业国家所追求的五种策略之一。我们把它们称为自由主义的、改良主义的、威权专制主义的、法西斯主义的和威权社会主义的策略"③。迈克尔·曼的理论揭示了公民权利的发展轨迹未必是整齐划一的。在迈克尔·曼看来,公民身份说到底是统治阶级缓和社会冲突和促进社会整合的一种"统治阶级策略"。迈克尔·曼把掌握着国家的统治阶级界定为"经济上占主导地位的阶级与政治领导人和军事领袖结成的联盟",是一种经济上占支配地位的阶级和政治精英的混合体。每个国家的统治阶级如何处理公民身份问题都与该国特定的历史条件、文化背景和政治环境密切相关。④ 由于各国的国情迥然不同,统治阶级采取的策略也大相径

---

① [英]莫里斯·罗奇:《重新思考公民身份——现代社会中的福利、意识形态和变迁》,郭忠华等译,吉林出版集团2010年版,第11页。
② 巴特·范·斯廷博根:《迈向全球生态公民身份》,载[英]巴特·范·斯廷博根《公民身份的条件》,郭台辉译,吉林出版集团2007年版,第162页。
③ 迈克尔·曼:《统治阶级的策略与公民身份》,载郭忠华,刘训练主编《公民身份与社会阶级》,江苏人民出版社2007年版,第193页。
④ [英]基思·福克斯:《政治社会学》,陈崎等译,华夏出版社2008年版,第105页。

庭。这种公民身份权利的实现具有自上而下特征,通过许诺或者授予某种形式的公民身份权利,统治阶级获得了被统治阶级的承认和合作。迈克尔·曼指出马歇尔的三种权利划分存在的问题,认为公民权利可以进一步划分为个体和集体的自由,社会权利可以进一步分为意识形态的和经济的两种类型,因而将权利类型拓展成五种。迈克尔·曼认为,公民身份能否幸存的主要原因并不是在包容阶级冲突上取得失败或成功,而是战争失败或成功带来的结果。他还指出,若不是受到外界因素的(尤其是战败)影响,德国等国家依靠其威权主义策略本来也有可能"存续下来并发展成为先进的后工业社会,只需把部分公民权利、政治权利和社会权利以一种别具特色的、组织良好的、威权主义的方式结合起来即可"①。迈克尔·曼明显地突出了国家在决定社会参与和公民权利形成过程中关键性作用,由于他叙述的重点是统治阶级的策略,而社会利益和国家组织之间的制度差别消失了。此外,由于曼关注的是说明特定的历史事例,因此,他没能勾勒出一般的表述。"在一些贫穷的政治威权主义国家,社会权利更容易成为国家政权与市民社会的结合点,通过开启'民生'的空间而关闭'民主'的空间。"② 德国俾斯麦模式表明,社会权利是一种可以脱离公民权利和政治权利而单独得到发展的权利;与这一点相联系,社会权利的发展未必需要民主政治所铺就的舞台,可以服务于威权乃至极权主义政权需要。

2. 布赖恩·特纳的公民身份模型

布赖恩·特纳关注了迈克尔·曼在试图超越马歇尔过程中所遗漏的两个问题,即道德差异的影响和社会运动在塑造公民身份过程中的重要作用。布赖恩·特纳采取一种比较法来考察公民身份,首先,他指出,公民身份的产生有自上而下和自下而上两种可能,即公民权利

---

① [英]基思·福克斯:《政治社会学》,陈崎等译,华夏出版社 2008 年版,第 106 页。
② 郭忠华:《变动社会中的公民身份——与吉登斯基恩等人的对话》,广东人民出版社 2011 年版,第 113 页。

可能是公民社会内部各种集体行为的结果,也可能是国家为了控制社会而采取的策略之产物;其次,他强调了侧重公域和侧重私域这两种不同方法之间的差异。即私人与公共的划分,积极与消极公民的公民身份问题,他把公民身份的两个方面(私人的与公共的,来自上层的与来自下层的)结合在一起,建立了公民身份的类型学①。

公民身份			
自上而下	自下而上		
革命的法国传统	消极的英国案例	+	公共空间
美国自由主义	德国法西斯主义	−	

布赖恩·特纳认为,"虽然马歇尔区分了各种不同类型的公民身份(公民的、政治的和社会的),但他没有提出任何主动或被动公民身份的见解"②。布赖恩·特纳认为,公民身份并不像迈克尔·曼所说的那样是"统治阶级"的一种策略,相反,它已成为权利话语和反抗运动的基本支柱。有必要把广泛意义的"斗争"概念看作使公民身份得以历史性增长的关键因素。但也有学者认为,"把'斗争'概念硬嵌入社会参与的历史性扩大的描述中,可能把发展是演化和不可逆转的趋势引入歧途……这种路径既完全没有意识到斗争也能导致镇压,而不是导致扩大权利,又完全没有懂得,只有在一定程度上把一切都和斗争联系起来,才能使公民身份的权利得到扩大"③。特纳还认为,宗教传统在公民身份的发展中起到重要的作用,不管是基督教还是伊斯兰教都为公民身份的发展提供了一个普适性的政治空间话语。这种类型学被看作超越马歇尔公民身份理论局限性的一种办法。

---

① [英]布赖恩·特纳:《公民身份理论概要》,载郭忠华、刘训练主编译《公民身份与社会阶级》,江苏人民出版社2007年版,第219页。
② 同上书,第222页。
③ [英]巴巴利特:《公民资格》,谈谷铮译,桂冠图书有限公司1991年版,第26页。

特纳还从公民身份的历史进展修正了马歇尔的公民身份模型:①

时期	人	权利
城市—国家	居民	法律权利
民族—国家	公民	政治权利
福利—国家	社会公民	社会权利
全球资本主义	人类	人权

公民身份出现于城市—国家与确立了居民的理念，民族国家基于政治权利确立了一个原始的公民身份观念，随后是福利国家，在福利国家中基于社会权利具有了社会公民身份，在全球化的资本主义时代，新出现了人权的概念。民族—国家的主权被全球市场的潮流所侵蚀，越来越多的民族经济被跨国企业所拥有，结果可能是公民身份的传统形式可能无法表达或日益全球化市场的观念，公民身份的历史模式既可以有乐观的结论也可以有悲观的结论，乐观的是通过联合国，并通过有关的人权协议，可以处理国家之间的暴力、恐怖主义和冲突问题。对未来悲观的看法是，像中国这样的社会将分解成相互冲突的特大城市和在国际经济联系中将会破坏公民身份的传统观念，中国社会的政治未来将是一个更不安全和不确定的环境。② 不考虑这些历史变化，公民身份的理念是现代民主斗争的主要方面和分析关于世界经济中稀缺资源的国际冲突的基本概念。

3. 吉登斯等人的社会斗争模式

安东尼·吉登斯对马歇尔的范式主要做的完善是，公民身份的每一个要素都有其相对应的监控体系。吉登斯立足于民族国家建设的视野，运用"控制辩证法"分析模型进一步完善马歇尔的解释范式。"控制辩证法"意指尽管国家对于其公民的监控能力得到了极大的提

---

① Bryan S. Turner, "Citizenship studies: A general theory", *Citizenship Studies*, 1997 (1), pp. 5 – 18.

② Ibid..

升,但随着公共教育、司法体系和议会的发展,社会对国家的控制能力也得到了提升。控制以一种双向并进的方式共同发展。吉登斯认为,公民身份的发展不是一个自然演进过程,"公民身份在相当程度上是通过斗争获得的"。"与其说公民身份权利的扩展钝化了阶级分化,不如说阶级冲突是公民身份权利扩展的媒介。"① 吉登斯指出,"与其把公民身份权利的三个范畴看成公民身份权利的整体发展的三个阶段,还不如把它们理解为斗争或冲突的三个舞台。这三个舞台中,每一个都与不同类型的监控联结……我们仍应进一步看到公民权利以及围绕着他们的长期斗争在现代国家中所具有的发生学和独立的意义"②。

吉登斯的解释模型

公民身份	监控
公民权利	治安方面
政治权利	国家行政力量的反思性监控方面
经济权利	生产管理方面的监控

迈克尔·曼和布赖恩·特纳的理论都是对马歇尔的分析框架的有益补充。尤其是这两种理论都把公民身份视为社会变化可能造成的偶然性后果,从而坚决地将公民身份置于国家与公民社会之间的互动关系的背景下。这标志着从马歇尔所采用的过于侧重描述的阐释方式向前迈出了重要的一步,此种方式无法解释为什么公民身份会随着时间的推移而扩张或者收缩。曼和特纳还强调了对不同的政治文化、多样的阶级策略以及各种地缘政治因素等变量开展研究的重要性。吉登斯虽然注意到他与马歇尔的差异,但其间分歧并不大,教育在很大程度上没有进入吉登斯关于公民身份的讨论。

---

① [英]安东尼·吉登斯:《阶级分化、阶级冲突与公民身份权利》,熊美娟译,《公共行政评论》2008年第6期。

② [英]安东尼·吉登斯:《民族—国家与暴力》,胡宗泽等译,生活·读书·新知三联书店1998年版,第249页。

(三) 公民身份的空间拉长

1. 公民身份的民族国家架构理论论争

马歇尔对于公民身份三种要素的分析是"受限于（英国的）历史而非顺从于逻辑的展开"。马歇尔是在一种特殊背景下研究公民身份发展的，他所讲述的公民身份故事是一段长达7个世纪的英国历史——这一历史反映的只是英国的经济与政治关系，没有参考过其他国家的情况。他所关注的是战后时期英国（或者说关注的是更狭隘的英格兰）这个或多或少更为同质化的社会，他的分析只是反映了他所处的时代情况。

马歇尔的公民身份囿于民族国家的架构，虽然民族主义的批判是欧洲20世纪40年代末主要的争论议题，尤其是在第一波通向经济政治一体化的背景下，马歇尔反映了当时在表面上不关注超越民族国家的公民身份英国独特特征，"公民身份的历史我希望去追溯的是，通过定义，是民族的"①。John Crowley认为马歇尔意图是在地方的（封建的、前国家的）与国家的对比，而不是在本国和国外的对比。这种公民身份趋势的一般解释强化了打破封建主义作为一个地域上融合与功能上分离结合的观点。② 马歇尔的英格兰或英国公民身份的历史发展的讨论，提供了一系列的对于这些重要理论问题的线索。地域融合是在集权君主权力的推动下，这提供了马歇尔的一个分析框架，是一个指向反对地方主义（封建主义的形式）的过程，而且也和国家建设密不可分。公民身份与民族意识在这方面是一个硬币的两面。民族国家以在其领域内运作的工业资本主义体系作为物质基础，构成公民身份的公民权利/政治权利和社会权利正是通过这种民族国家得到保障。

马歇尔的剑桥演讲仅仅是在1948年英国国籍法通过后的几个月里进行的，也正好是在1949年人权宣言的前几个星期，他演讲公开

---

① Crowley, John, "The national dimension of citizenship in T. H. Marshall", *Citizenship Studies*, 1998 (2), pp. 165 – 178.

② Ibid..

的观点正好恰逢公众讨论欧洲人权公约。英国的国籍法特别是潜在的旨在支撑社会关系地位的平等和普遍性的福利权利公民身份的理论至关重要。更为重要的是，该法确认了英国本土拥有超过 8 亿英联邦居民的权利，无条件限制的进入，这可能带来大规模的外来移民，但是仅是为了便利文化、法律、经济和家庭与英国的前帝国的关系。① 同样，英国与其他国签署"世界人权宣言"却很少认识到公民身份的长期影响。马歇尔没有提及护照、血统或垄断、移民控制、双重国籍、效忠、领事保护。如果成功的话，他的工作将提供一个理想的蓝图对于理论创新。John Crowley 认为，在马歇尔的讨论中民族国家维度的缺失不是因为不相关，而是因为想当然。② 马歇尔公民身份的民族国家维度是一个卓有成效的议题。

关于公民身份民族国家架构的评价。迈克尔·曼指出，《公民身份与社会阶级》存在着一个相当引人注目的特征。它完全是关于大不列颠的，因为他根本没有单独涉及其他任何国家。③ 特纳解释说，马歇尔的公民身份概念是扎根于战后的发展和国家角色的转变的，一个尤其概念化的英国。④ 这一概念的问题在于特定的地点、时间和背景，因此在考虑其他国家社会权利的发展时需要作出改变。⑤ 公民身份成了对于国家提出要求的理由，无论是公民权利、政治权利还是社会权利，马歇尔想当然简单地认为国家在 20 世纪公民身份中的中心地位。⑥ Peter H. Schuck 对此认为，马歇尔在探讨公民身份时很少提及

---

① Jose Harris, "Citizenship in Britain and Europe. Some missing links in T. H. Marshall's theory of rights", *ZeS-Working Paper*, 2010, No. 2, pp. 1 – 24.

② John Crowley, "The national dimension of citizenship in T. H. Marshall", *Citizenship Studies*, 1998 (2), pp. 165 – 178.

③ ［英］T. H. 马歇尔：《公民身份与社会阶级》，载郭忠华、刘训练编译《公民身份与社会阶级》，江苏人民出版社 2007 年版，第 193 页。

④ Bryan S. Turner, T. H. Marshall, "Social rights, and English national identity", *Citizenship studies*, 2009 (1), pp. 65 – 73.

⑤ Dann Hoxsey, "Debating the ghost of Marshall: a critique of citizenship", *Citizenship Studies*, 2011 (6 – 7), pp. 915 – 932.

⑥ Andrew Gordon, Trevor Stack, "Citizenship Beyond the State: Thinking with Early Modern Citizenship in the Contemporary World", *Citizenship Studies*, 2007 (2), pp. 117 – 133.

边界问题，可能是因为他假定了民族国家的自主性，特别是他自己的国家——英国，这个假设很重要，与其他模式不一样，马歇尔未能探讨大规模移民以及随之而来的反对国家给予非公民地位的呼吁，在今天这个现象是主要问题。① 但是雅诺斯基指出，"不应该强求一致，把所有各国都勉强纳入马歇尔所阐述的英国发展模式"②。吉登斯也认为，马歇尔"对公民身份与社会阶级的分析建立在长期历史调查的基础上，同时考虑的也主要是英国的情况，他并没有暗示它可以应用于欧洲的其他国家或美国"③。民族国家除了作为疆域性组织外，同时也是以地区性组织或者成员身份而划定的，由于各个国家维护统一的方式并不雷同，具体采用何种方式则取决于其文化传统。"在德国，民族身份与种族和血统（即民族性）问题非常密切地联系在一起；而在法国，公民身份在很大程度上是以政治条件来界定的。"④ 德国更倾向于将新移民置于非公民地位，而法国则更为宽松地准许他们取得公民身份。特纳形象地把马歇尔比喻为吹号人，但他也提出了一些批评意见，在过去的三十年，军事共同体、经济发展与全球化的变化造成了公民身份的销蚀。⑤ 社会经济与技术的变化深深地影响了公民的认同，这些认同已不再是从国家声称权利的基础，因为技术和经济的变化也改变了权利的特征。这样更适合于谈论环境的、外来者和文化的公民身份原则。⑥

关于公民身份民族国家架构的批判与发展。对马歇尔持续不断

---

① Peter H. Schuck, "Three Models of Citizenship", (July 15, 2009). *Yale Law School, Public Law Working Paper No.* 168. Available at SSRN: http://ssrn.com/abstract=1267356.

② ［美］托马斯·雅诺斯基：《公民与文明社会》，柯雄译，辽宁教育出版社 2000 年版。

③ ［英］安东尼·吉登斯：《阶级分化、阶级冲突与公民身份权利》，熊美娟译，《公共行政评论》2008 年第 6 期。

④ ［美］安东尼·奥罗姆：《政治社会学导论》，张华青等译，上海人民出版社 2006 年版，第 272 页。

⑤ Bryan S. Turner, "The erosion of citizenship", *British Journal of Sociology*, 2001 (2), pp. 189–209.

⑥ Lale Yalçn-Heckmann, "Introduction, claiming social citizenship", *Citizenship Studies*, 2011 (3–4), pp. 433–439.

的一个批评是，他的公民身份研究太过于以英国为中心（或者更精确地说是以盎格鲁为中心的），他所提出的一系列公民权利、政治权利和社会权利非常适合于英国，但是这也表明，当把它运用到其他国家时却是误导的。全球化的发展对马歇尔公民身份的民族国家架构提出了挑战。"无论社会权利的未来如何，它都完全不可能在民族国家范围内来决定，也不可能依赖于国家的主动性和管理……马歇尔的三维体只有被提升到全球层面才可能继续存在。"[①] 无论一个国家或一种国家联合体有多么丰富的资源，它都不可能单独确保社会权利的未来，从而也就间接地不能确保权利三维体中另外两种权利的未来。吉登斯走得更远，他在马歇尔的公民身份权利三划分的基础上添加了第四象限——生态权利，而且推进到关于全球公民社会的可能性的探讨。

为了解决广泛而又有挑战的议题，马歇尔的分析方法仍然富有成效，然而，持久的价值与其是说社会权利的具体结论，具体结论主要是依赖于关于英国案例的严格的假设，倒不如说是他观点的结构，John Crowley 认为任何超越民族国家的公民身份理念必须基于为了产生共同的成员身份的共享制度与实践的能力。[②] 特纳指出，马歇尔生活的时代已经消失，民族国家的社会权利正逐渐被取代，人权在增强，人权没有内嵌于特定的民族国家，通常联系的是人权立法而不是公民权利。[③] 马歇尔的公民身份的权利与特定制度结构的出现相平行，而环境权、原住民和文化的权利都载入了"世界人权宣言"和最近的各种环境、人口和人类定居的联合国会议产生的法律议案之中，但是尚未有在全球层面上强制执行或满足这些权利的决定性的政府制度

[①] ［英］齐格蒙特·鲍曼：《免于国家干预的自由、在国家中的自由和通过国家获得的自由：重探 T. H. 马歇尔的权利三维体》，载郭忠华、刘训练主编译《公民身份与社会阶级》，江苏人民出版社 2007 年版，第 245 页。

[②] John Crowley, "The national dimension of citizenship in T. H. Marshall", *Citizenship Studies*, 1998 (2), pp. 165–178.

[③] Bryan S. Turner, "The erosion of citizenship", *British journal of sociology*, 2001 (2), pp. 189–209.

安排。① 为了全球治理起到意义,我们需要构建一个怎样可能存在的政治社会。从一种实践的视角来看,公民身份的构成要素与空间不是固定不变的,随着公民实践的不断拓展,公民身份的形态也必将日益丰富。达仁道夫认为,"公民身份与民族国家的合并可能是意外的,城邦国家的公民身份是真实的,世界公民身份当然是可以想象的"②。

2. 公民身份对于民族—国家藩篱的突破

20世纪晚期,在全球化背景下公民身份与民族国家关系的松动,主权国家在今天已不再是公民身份的唯一坐标。它反映了全球化所带来的政治空间结构的变化。

世界公民身份。世界公民身份的概念最初出现在公元前4世纪的古希腊,犬儒派哲学家狄奥根尼称自己是一个世界公民,因为他相信,城邦不再拥有对个人之政治忠诚的第一要求权。在狄奥根尼的思想中,世界公民身份的概念主要被用来批判城邦,而不是用来发展形成某种普遍的人类共同体理想。启蒙思想家康德在一种比较积极的意义上来使用世界公民身份这一概念,它是用来促进一种各个独立的主权国家成员之间的更强烈的道德义务意识。20世纪晚期以来,为解决诸如全球贫困和不平等,环境恶化、人权等问题,全球性社会运动促使世界公民身份这一概念彰显,行动者呼吁和以行为表达对世界整体的责任感,并支持建立有效的全球性制度。世界公民身份的倡导者则认为,公民身份也可以意指这样一种安排和实践,这种安排与实践可以被利用来改造现有的政治共同体和全球秩序,以使它们符合普遍主义的道德信念。普遍人权文化被认为是正在出现的世界公民法的根据;而国际非政府组织之日益上升的全球角色以及促进世界政治民主化的努力,则被认为是全球公民权的表征。③ 1948年的《世界人权宣

---

① Bryan S. Turner, "The erosion of citizenship", *British journal of sociology*, 2001 (2), pp. 189 – 209.

② Raymond Aron, "Is Multinational Citizenship Possible?", *Social Research*, 1974 (4), pp. 638 – 656.

③ [英]恩靳·伊辛、布雷·恩特纳:《公民权研究手册》,王小章译,浙江人民出版社2007年版,第450—451页。

言》和1966年的《社会和政治权利国际公约》是世界公民权利的重要进展。有关儿童权利、原住民权利和少数民族权利的国际法，也阐明了所有个人作为世界社会的成员所应有的权利。

后民族国家理论认为，这个时代的贡献在于处理排斥与包容及一等与二等公民问题而不断丰富的公民身份概念。针对政治权利的行使如何转化为世界公民身份的问题，世界公民身份理想之成败并不取决于民族国家公民身份的所有属性都要转移到全球政治机构。主要的任务是要将民族国家公民身份的要素（对于其他人的责任感、对于包括在公共领域中的发言权或代表权在内的个人权利的保护等）扩展到全球领域，目的是要让那些巨大的垄断权力对那些深受其影响的人们负责。① 全球公民身份与民族国家的公民身份之间就只是代表性不同的问题，相会之间并不存在一种尖锐的冲突，公民既可以恪守对民族国家的义务以作为政治权利的交换，也可以参与全球公民社会的行为以实现特殊权利，而国家只需平等地对待不同公民群体的差异性要求。② 艾利斯·马瑞恩·杨认为，全球公民权利与民族国家公民权利之间可以是和平相处的，全球公民社会中争取群体代表权的斗争恰恰为民族国家提供差异性的公民权利提供了方向。③ 特纳认为，"我们应该在普遍人权的概念框架中探讨公民权利、政治权利和社会权利，而不是公民身份的框架。我也主张，必须在一个全球视野中思考人权，首要的是在富国与穷国之间巨大不平等的背景中进行考察。而且我更加注意到种族和性别的不平等，它们与其他不平等同时存在，在有些时候和地方，甚至更为突出"④。但是，普遍权利的观念与公民身份概念之间存在着作为一种人权类型和作为一种公民权类型的公民权利之间

---

① Nigel Dower, "The Idea of Global Citizenship", *Global Society*, 2000 (4), pp.553 – 567.
② 周俊：《全球公民社会引论》，浙江大学出版社2010年版，第116页。
③ 同上。
④ [英] T. H. 马歇尔：《公民身份与社会阶级》，载郭忠华、刘训练编译《公民身份与社会阶级》，江苏人民出版社2007年版，第277页。

的总体性差异,即普遍权利与法律权利、普遍性与地方之间的差异。①赫尔德创造了"复合公民身份"概念,试图在民族国家公民身份与全球公民身份之间寻找平衡点。但是,无论是"差异公民身份"还是"复合公民身份"都将难以实现,在相当长的时间之内,我们所面对的仍然只应是民族国家的公民身份。

全球公民身份观念并非没有受到质疑,批评者中最具有代表性的人物米切尔·沃尔泽认为,首先是"民族国家的公民有一种对于某个疆界分明的政治共同体的明确的归属感;他们享有从共同的历史经验中产生的共同情感……无论全球化将在多大程度上冲击他们的生活,也无论全球化将在多大程度上使他们将世界看作一个整体,他都改变不了下述事实,即不存在相应的对于整个人类来说都很重要的历史参照点"。其次是民族—国家的公民结合在一起的共同文化能使他们就明确具体的权利和义务达成一致,正是这种权利和义务构成了一个明确的政治共同体的成员资格。就公民的真正意义而言,成为一个公民意味着拥有由法律规定、由国家制度保障的权利和义务。最后,公民身份意指政治的参与和代表权。在世界社会中,不存在相应的共同统治形式,也不存在能将世界公民集合起来为人类整体立法的全球公共领域。世界公民身份概念之最明显的缺失,就是政治参与的概念,而这是公民理念的核心。② 米勒指出,内在于公民身份的民主的公民美德,只能在像民族—国家这样界限分明的政治共同体内得到培育,而不可能在其他地方形成。问题不是要放松那些将公民结合在民族—国家中的纽带,而是要强化它们,并确保民族—国家的公民尊重其对于人类其他成员的责任。③ 金里卡写道:"(这意味着)至少在可预见的将来,民族国家仍然是实践民主的公民资格的场所"④。公民身份作

---

① 周俊:《全球公民社会引论》,浙江大学出版社2010年版,第107页。
② [英]恩靳·伊辛、布雷·恩特纳:《公民权研究手册》,王小章译,浙江人民出版社2007年版,第434—435页。
③ 同上书,第436页。
④ 威尔·金里卡:《当代政治哲学》(下),上海三联书店2004年版,第568页。

为一种权利性概念，如果脱离了特定的共同体，也就丧失了主张权利的对象，进而也就丧失了维护权利的权力。尽管有这么多的反对，世界公民身份的观念还是在当代世界主义政治理论和全球性社会运动的话语中扮演了一个突出的角色民族国家公民身份仍将主导我们的意识和行动。

欧盟公民身份。区域层面的超国家公民身份，欧盟是个典型。欧盟不是一个国家，欧盟成员国的公民同时拥有本国公民身份，也拥有欧盟公民身份。欧盟公民身份具有象征价值，它的充实依赖于欧盟整合程度的逐步提高。20世纪90年代，多数学者认为欧盟公民身份仅具有象征意义，许多人认为通过强调民族国家的特征来弱化欧盟公民身份以捍卫民族国家的优先性。但是随着相关的法案出台，欧洲法院已经成功地制度化了欧洲公民身份，欧盟委员会通过一些项目提高公民参与，现在发展欧盟公民身份成为提高欧盟认同的当务之急。[1] 2007年的《里斯本条约》将《基本权利宪章》载入其中，这些权利涉及欧盟公民的经济与政治权利，具有法律约束力，成员国必须尽其责任忠于共同体，任何成员国都不能改变这些权利的构成。[2] 欧盟公民身份的确立是通过自上而下的方式。Dora Kostakopoulou 阐释了欧盟公民身份的制度化演变过程，他认为在共同体法律的演变中宪法的重要性和公民身份的内容得到了提升。[3] Stijn Smismans 指出，在欧洲一体化的进程中，为了支撑建设超国家共同体，公民身份和公民概念已被欧盟机构及其决策者所运用。[4] Gerard Delanty 指出："欧盟公民身份的概念在今天已经成为公民身份的一种正式模式，一个显著的特征

---

[1] Dora Kostakopoulou, "The evolution of european union citizenship", *European political science*, 2008 (7), pp. 285 – 295.

[2] Elspeth Guild, "The European Union after the Treaty of Lisbon Fundamental Rights and EU Citizenship", *European Community Studies Association World Conference*, July, 2010, pp. 1 – 7.

[3] Dora Kostakopoulou, "Ideas, Norms and European Citizenship: Explaining Institutional Change", *The Modern Law Review*, 2005 (2), pp. 233 – 267.

[4] Stijn Smismans, "European civil society and citizenship: Complementary or exclusionary concepts?", *Policy and Society*, 2009 (28), pp. 59 – 70.

是民族国家体制的欧化,这是在世界公民身份兴起的大环境影响下产生的,欧洲公民身份转变的历史背景来源于共和主义与世界主义,当前形势表明二者相互影响,但是由此产生的状况导致了社会团结价值的缺失以及社会正义导致欧洲核心项目的重大危机"[1]。Gerard Delanty 在此文中还指出,欧盟使公民身份与国家分离,从而使得成为"一个超民族国家实体的公民"成为可能。Cris Shore 指出,欧盟公民身份的权利与认同的脱钩,使我们重新思考古典的公民身份的威斯特伐利亚模式,这昭示着一个"超国家"的公民身份实践的新形式,它不是基于对疆域的情感归属性和文化的亲和力,而是基于公民社会的权利和价值。Cris Shore 的结论是权利不能有意识的脱离认同,公民缺乏认同情感既不可行,也不可取。不过他指出,后民族国家的民主的概念可能适合现代欧洲的情景。[2]

欧共体似乎打乱了马歇尔的公民身份模式,它也以公民权利作为开端的,然而在20世纪90年代中期社会权利得到发展,直到20世纪90年代晚期,政治公民身份的发展才起步。但是一个欧盟公民可以享受很多权利,如在成员国内的自由居住与迁徙权,居住地的选举权与被选举权,在第三国享有公民身份的保护,同时,欧盟公民没有明确的义务。马斯特里赫特条约没有授权欧盟成员国的公民作为超国家的公民而共同选举欧盟委员会的成员,或罢免其公职的权利。

六 公民身份与资本主义的内在结构关系

(一) 公民身份与资本主义的阶级关系

马歇尔所提出,"公民身份的地位"需要"一个共同体的正式成员资格"以及"成员资格最基本的平等",这个观点"假定人与人之

---

[1] Stijn Smismans, "Europe an Citizenship: A Critical Assessment", *Citizenship Studies*, 2007 (1), pp. 63 - 72.

[2] Cris Shore, "Whither European Citizenship? Eros and Civilization Revisited", *European Journal of Social Theory*, 2004 (1), pp. 27 - 44.

间存在一种基本的平等"。但是，公民身份的扩展与社会和经济的不平等之间的关系是复杂的。公民身份与阶级建立在相互对立的原则之上，一个基础是平等和自由，另一个的基础是不平等和控制。公民权利可以消除特权、等级，但公民权利也造成了阶级差异。社会公民身份具有促进机会均等的作用，可以减少某些不平等现象，但也可以创造新的不平等现象。公民身份的实践还受一些客观条件的制约。

资本主义发展追溯到18世纪的历史，人们发现了一个矛盾，那就是当公民身份的平等原则从17世纪晚期开始以公民权利的面目开始发展时，资本主义社会不平等恰巧也发展于同一时期。在早期的形式中，公民身份实质上是一项关于平等的原则，不过，这些权利并没有与资本主义社会的不平等发生抵牾；相反，它们是维持某种形式的不平等所必需的。这一时期公民身份的核心部分是公民权利，而公民身份是一个竞争的市场经济所不可或缺的，公民权利赋予每一个人从事经济竞争的权力。人类的历史发展表明，谁拥有经济权，谁就控制了政治和法律。公民身份的发展不仅提出了法律之前人人平等，而且提出了法律是一种超越并正式脱离私有财产的制度。随着公民身份的发展，法定特权被取消了，同时法律机构也与经济权力脱离。虽然资本主义国家早期有福利计划，但福利只是国家给予弱势群体、不利地位者的物质援助，被特殊援助的人如妇女、儿童或无家可归者在接受政府援助的同时，也于无意中被打上了"二等公民"的印记：一方面，接受福利潜在地对平等尊严构成威胁；另一方面，对福利的依赖造成"依赖"性消极公民的产生，而平等尊严的丧失和依赖性公民的产生都对人本身的自我认同构成威胁，在这种被作为特别个体而挑选出来的制度外的施舍中，被援助者不但没有获得真正的平等感觉，反而更加强化了自己的弱者身份和不平等体验。

在实践中，无产阶级由于缺乏基本的生存条件，自由和平等对于他们来说只具有形式，因此，法律赋予的人人平等实质上只是一种形式上的平等，由于经济原因而被排除在实质平等大门之外的人实际上是被贬为"二等公民"，无法充分实践他们的权利。因此，仅仅依赖福利计划无法保证社会的正义。以社会福利的方式缩小阶级差距并不是对阶级体系本身的攻击，而是通过缓解阶级体系的负面后果而使之不那么容易受到攻击。在这个意义上，公民权利对资本主义和自由市场经济来说，很明显是一种援助而非威胁，不但不和资本主义社会的经济不平等相冲突，相反，有助于维持资本主义经济的不平等。

（二）社会权利与资本主义的不平等

公民身份的成长同时伴随着资本主义的兴起，而资本主义恰恰是一个不平等的体系，而非平等的体系。"有理由认为公民身份对社会阶级的影响将会以两种对立原则之间冲突的形式出现。"[①] 相互对立的两种原则怎么会在同一块土地上共同滋长繁荣呢？是什么原因使它们能够相互和解并形成盟友而非敌手——至少有一段时期确实如此？马歇尔认为，这个问题值得关注，因为，"公民身份与资本主义体系在20世纪显然处于敌对状态之中"[②]。尽管社会权利和市场价值在许多方面是相互对立的，但两者之间的对立未必是根本性的，而且事实上两者可以联合发挥作用来促进同一种结果。按照对社会权利和市场之间关系的理解，福利国家的兴起并非意味着市场经济的瓦解，而是它的修正或补充。马歇尔指出，把福利和市场看作执行同一任务（满足人民的要求和需要）的两种不同方式的体现，这是合理的，也是有益的。马歇尔的公民身份规范概念是在公民身份的分层框架内探讨公民身份权利的内部冲突。马歇尔承认，在20世纪阶级冲突是"相当激烈的"，公民身份已经"迫使"资本主义体制作出了"修正"。吉登斯作了进一步的阐述，"公民权与资本主义体系之间的遭遇导致了协议休战，导致了'阶级妥协'而不是其中一方无条件的胜利"[③]。

---

① ［英］T. H. 马歇尔：《公民身份与社会阶级》，载郭忠华、刘训练主编译《公民身份与社会阶级》，江苏人民出版社2007年版，第16页。
② 同上。
③ ［英］安东尼·吉登斯：《民族—国家与暴力》，胡宗泽等译，生活·读书·新知三联书店1998年版，第249页。

巴巴利特也认为"这种对立不是根本性的,事实上是二者联合发挥互补作用,以促进同一结果,因此,福利国家的兴起不是市场经济的瓦解,而是它的修正或补充"①。福利国家和社会权利体系使资本主义的野蛮性质得到"教化"。

社会权利缓和资本主义不平等的限度。公民身份与阶级之间的这种相互作用永远不会有结果,公民身份也不可能完全克服不平等,阶级结构不可能被普遍的社会权利所改变。社会权利只涉及分配的安排,而忽视保持阶级统治和剥削的经济、社会权利制度。在资本主义社会的福利国家中,社会权利的增长没有从根本上改变其阶级体系,马歇尔提出的社会权利理论只是一种不彻底的改良手段,无法触及社会内部经济分化及现存物质不平等的根本原因。②社会权利掩盖了资本主义制度本质上不平等的真正根源,而且使阶级不平等合法化。马歇尔乐观的希望通过经济增长、社会公民身份的发展,通过社会服务向极端贫困和极端窘迫的人提供最低必需品的救济,以使他们过上体面生活,来逐渐减少阶级不平等,"因为尽管福利开销相当庞大并不断增长,但它只是用来向某些人群补偿资本主义带来的负面后果,却没有触及造成问题的原因,并且没有充分满足公民的需要"③。在公认的公民身份之民事与政治要素上增加一套普适保证的社会权利,并不能成功地挑战不平等,因为它们与永远制造不平等的、本质上是资本主义的市场体制紧密相连。马克思主义的批判是,社会公民身份承诺了国家保障的社会权利,但不能从根本上改变一个正常运行的资本主义经济体系中的阶级关系。依据马歇尔的观点,公民身份是通过减少阶级怨恨的方式来修正阶级不平等的模式,但公民身份的发展没有破坏阶级体系而只是改变了阶级认同和阶级愤恨。

---

① [英]巴巴利特:《公民资格》,谈谷铮译,桂冠图书有限公司1991年版。
② [英]彼得·德怀尔:《理解社会公民身份:政策与实践的主题和视角》,蒋晓阳译,北京大学出版社2011年版,第51页。
③ 同上书,第61页。

(三) 马歇尔的"复合社会"

马歇尔认为,尽管资本主义发展到福利资本主义阶段后,它已成了民主—福利—资本主义,是一种典型意义上的"复合社会"。这种"复合社会"体现了民主、福利和资本主义这种三重不同结构的原则,但这种结构属于一种不稳定的妥协,冲突与分歧还是普遍存在的形态。资本主义和民主政治一直被视为一对孪生体,他们互为关联,互为保护。民主被视为是保护资本主义的最好政体,同时资本主义也被视为是民主政治的经济基础。在大众民主下,因为政权的基础不再局限于财富,而是选民的选票,政府很快向民众倾斜。在这样的情况下,社会福利不但不能减少,而且不得不继续扩张。民主往往成为福利政策的"拍卖会"。在这一体系中,公民身份与社会阶级的持续冲突决定了政治与社会生活的特征。马歇尔认为,问题的难处在于,无法找到这样一种方法,它使一个人作为市场的价值(资本主义价值)、作为公民的价值(民主价值)和作为自身的价值(福利价值)三者之间相互等同起来。当代民主在解决经济不平等问题上的失败表明了其内在的缺陷。

公民身份视阈下的社会排斥与公共治理[*]

莱斯利·里普森在《政治学的重大问题——政治学导论》中提出有五个重大的基本问题处于政治学的核心,其中第一个问题即是公民身份。20世纪80年代以来,公民身份理论继罗尔斯正义理论之后成为政治学研究的热点。公民身份是解释个体与共同体关系的理论,解决的是共同体成员相互间的权利和义务的问题。人类经历了由社会排斥到社会包容的发展过程,这个过程体现了平等从特殊走向普遍的轨迹,也是公民身份实现和扩展的历史。公民身份的所有权利都涉及资源的分配,公民身份的扩展是资源分配从不平等到平等的过程,也彰显出公共权力运作过程中公民参与的轨迹和重要性。从社会排斥到社会接纳和良好的公共治理都需要建构积极的公民身份和实践公民身份,因此,公民身份可以对社会排斥与公共治理问题提供分析视角。

一 社会排斥与公共治理

社会排斥指不同事物对应有差异的人,它是由于社会公正失衡导致的个人、团体和地方被排斥出经济活动、政治活动、文化权利以及国家福利制度的过程。社会排斥概念从最初指个人与整个社会之间诸纽带削弱或断裂的一系列过程,发展到认为社会排斥是对公民地位以

---

[*] 原载《广东行政学院学报》2011年第6期。

及由公民身份所赋予的政治权利和社会权利的否定。公民身份存在着一种内在的逻辑，这种逻辑要求它所带来的各种利益必须得到更加普遍和平等的分配。"公民身份是一种从特殊到普遍的运动，任何出于排斥目的而建立起来的各种特殊条件已越来越难容于现代政体的基础。"① 社会排斥与公民身份相对立，社会排斥使社会中有一部分人被排斥于社会主流发展之外，没有平等享有社会与政治权利，履行公民责任与义务，他们希望以平等的公民身份参与社会而却被不能控制的社会因素所阻止，甚至与其自身利益密切相关的公共政策的制定也很少有他们的话语权，这是公民身份权利没有实现的表现。社会排斥现象不仅仅是一个经济问题，更是关系到公民身份的政治问题。摒弃和消除社会排斥，促进社会进步，不仅要赋予公民平等的政治权利与义务，也要为公民政治权利与义务的实现提供和创造便利的条件，构筑维护公民的各种权益的法律保障、制度保障以及程序过程等，使公民的权利与责任得以切实实现。

　　治理是一种内在的人类需要，它旨在创造和维持一种能够分配物质和文化资源的社会秩序。从政治学的角度看，治理是指政治管理的过程，它包括政治权威的规范基础、处理政治事务的方式和对公共资源的管理。治理在公共政策中比较不依赖层级结构中的官僚组织，构筑政府组织与公民社会之间广泛的合作与伙伴关系。传统官僚行政是行政组织系统自上而下地运用政府权力对政府机构和事务进行管理，它是一套自我封闭的体制，把公民个体排斥于政治系统之外，政治成了凌驾于公民个体能力之上的无法控制的行为。新公共管理利用经济学的方法建立一种新的公共责任机制，致力于改善政府公共服务供给的效率和质量，把政府和公民的关系定位为市场机制下厂商和顾客间的经济关系，强调"顾客至上"，其私有化模式主张打破政府提供公共服务的垄断地位。但是新公共管理崇尚效率却忽视了社会公平，也没有关注和体现公民与公共部门之间的合作与伙伴关系，导致了在新

---

① ［美］基斯·福克斯：《身份》，郭忠华译，吉林出版社集团 2009 年版，第 3 页。

公共管理模式下的公民处于被动接受的状态。21世纪的公共治理模式将转变为以公民为中心的公民治理时代。在这种政府的运作中，公民的参与权和决定权得到极大程度的提高，公民在公共行政中扮演着积极的行动者角色，而原来在公共管理活动中居于主要地位的官僚则从原来的主导者转变为合作者和咨询者。这种治理体系将公民置于中心，认为政府是人民的政府，政府应当是为公民提供服务而不是掌舵，公民不仅仅是纳税人和公共服务产品的消费者，更是社区公共事务管理的直接参与治理者。它主张通过合作、协商、伙伴关系，确定共同的目标，实现公共治理由被动排斥到公民主动参与的转变，消除公民对公共事务的疏离感，通过公民与政府的双方合作来提高治理质量。

二 公民身份视阈下的社会排斥与公共治理

公民身份是一个不断拓展的理论与制度实践体系，随着环境、期望和公民的实践而变化，人类正是在公民身份的不断拓展过程中实现着自身的发展与解放。

（一）公民身份理论的历史检视

公民——希腊语中的 polites 或拉丁语中的 civis——被定为雅典城邦或罗马共和国的成员。公民身份的主要标志是他们享有政治权利，亚里士多德认为，完整意义上的公民是"有权参与议事和审判职能的人"[①]。当时公民身份只是极少数人享有的特权，如在雅典，公民身份并不是赋予所有的人，妇女、奴隶、外邦人及其后裔都不是公民，不享有公民身份。城邦是享有公民身份人的特权组织，城邦的公民通过轮流成为统治者与被统治者。罗马帝国时期，随着国家疆界的扩大，公民间的民事交往也相应扩大，使得公民不再把政治生活作为全

---

① ［希］亚里士多德：《政治学》，商务印书馆1997年版，第113页。

部生活的核心，逐渐形成公民的民事权利和政治权利相分离，虽然公民身份形式上被普遍授予帝国境内的所有居民，但它只是一个法律存在，而非政治存在。在中世纪，教会和封建君主成为国家和人民的主宰，个人只是上帝的子民和封建君主的臣仆，这使得平等意识和权利意识被扼杀，反映平等关系的公民概念被反映不平等关系的臣民概念所取代。近代意大利的马基雅维利在古典的公民共和主义与现代的公民共和主义之间架起一座思想史桥梁，他摒弃了亚里士多德以来的伦理目的论，将关注的重点移至共和政体的创设问题。卢梭继承了马基雅维利对人民的正面评价，并朝着激进的方向发展，建构了人民主权的民主原则。孟德斯鸠继承古典共和主义混合政体的精义，并将之与现代宪政体制相结合，开启了宪政共和主义的进程。

自由主义公民身份建立在近代自然法学说基础之上，强调个人权利的至上性以及国家对权利的保护。在洛克自然法学说的基础上，自由主义传统辗转经历了近两个世纪，最终通过英国社会学家 T. H. 马歇尔的公民身份理论得以成型，形成了公民身份三要素的模型。马歇尔认为，公民身份问题从本质上讲在于如何保证每个人被作为完整而平等的社会成员来对待。他在《公民身份与社会阶级》一书中把公民权利分为三种。他认为，在英国，公民权利（18 世纪）、政治权利（19 世纪）、社会权利（20 世纪至今），这三种权利是在三个连续的世纪相继实现的。他注意到，随着公民权利的扩大，享有权利的公民阶层也随之增加。公民身份的拓展表现为选举权由白人扩展到黑人和妇女，由有财产资格和教育程度限制拓展到无财产资格和教育程度限制，从形式上抛弃了种族、出身、性别、宗教、财富等的条件限制，更具有包容性。选举权逐渐得到扩大是公民身份平等的体现，也是由政治性公民身份扩展向社会性公民身份的转化。公民身份的发展是与资本主义社会的历史发展相伴随的，公民身份的平等化效应与阶级的分裂效应看作一种平衡，公民身份的扩张对资本主义的市场制度形成强有力的攻击，修正了不平等的阶级结构，缓和了阶级冲突，具有社会整合功能。马歇尔还认为，"只有在自由民主的福利国家中，公民身份才能得到最完整的体现。福利国家通过保障所有公民的市民权利、政治权利和社会权利，从而使每一社会成员感到自己十足地是社会的成员，并能够参加和享受社会的共同生活"①。这通常被称为"消极的公民权"，因为它强调消极的资格，而缺乏任何参与公共生活的义务。

（二）当代公民身份的困境及其新发展

从消极公民到积极公民。自由主义传统的公民资格以个人主义的权利保障为目的，公民退守到那些属于私域的权利范围，追求诸如人的生命、财产、人身自由等消极权利，塑造的是消极公民，失去了公民资格中的美德与参与维度，导致了现实中公民普遍的政治参与冷漠，参与选举投票率下降，对政治权威持怀疑态度等现象。治理的良好运行和善治的实现需要具有公共精神的积极公民，公民也只有积极参公共事务，公共政策制定与执行才能从官僚机构的独断转变为公民与政府互动的政治实践，公民资格中的权利与责任的价值和理念才能实现，公民个体才能有效地保持其做人的资格。公民不只是享有被动地选择政府服务的权利，公民还拥有参与并通过参与而决定政府服务内容、服务方式的权利，这是服务型政府中的公民角色定位。看一个政府的民主化程度，不仅要看其代议制的发展状况，更要看其行政民主化的发展状况，要看公民直接参与行政的程度。公民参与政府公共政策制定的广度和深度是衡量一个国家政治民化程度的一个重要指标。民主体制是建立在这样的假设基础之上的：权力应由那些代表大多数人利益的人掌握，同时他们必须面对人民和自己的政敌公开而持续的批评。这就是将行动的责任交给一方，而把批评的责任交给另一方的好处。② 所以，治理的良好运行有赖于共同体中公民的参与、态

---

① ［美］威尔·吉姆利卡、威尼·诺曼：《公民的回归——公民理论近作综述》，载毛兴贵、许纪霖译《共和、社群与公民》，江苏人民出版社 2004 年版，第 239 页。
② ［美］莱斯利·里普森：《政治学的重大问题——政治学导论》，刘晓译，华夏出版社 2001 年版，第 316 页。

度、合作、忠诚和认同。

普适性公民身份面临的挑战。公民身份意味着用一种普遍的平等的身份来包容和代替特殊、多元的身份。然而，全球化使民族国家的边界受到了挑战，人口流动性的增强改变了人口的领土归属，松动了公民与国家的联结，公民身份随之变得日益复杂，传统单一的、普遍的公民身份标准遭到质疑，使差异群体的公民身份等问题凸现出来。对于许多群体——外来移民、少数族群、妇女、宗教少数派——而言，尽管他们也拥有共同的公民身份，但仍然感到自己被排除在共同文化之外。这些群体的成员之所以感到被排斥，不仅仅由于他们的社会经济地位，而且因为他们的社会文化资格。艾利斯·马瑞恩·杨是一个具有代表性的多元文化理论家，她的差异性公民身份理论认为，试图创造一个普适的、超越群体差异的公民概念根本就是不正义的，因为这压制了历史上受排斥的群体。她提出了两条理由来说明为什么真正的平等要求承认群体差异而不是漠视它。第一，文化上受排斥的群体在政治过程中处于不利地位。第二，在文化上被排斥的群体通常有独特的需要。这些需要只有通过考虑了群体差异的政策才能得到满足。① 比如，某些移民群体要求特殊的权利与豁免以适应其宗教生活；由于历史原因而处境不利的群体要求在政治过程中有特殊的代表。差异性公民观的批评者担心，如果群体受到这种公民观的驱动转而关注自己内部的差异性（种族的、民族的、宗教的、性别的或其他方面的差异性），那么公民资格也不再是一种培养社群感与共同目的感的工具。批评者还担心差异性公民观将造成一种怨恨政治，鼓励群体领袖将其政治精力用于发现不利因素以便保障他们所要求的群体权利，而不是去努力克服它。在全球化、在地化的发展趋势下，世界主义公民身份、欧盟公民身份和城市公民身份的出现，使得公民呈现出多重身份的特点，同时公

---

① ［美］威尔·吉姆利卡、威尼·诺曼：《公民的回归——公民理论近作综述》，载毛兴贵、许纪霖译《共和、社群与公民》，江苏人民出版社2004年版，第264页。

共权力也在向超国家的方向和地方转移，国家已经不是唯一的公共治理中心的全球化时代，治理也呈现出多层次的治理，诸如全球治理、地区治理、政府治理和城市治理这样一个层级的系统。区域公民的身份认同和区域公民意识的增强是构建区域公民社会、推进区域公共治理机制的重要基础。通过推进区域社会政策一体化，保证区域公民在教育、社会保障、医疗服务、人才政策等诸方面的平等权利，消除区域公民基本权利的城乡差别和地域差别，消除公民社会实际存在的等级划分，才能调和由于政策不公带来的部分公民的优越感和自卑感的冲突，促进公民的身份认同。

三 公民身份视阈下的中国社会排斥与公共治理

中国公民身份的发生和发展是公民抗争与政府赋权相互融合的结果。公民抗争主要体现在公民身份地位的确立上，政府赋权则主要体现在公民身份权利的落实和发展上。[1] 对于公民身份建构的路径，褚松燕认为，在当前格局下，国家主导的制度建设与公民对权利的争取构成了公民身份权利发展的"双动力"，[2] 形成一种公民积极行使国家确认保护的权利发展过程。

（一）公共治理中的社会排斥

中国城乡二元结构和单位制建构了差异性公民身份，户籍与职业身份造就了与其相对应的封闭系统，导致社会福利、社会保障、公共资源等方面的不公平分配，形成了干部、工人、农民的社会等级结构。社会控制形式的组织细胞是单位体制，单位体制使得组织

---

[1] 郭忠华：《公民资格的研究范式——理论把握与本土化解释》，《学海》2009年第3期。
[2] 褚松燕：《20世纪九十年代以来中国公民资格权利的发展》，《政法论坛》2007年第1期。

成员高度依附于单位，个人丧失了自己的身份。改革开放40多年来，中国社会结构发生了巨大的变化，呈现出利益主体多元化、利益诉求多样化、利益差距扩大化等发展态势。在这一社会转型期，社会分层的标准主要依据以职业分类为基础，以组织资源、经济资源和文化资源的占有状况为标准，社会分层过程的实质则是社会各阶层利益重新分配的过程。但现实的状况却是中国社会分层结构畸形，阶层之间差距悬殊，这很大程度上是城乡等级差序格局和权力等级差序格局的路径依赖演进。贫困和差异并不一定必然激化社会矛盾，而社会排斥和社会隔离是社会不满的根本源泉。从公民身份的角度来看，由于受到政策性的社会排斥，比如农民工已经不从事农业生产，但却不能享受其工作地居民的子女教育、社会保障等待遇，他们与当地城市的居民之间存在着公民身份差异和权利不平等，致使他们甚至其后代也无法融进为之付出劳动的城市，由此带来一系列的社会问题，这也就说明了缺乏分配正义的经济繁荣其实是权利的贫困。

（二）消除社会排斥，完善分配正义制度

公民身份的含意有对抗边缘化和被排斥的机制。社会排斥是由国家或某些组织在制定制度的过程中造成的，是一种政策制定本身的导向所形成的。近年来，中国发展过程中社会排斥问题趋于严重甚至呈现制度化态势，既得利益集团利用垄断地位独享经济发展的成果，大多数人很难从国家的经济发展中分享到利益，这使得收入分配差异越来越严重，基本社会正义严重缺失。基于此，中国公民的社会权利并不是建立在公民身份的基础上，而是建立在身份、职业、收入等基础上，差别化的社会权利本身就是社会不公正的重要来源之一。根据新制度主义的看法，任何一种体制（制度安排）都对应着一种利益格局，改革（制度变迁）是权力与利益分配的再调整，因而会威胁到特殊利益集团的利益。所以，特殊利益集团在制度变迁的过程中往往扮演阻碍者的角色，他们会利用自己强大的政治、经济实力去影响公

共政策，进而阻滞或扭曲改革①。莱斯利·里普森认为，"政府再没有比在一个不平等的社会中推行平等更艰难的任务了，因为社会结构的各个方面都要同时被改造——政治秩序、经济、法律系统、教育、教会、住房，等等，他们都是息息相关的，其中任何一方面的失败都会对其他方面的进展产生阻碍。那些在不平等地位中得益的人们会恒久地憎恨、抵制对他们特权的剥夺。对他们来讲，平等带来的无非是在新的社会位置中的不安全感，平等不过是空话"②。

利益结构的严重失衡，群体性事件频频突发，如果不能从体制层面上化解由社会排斥设定的制度安排，社会的裂痕将会越来越扩大。因此，消除社会排斥，需要政府确立以公共服务为中心的发展理念，超脱自身利益的束缚，强化公共利益的代表地位。在实践中打破城乡二元格局，户籍福利，单位制度等垄断性与身份特权的制度安排，实现统一和协调的公共政策体系，比如消除企业职工和公务员养老制度的双轨制等。依据罗尔斯的正义理论原则，公共服务应根据对象条件的不同来制定差异性的公共政策，补偿那些先天有利条件最少的群体、地区和个人，对贫困者、流动人口及各种社会弱势群体提供有效的扶助和补助，以修补由于社会自发发展所形成的裂痕，促进社会不同群体之间和谐共处，使社会向包容式增长发展方式转变。

（三）拓宽公民参与渠道，提升公共治理的品质

公民参与是公民身份的内在机制和动力，公民权利的获得和实现离不开公民参与，公民只有积极参与政策制定、执行、监督和评估，有效地进行利益表达，才能影响公共决策的机制和破解社会排斥问题。如果没有社会参与或参与不足，公共政策过程就会被少数既得利益集团所操纵，演变成一个封闭和排他的过程，出现社会排斥的制度

---

① 虞崇胜：《警惕特权现象的蔓延和制度化趋势》，《探索与争鸣》2010年第11期。
② [美] 莱斯利·里普森：《政治学的重大问题——政治学导论》，刘晓译，华夏出版社2001年版，第114页。

依赖及其自我增强的趋势，社会很难构成对政府的制约。只有通过自上而下的制度建设，和自下而上的社会参与的结合，建立自主自治的公民社会，拓宽公民参与的合法制度渠道，使公民的意见表达畅通和利益博弈公开化，才能保证公共治理的开放性和公平性、使公民与政府之间形成良性的沟通和互动的合作，促进公民在公共政策中的利益得到维护和增进。当前中国社会建设的各个方面，包括社会保障、医疗卫生、教育、住房等，都远远落后于经济的发展。因此，我们需要加快社会体制改革，建立自主自治的公民社会。成熟的公民社会是遏制特权、消除社会排斥的社会基础，可以阻止权势集团垄断社会政治经济资源，训练人们的政治参与技巧，提高他们参与政治的水平，行使自己的公民权利与履行自己的公民义务。

公民身份的拓展是公民权利不断丰富扩大的过程，也是人类自身的发展过程，公民是社会发展的主体，社会发展本质是人的发展，就是公民自身的认识能力和行动能力的提高。由于中国公民身份意识的淡薄，参与维权的行动不足，使得很多公民权利没有得到有效的落实，只是停留在法律文本上。而健全和稳定的现代民主不仅仅依赖于其"基本结构"的正义，而且还依赖于其公民的品性与态度。因此，一方面要完善制度构件为公民权利的实现提供依据和保障。公民身份中每一项权利的发展都反映了社会中不同群体的需要和要求，而每一项权利的确立都要通过国家的一系列制度设置予以保证，这实质是制度的正义和社会平等的保证问题。另一方面需要通过政治社会化和公民教育，建构公民身份意识。比如，培养公民的身份感、为促进公共利益以及促使政治权威负责而参与政治过程的意愿等，养成良好的公民德性与责任；促进公民对公共事务的参与，加强其对社会共同体的归属感和认同感等。

公民能力与服务型政府建设[*]

一 公民能力的内涵与服务型政府理念

公民能力指是公民的政治参与能力,即公民对于一项政府决策的政治影响和参与的程度。德国学者胡贝图斯·布赫施泰因将公民能力分为三个层次。关于政治决策实质的认知能力,主要是指公民政治选择的能力;关于发现政治决策程序的程序能力,主要指公民对政治程序的接受和利用;集体共有的、以情感为基础的意向,又称为习惯性能力,主要指付诸行为的能力。[①] 英国学者昆廷·斯金纳认为,我们每一个人作为公民最需要拥有一系列能力,这些能力能够使我们自觉服务于公共利益,从而自觉地捍卫我们共同体的自由,并最终确保共同体的强大和我们自己的个人自由。[②] 阿尔蒙德现代把公民能力划分为公民的主观能力和客观能力。公民能力最初是指公民的政治参与能力,公民能力体现为公民对政治生活的广泛参与以及对精英的控制。"一个主观上有能力的公民更有可能是一个积极的公民。"[③] 公民能力感的强弱直接影响到现实政治生活中的公民能力的发挥。

服务型政府是指在公民本位、社会本位理念指导下,在整个社会民

---

[*] 原载《学习月刊》2012年第2期。
[①] 徐湘林:《民主、政治秩序与社会变革》,中信出版社2003年版,第23页。
[②] 许纪霖:《共和、社群与公民》,江苏人民出版社2004年版,第74页。
[③] [美]阿尔蒙德·维伯:《公民文化——五个国家的政治态度和民主制》,徐湘林译,华夏出版社1989年版,第207页。

主秩序的框架下,通过法定程序,按照公民意志组建起来,以为公民服务为宗旨,实现着服务职能并承担着服务责任的政府。① 服务型政府的本质内涵决定了公民参与不仅是确保服务型政府合法性基础的关键要素,而且是契合服务型政府的治理模式。② 服务型政府以人为本的治理理念,要求"公民权利本位,政府义务本位"的公共权力架构,使政府成为现代社会中的民主政府,成为满足公民需求的服务者。服务型政府与公民之间存在平等、合作的新型互动关系。政府与参与社会治理的公民、公民社会组织进行协商、合作,共同致力于社会服务水平的提高。政府与公民社会的这种二元有机互动架构,体现为公民对建设服务型政府的诉求与服务型政府建设对公民权益保障的有机统一。

二 公民能力对服务型政府建设的促动

1. 公民能力感是公民政治参与动力之源

公民能力感是公民对自我政治影响力的主观意见,公民能力感的强弱直接影响到现实政治生活中的公民能力的发挥。一个国家的公民认识到他们自己的能力对政府有多大的影响,便会影响到他们的政治行为。公民能力强调的是"公民",指有能力部分参与管理政治系统的人,即作为阿尔蒙德所谈到的隔离的村民与依附的臣民的取代者——积极的参与者。公民能力感即所谓公民的主观能力,是指公民对自己影响和参与政府决策、参与行政的能力和认知、情感和态度。首先,在民主政治中,公民对民主的认知、情感和态度是民主政治的心理基础。如果公民对自己的影响和参与缺乏信心,他就失去了表达意见和参与行动的动力。其次,一个主观上有能力的公民更有可能成为一个积极的公民。如果某人相信他具有影响力,他就更有可能试图利用这种影响力。积极公民的概念强调的是公民参与、公共服务以及

---

① 刘熙瑞:《服务型政府——经济全球化背景下中国政府改革的目标选择》,《中国行政管理》2002 年第 7 期。
② 姜晓萍:《构建服务型政府进程中的公民参与》,《社会科学研究》2007 年第 4 期。

公共精神,对于公民个人来说,政治功效感是影响其政治参与的最主要的因素。公民能力与教育存在密切关系,在所有国家中,个人获得的教育越多,就越可能认为自己有能力影响地方政府。① 一个人是否试图通过组织团体去影响政府,取决于他对政府对这类呼吁可能作出反应的认识以及他对同胞沟通的能力。但这也可能取决于他对政治系统中自己的行动伙伴的特性的认识。个人所属团体的数目,也影响到他的政治能力。一个团体的成员身份会增强一个人的政治能力感,一个以上的团体成员会导致更强的能力。

2. 公民政治参与能力促进服务型政府建设

20世纪80年代以来,民主政治日益由政治民主向行政民主发展,公民能力也由政治参与能力扩展到行政参与能力。公民也不再满足于履行选举权的间接参与,而希望介入公共政策过程的直接参与,要求政府行政向公民公开,建立参与型的行政决策机制。公民参与决策主要体现为政府在决策过程中,通过咨询、公示、听证等方式让公民表达意见,从而制定出能反映和体现公民利益的决策方案。公民参与能够弥补政府知识不全面、能力不足等问题,有助于提高公共产品和公共服务质量。公民个人对社会责任是以个人具备基本的能力为前提的,公民获取信息和运用信息的能力,公民具有的民主政治需要的素质以及政治参与技能,影响着公民利益的表达与公民对公共事务的参与深度和广度。

公民通过政治参与能够将自身的能力感转变为现实政治行为,在国家政策制定中是一个积极有影响力的角色。公民积极参政对政治系统输入要求和支持,从而影响政府决策与公共政治生活。"民主参与能够促进人类的发展,提高人们的政治效能感,减少人们对于权力中心的疏离感,培养对公共问题的关注,有利于形成一种积极的、富有知识的并能对政府事务具有敏锐兴趣的公民,从而有助于一个参与性

---

① [美]阿尔蒙德·维伯:《公民文化——五个国家的政治态度和民主制》,徐湘林译,华夏出版社1989年版,第232页。

社会的形成。参与性发展制度的普及，可以发展和培育公民参与公共事务所需的品质，个人参与越是深入，他们就越具有参与能力，参与制度就会因为社会拥有参与的能力而存在下去。"① 公民参与有利于强化政府与公民间的沟通与良性互动，增强政府对公众需求的回应性，有效地整合公民的公共选择和价值认同，提升政府公共服务的绩效，从而有效地增强公众对政府的认同感与满意度。

三 服务型政府的建设对公民能力的培育

（一）服务型政府建设拓宽了公民参与的渠道

在传统的代议制政治体制中，公民的参政权利是极其有限的，公民只能通过选举议员或政治领导人等有限的方式参与政治生活中去，而且选举政治弱化了民意代表的功能和巩固民主的意义。只有在大众普遍参与的氛围中，才有可能实践民主所欲实现的基本价值，如负责、妥协、个体的自由发展、人类的平等，等等。② 当代公民权利由单纯的政治权利向经济社会文化权利诸领域扩展，在全国层次上代议制度的存在不是民主的充分条件，参与性发展制度的存在为民主价值实现之必须。哪里允许参与地方政府，哪里就会培养出一种能力意识，地方政府可以起到政治能力的训练基地的作用。服务型政府所推崇的是"公民导向"的原则，公民能力的提升就成为政府公共服务供给的取向，公共利益的实现需要充分的拓展人的各方面能力。

服务型政府的公民与政府之间是一种新型的合作关系，通过建立多样化的公民参政渠道，如社区共同体、各种委员会、自愿性社团，通过形式多样的组织，可以为公民实现自身的政治权利提供了一个有效的途径，可以使公民在参与中扩展知识，增强公民能力，在参与中锻炼了政治技能。通过这些渠道，公民就自身的利益和需求展开对

---

① 孔繁斌：《公共性的再生产——多中心治理的合作机制建构》，江苏人民出版社2008年版，第81页。
② 同上。

话、协商,主动地通过参与行政决策、执行、监督等过程中,与政府开展积极地、广泛地合作。社会主义民主内在的要求是努力扩大公民的政治参与渠道,创造各种条件让公民有机会参与政治生活,提高公民的自治能力。并且要求发展为了人民、发展依靠人民、发展成果由人民共享,促进公民的能力的全面发展,造就能力公民。

(二) 服务型政府的理念契合公民参与的诉求

公共利益从本质上体现了人民的利益,政府要代表人民的利益,就必须真正把公共利益放在第一位。服务型政府的行为方式就是提供优质高效的服务,其具体内容主要是:以多中心体制供给公共产品,以广泛的公众参与运作公共权力,以公平正义为核心弘扬公共精神,以社会本位为基础助推公共领域。公民参与离不开一定的参与程序这一制度支持,需要参与的平台和渠道的畅通,以实现治理主体之间新形式的对话。公民参与治理的前提在于政府信息的公开,信息公开能够减少公民能力发挥的时间与空间障碍,减少参与成本。公民可以通过各种途径参与公共治理,包括公共事务论坛、公证会、委员会与审查会等正式与非正式组织或场合,规划、推动公共事务及解决公共问题。政府必须开放决策制定程序来取得更多的公民参与,来促进和加强民主。开放参与的程序是激励公民参与的动力,可以使公民在参与中扩展知识,增强公民能力,寻求解决冲突的方法,增加公共决策的接受力和合法性。公民参与能够改进政府决策的质量,使政府决策民主化、科学化,提高公民对政府透明度和政府责任的诉求,促进服务型政府的建设。

(三) 构建公共领域为政府与公民互动提供平台

公共领域通常被理解为一种民主活动的公共空间,代表着一种以公共利益为内容、以公众自由平等参与为形式、以理性商谈和理性批判为目的的社会交往空间。"公共领域"是联系政府与公民的中间桥梁,一方面,政府可以通过公共领域这个交流平台来征集公民对政府的建议和意见，从而有利于政府工作的顺利完成。另一方面，公民通过它表达意见，交换观点，形成强有力的舆论空间，获得参与政治的更多途径和机会，实现自己的民主权利和对政府权力的监督制约。公共领域的社会基础是公民社会，志愿社团在民主的政治文化中扮演了主要角色。与非团体成员相比，团体成员可能认为他自己更有资格做一个公民，更为积极地参与政治活动，更了解和关心政治。一个健康的公民社会，不仅是一个展现公民价值与权利的公共空间，而且还是一个倡导公众参与的社会生活领域。公民并通过公共对话可以转化成有共同基础的偏好，促进多元主体的合作，形成和谐的公民与政府关系。一个国家的社会治理状况，既取决于政府对社会生活的管理能力，更取决于公民的自我管理水平。社会自治的主体是广大的公民，公民的政治素质和参政能力直接决定着一个国家的社会自治水平。社会自治的程度反映着一个国家政治文明的程度，社会自治越发展，民主政治就越发达。社会自治是人民群众当家作主的最直接形式，是社会主义民主政治的基础和重要特征，是还政于民的现实途径。政府行为目标要以公民诉求的转移而转移，并积极拓展公民的活动空间，创造良好的公民社会环境，让公民能力与政府行为相互促进。

共识达成：中国共产党政治建设与国家治理的有机更新

共识是在一定的时代，生活在一定的地域环境中的人们共有的一系列信念、价值观念和规范准则。共识达成的社会条件是平衡的利益格局、良好的社会结构，凝聚共同体价值的人文基础，最高准则是宪法及制度正义。新时代凝聚新改革共识是政治建设与国家治理的最大共识。生态主义下的政治建设是优化发展的系统性思维，从系统论的观点看，政治建设与国家治理的共识包括信仰、价值和规则三大体系。政治信仰规定共同体的身份，引导政治价值的延展方向，支撑国家治理制度规则的运作。

带领人民创造幸福生活、实现中华民族伟大复兴是中国共产党人的历史使命。在中国共产党领导人民当家作主的基本规定下，在社会主义市场经济发展和社会变化的新的历史条件下，政治建设与国家治理的有效性取决于各种要素的有机组合和有效匹配，为避免改革的碎片化和单兵推进，要增强改革的整体性、联动性、系统性，通过顶层设计推进配套综合改革跟进，实现理念更新、制度完善和机制优化，达到政治有机体更新使社会充满活力并促进国家善治的实现。

结构功能主义视野下的国家治理体制机制优化[*]

国家治理是指国家运用公共权威治理公共事务，既包括对处于内部系统的政治关系和行政关系的治理，也包括对处于外部系统的国家与社会关系的治理。过去，中国虽然没有"国家治理体系"这一概念，但国家治理的实践还是存在的，即"治国理政"。"治国理政"是中国传统文化的重要命题和构成内容，意指统治者治理国家、处理政务的意思，中国共产党对"治理"概念的运用坚持和贯彻了党的领导、人民当家作主和依法治国有机结合的理念，吸取了中国传统文化治国理政的有益精神，批判性地借鉴了西方"治理"概念的价值元素。西方治理理论强调政府放权和向社会授权，倡导多主体、多中心治理等主张，并且主张社会自我治理以及社会组织与政府的平等共治，具有所谓"社会中心主义"的取向。"治理"概念在中国语境的运用来看，其基本含义是指在中国共产党领导人民当家作主的基本规定下，在社会主义市场经济发展和社会变化的新的历史条件下，按照科学、民主、依法、有效性来优化党的领导方式和执政方式，按照结构完善和功能平衡来优化执政体制机制，按照党委领导、政府负责、社会协同、公众参与和法治保障的格局来创新社会治理方式，通过国家与社会的协同效应，提高党的执政能力，进一步地坚持和完善中国特色社会主义制度。

---

[*] 原载《社会主义研究》2014年第4期。

一 统治（government）、治理（governance）和善治（good governance）

统治作为一个角色或行动者，可以理解为"政府"；作为一套特定的制度结构或政策过程，government 可作"统治"解释。统治是指公共权力机构的结构和功能，而治理则是政府履行其职能的方式。世界银行将"治理"定义为"为谋求发展而在对国家经济和社会资源进行管理的过程中权力行使过程的方式"。该机构提供的实证性治理指标采用率最高。治理细节上涵盖："（一）选择、监管、更换政府的过程；（二）政府制定贯彻有效政策的能力；（三）公民及国家对控制经济社会生活的制度的尊重。"[①] 尽管关于治理定义有诸多版本，但大多数都强调政府要有能力、要对其公民负责并且在"法治"原则下行事，治理是要建立"社会共同治理的政府"。治理强调治理主体的多元，政府与社会的合作，多元协商与互动。在西方学界，国家治理主要用于与国家的公共事务相关的管理活动和政治活动中，"合作""参与""谈判"和"协商"等作为国家治理的关键词。大多数国外学者认为，世界各国的政府并不完全垄断一切合法的权力。承担维持秩序、调节经济和协调社会发展职能的，既有政府组织，也有非政府组织、跨国公司、私人企业、利益集团等主体。这些主体一起构成国家的和国际的某种政治、经济和社会调节形式。

治理理论是在现代化和全球化背景下，面对当代经济和社会的重大转型，对国家传统统治方式造成的各种不可治理的理性回应。"如果治理能够理解、反映并利用现代社会的动态性、复杂性与多样性，那么，这个社会是一个积极的社会和能够自我控制的社会。"[②] 相对于传统统治而言，治理是一种趋势，这种趋势意味着国家—社会关系

[①] ［瑞］罗斯坦：《政府质量：执政能力与腐败、社会信任与不平等》，新华出版社2012年版，第9页。

[②] 俞可平：《治理与善治》，社会科学文献出版社2000年版，第236页。

的调整。西方国家经过数百年自生自发的演进，逐步形成了政府、市场、社会各居其位又相互补充的社会治理结构。与此相对应的是，中国并没有经历过一个长期的社会分化过程，更谈不上形成政府与市场、国家与社会、公共领域与私人领域的相对分离的社会秩序。治理理论倡导政府与民间组织的合作，但在中国的语境下，社会自治组织的发育还刚刚开始，尚不存在一个自主性的社会自治体系。中国的公共事务"不是多元化的分担和共同参与过程，各种体制外力量依然必须被纳入体制内才能展现其力量和身份，更不用说各个行为主体平行化的治理参与了"[1]。市场主体及其组织不是自主性参与地方事务，而都是通过进入体制内系统，以政府身份或代表来进行。因此，照搬西方相关的治理理论运用到中国就可能出现水土不服的现象。

善治就是使公共利益最大化的社会管理过程，"善治的本质特征，就在于它是政府与公民对公共生活的合作管理，是国家与公民社会的一种新型关系，是二者的最佳状态"[2]。其管理机制所依靠的不再是政府的权威，而是合作网络的权威。主要特点在于强调政府和社会对公共事务的共同治理。其权利向度是多元的、相互的，而不是单一的和自上而下的。善治作为价值概念的意义，越来越多地被看作一个整体而引申为可持续发展和变化的过程。善治在三个方面与发展相关联。首先，因为善治本质上是民主的，它关注执政合法性、公信力以及人权目标。其次，因为善治强调效用和效率，所以它更加关注政府的治理能力，而不是政府的形式。最后，作为一种协调，善治认为秩序是合法政府、公司和公民社会的行为及其互动的结果。所以，善治不仅仅意味着透明与公信力，还包括价值观和公正。在以价值观和人权为基础的模式中，恢复人的尊严是治理的首要任务。善治是人道的治理，能为公众提供安全，降低风险，赋予权利，提供更多的选择，

---

[1] 何显明：《顺势而为：浙江地方政府创新实践的演进逻辑》，浙江大学出版社2008年版，第17页。

[2] ［印度］哈斯·曼德、穆罕默德·阿斯夫：《善治：以民众为中心的治理》，知识产权出版社2007年版，第39页。

促进可持续的人类发展。作为全球化时代人类普遍的政治追求，善治已经取代善政而成为人类的政治理想目标。

二 国家治理体系的规范有序与互惠共生

国家治理体系作为一个制度体系，它包括国家的行政体制、经济体制和社会体制，政府治理、市场治理和社会治理是现代国家治理体系中三个最重要的次级体系。发展中国家在政治发展的过程中，必须保证政治国家拥有足以推动政治发展和社会生活秩序的权威，而且也应该对国家和政府的权力进行约束，在国家、市场和社会之间划定界限。通过规范政府行为、激活社会组织活力和促进企业发展来处理好政府、社会与企业之间的关系，使国家治理结构转变为政府、市场、社会组织三大动力联合驱动。

（一）有效的市场与有为的政府有机结合

经济体制改革的核心问题是处理好政府和市场的关系，理顺政府与市场之间的关系，需要科学界定政府与市场的职能边界。政府与市场是两种不同的资源配置方式，市场是资源配置、创造效率的重要制度安排，十八届三中全会提出"使市场对资源配置起决定性作用"，从根本上改变了建构国家经济秩序、优化资源配置的组织方式与运行方式。政府对资源配置起高层次调节作用，政府主要关注的是宏观的社会整体效益，围绕如何实现国家的发展战略目标配置资源；而市场更多的追求微观的经济利益，要求以经济效益为中心配置资源。市场在资源配置中居于决定性作用，但存在着"市场失灵"现象，需要政府对市场调节的局限性加以弥补，对市场的缺陷进行纠正。而政府干预又有局限性，存在着"政府失灵"的现象，政府干预必须建立在充分尊重市场规律的基础之上，不能以政府干预来代替市场机制。因此，政府既要为经济、社会的发展创造条件，同时又要对其进行必要的调节和控制，实现"有效的市场"和"有为的政府"相结合。

"国家的恰当角色应该是规制垄断、提供公共品，并调整外部性。"①实现政府放权于市场，就是要充分发挥市场主体的资源配置功能，尽可能地压缩政府的资源配置功能，通过在政府运作中注入某些市场力量的因素，可以减轻非市场失灵的影响。减少行政干预和审批的权力，健全公平竞争的市场规则体系，逐步实现政府角色从经济建设的组织者到市场体系的监管者的转变。政府还可以主动改进和扩展市场职能，从而减轻市场失灵的影响。

改革的核心是处理好政府与市场的关系。政府以往介入市场过多，存在越位现象，而同时在提供社会公共服务方面又存在缺位现象。加强市场监管，维护市场公平、公正有序是政府目前面临的巨大挑战。但目前采取的措施多是集中行政资源和运用行政权力，如专项行动、集中整顿、多部门联合行动等，虽然短期内社会秩序明显好转，不久又会恢复到从前的状态，只有当法治秩序取代行政权力秩序，才可能走出不断地进行治理整顿的监管困境。市场经济条件下政府与市场的关系必须做到市场有效约束和国家监管的有机结合，提高市场的自律能力还必须靠强大的政府力量外部控制和引导，来维持市场秩序。政府的职能主要是宏观经济调控和维护市场环境，政府不直接干预微观市场主体的行为，主要是通过经济手段、法律手段和必要的行政手段来规制市场经济行为，创造良好的市场运行环境。政府的角色主要体现在健全市场经济运作的规则系统，限制资本力量对社会生活秩序的侵蚀，运用法律和公共政策构筑社会个体的权益保障体系；市场作用的有效性依赖于市场的完善程度，影响着生产力的发展和国家的整体竞争力。能否建立一个良好的制度，决定着一个国家能否实现和保持经济的持续增长。中国经济增长的内因在于存在一个强有力的、高效率的国家，以保证有一个稳定的市场交易环境。俞可平指出，"中国在大力推进市场经济的同时，始终维护政府的强势地位，

---

① [美]亚当·普沃斯基：《国家与市场：政治经济学入门》，格致出版社2009年版，第39页。

不断加强执政能力建设,这是社会持续有序发展的重要保证"①。还有研究者认为,中国模式的优势在于:"第一,一个强势的政府维护着社会的稳定;第二,当发展经济成为国家的中心任务时,强有力的中央政府可以激励分权体制下的地方政府发展地方经济;第三,政府掌握着大量的公共资源和处置权,有能力提供良好的基础设施和廉价的生产要素,从而使市场经济得到快速发展"②。然而,这种体制也容易导致政治关联的普遍存在。虽然政治关联给企业赢得了政策支持和廉价的公共资源,并在一定时期促进了中国企业和经济的发展,但企业也容易陷入自己编织的陷阱中,即事实上变成为政府的附庸。这不仅不利于政治关联企业自身的长远健康成长,而且还造成了广泛的不公平、巨大的租金耗损以及社会的不和谐。

美国学者在巴瑞·诺顿在《中国发展经验的奇特性和可复制性》中指出,"一个从市场经济中充分退出的政府会创造经济繁荣,经济繁荣可以转化为政治稳定和国家自主。中国发展的成功则代表着这种模式的政治方面和经济方面之间一种辩证的妥协,而政府的特殊政治形式政治资本所创造的形式是一种反映了政治和社会利益的主观选择"③。印度学者阿什瓦尼·赛斯《中国与印度:不同绩效的制度根源》通过比较中印两国发展的制度绩效得出,中国的制度框架本身是一个优先的目标变量,制度框架没有造成环境约束,而是成为政策左右下、服务于发展战略的催化工具。④ 国家为社会提供一整套公正的制度体系,建立健全公平竞争的市场经济体制,有助于极大地激发全社会的创造活力,促进社会物质文化财富的不断丰富。

---

① 俞可平:《敬畏民意:中国的民主治理与政治改革》,中央编译出版社2012年版,第50、51页。

② 杨其静:《市场、政府与企业:对中国发展模式的思考》,中国人民大学出版社2010年版,第232、234页。

③ [美]巴瑞·诺顿:《中国发展经验的奇特性与可复制性》,参见王新颖编《奇迹的建构:海外学者论中国模式》,中央编译出版社2011年版,第27—28页。

④ [印度]阿什瓦尼·赛斯:《中国与印度:不同绩效的制度根源》,参见王新颖编《奇迹的建构:海外学者论中国模式》,中央编译出版社2011年版,第269页。

正如十八届三中全会的《决定》所说,健全以国家发展战略和规划为导向、以财政政策和货币政策为主要手段的宏观调控体系。政府宏观调控要进一步改革,增强宏观调控前瞻性、针对性、协同性。国家凭借自己的合法性代表地位,可以使自己的意志迅速有效地贯彻到地方上去,从而形成对地方的调控,塑造一个相对强大且得到正当使用的国家权力。

(二) 国家与社会的适度分离与合作

西方公民社会与国家的关系经历了由相对分离走向了既彼此分离又彼此交融,而中国的国家与社会的关系则由国家全面控制社会走向了国家与社会的适度分离,这些都是各自历史与价值实践逻辑的具体展现。西方的经验证明,如果没有国家的支持和干预,社会就会陷入无序和混乱。中国的经验表明,国家过度地干预经济和社会事务,不利于经济和社会保持活力,不利于国家的繁荣富强,社会拥有的自主性是国家繁荣与发展的基础。从中西方历史实践看,国家与社会的交融并不等于合一,双方仍需保持各自的独立性,在双方的相对分离的基础上更需要彼此的制约与合作。国家与社会相互制约可以防止彼此滥用权利和权力,相互合作可以谋求共同发展、相互增权,这样才可以实现国家与社会关系的和谐、稳定,构建强国家—强社会的互动模式。

当前,中国社会建设的目标是在党和政府主导下的各阶层和谐相处的小康社会,未来的目标是和谐相处、共同富裕的社会。三十余年中国的改革开放过程,事实上也是国家权力适度收缩与社会自主权不断扩大的过程,也是国家与社会适度分离的过程。政府放权于社会,就是充分尊重市场经济、民主政治、多元文化、开放社会条件下社会秩序生成和演化的内在规律,通过积极扶持和引导社会组织的成长,健全社会组织参与公共服务和社会管理的渠道,培育社会的自组织秩序,逐步实现从政府管理社会到政府主导下的社会协同治理转变。政府与社会之间的适度分离和关系调整催生了公民参与的制度空间,当国家拥有有效的嵌入式自主性（嵌入民间但却仍能有自主能力）时，国家力量就会增强。强国家意味着国家具有很强的社会控制能力。国家的社会控制能力强也意味着国家有较强的自主性，而国家自主性又是有效国家行为的前提条件。历史经验证明，国家只有保持相对自主才能充当阶级、阶层利益矛盾的协调者，社会阶层和谐、国家与社会之间和谐的维护者。

国家与社会关系的调整应以经济和社会发展需要为转移，国家既要对社会引导和控制以求保持经济和社会秩序的稳定，又要通过给予社会一定的发展自主权促进经济和社会的快速发展。社会拥有一定的发展自主权，不仅是社会的一种需要，也是国家保持自身稳定和强大的需要。传统模式只有国家一方有积极性，社会内生发展动力受到抑制，虽然国家强大，但社会发展缓慢、贫困、没有活力。国家与社会的适度分离是社会保持自主创新活力的需要，也为双方合作互动创造了主体条件。国家与社会互动的前提是双方之间的独立自主和自治。社会拥有一定的自主权是社会发展的必要条件，也是社会发展的源头活水，是形成社会内生动力的基础，是国家强大的必由之路，如果社会失去了自主性社会就会出现停滞、退化。强大的国家主义背景和社会自治传统的缺失，决定了中国的社会治理创新是政府主导下的社会协同治理，改革开放以来，中国政府职能转变和调整多集中于经济调节和市场监管方面，相对忽视了社会治理和公共服务职能的调整和强化。社会组织的发展有利于提高社会的自治能力，有利于国家职能向社会的转移，有利于减轻国家治理的成本和负担。政府应当积极引导、大力支持和培育社会组织成长，逐步把一些政府的社会职能转移给它们，加强政府与社会中介组织的合作的深度与广度，促进服务型政府建设。但在社会中介组织普遍发育不成熟的条件下，把部分监督和服务职能交由中介组织履行，只能导致局部的混乱和失控，难以收到多主体共同治理的善治功效。当前中国的社会治理应该以强政府、强社会为方向。"强政府"是政府在经济社会发展中居于主导地位，拥有较高的社会管理水平和较强的公共服务能力，善于协调与整合社会各方面的利益关系,并且能够将自己的意志高效地转化为实际行动;"强社会"是指社会自组织能力强,社会组织发育比较成熟,自主性高,活力强,能够在法律和制度的框架内作为政府的伙伴自觉参与社会治理和公共服务,高效发挥社会协同的作用,并能有效监督政府行使职能,促进公共利益的实现。建设社会组织纳入国家设定的制度性渠道,才能在公共事务治理中发挥建设性的作用。

有序的政治是政府、市场、社会的良性互动。市场经济的健康发展需要理性的政府、成熟的社会的引导和制约。在社会转型的关键时期,社会和谐秩序不仅取决于政府解决社会问题、社会矛盾处置的能力,而且还要体现政府能否打破既得利益群体和政府自身利益的束缚,立足于国家自主性,平衡社会利益关系,积极主动地致力营造市场、政府、社会的良性互动关系。政府转型促进社会成长,通过服务型政府建设促进社会建设,进而政府转型和社会转型奠定了经济发展的内在驱动力。哈佛大学的安东尼·赛奇教授指出,"中国政府自20世纪90年代中期出台的一系列新的社会政策,正在向以公民身份为基础的福利体系方向转化。如引入城乡居民的最低生活保障制度,以及将养老体系延伸到部分农村居民;将农民工纳入所在工作地的福利体系和服务体系中来,等等"[①]。只有民众普遍享有了社会权利,获得了基本的生存保障,公民权利才有可能得到真正的实现。

三 国家治理体系的结构完善与功能调适

中国的政治发展旨在坚持和完善中国特色社会主义制度,是在中国共产党的领导下,通过优化和创新国家治理的主体结构、运行机制和流程环节,提升治国理政能力,最终目的是实现中国根本制度和基

---

① 俞可平:《中国的善治之路:中美学者的视角》,载俞可平主编《中国治理评论》(第1辑),中央编译出版社2012年版,第20页。

本制度内含的价值规范和主张要求。从结构功能主义的视角看，优化政府系统各个构成要素之间的关系，由此会产生一种新的综合效应，这种效应的影响不仅取决于系统外部的环境，而且取决于系统内部构成要素的配置。

（一）政治发展与经济社会发展相适宜

战略机遇期中国面临的特殊发展境遇，决定了民主政治建设必然要以有利于政治稳定，有利于经济社会的发展，有利民主政治自身的可持续发展为基本前提。中国的政治改革基本定位可以分为三点："（一）这种改革带来的不同利益应该是有序的经济发展和为发展前景创造相适应的机制；（二）进行政治改革必须防止经济停滞，控制腐败；（三）政治改革和民主化必须以成功的市场经济为先决条件，党内民主化必须优先于社会民主化。"① "民主是中国发展的重要价值，但决不是唯一价值或元价值，经济增长、社会和谐更具价值和逻辑上的优先性，在很大程度上，民主政治建设乃是实现经济增长、社会和谐的工具和手段。"② 中国特色社会主义政治发展强调民主与发展的相互协调、相互促进，主张建立能够促进经济社会发展并保持自身可持续发展的民主政治体制。"能否通过公共政策的有效实施充分发挥政府引导市场发育和经济发展的作用，往往能够对一个国家的社会经济社会发展绩效起到决定性作用。要充分发挥政府在经济社会发展中的主导作用，民主政治建设就不能一味追求公共权力的最小化和公众参与的最大化，而是需要随着经济发展特别是市场体系的发育逐步规范和调整政府的角色功能，逐步扩大政治参与面。"③ 政府的主要作用是弥补市场失灵问题和宏观经济调控运行，一些研究表明，

---

① ［德］托马斯·海贝勒：《中国政治改革的困境》，载吕增奎编译《民主的长征：海外学者论中国政治发展》，中央编译出版社2011年版，第67页。
② 何显明、吴兴智：《大转型：开放社会秩序的生成逻辑》，学林出版社2012年版，第257、256页。
③ 同上。

"政府的管制越强,腐败越猖獗,政治关联就越重"①。加强和完善宏观调控,应减少和规范行政审批,减少对微观经济活动的干预,放权于社会,放权于市场。

改革开放以来,国家的主要任务就是经济建设。进入21世纪至今,社会建设已成为国家建设的优先战略选择。中国在经济建设道路上和在社会建设的顺序上,都走上了"东亚模式",走了一条"经济改革—社会改革—政治改革"的改革路径。不同阶段的改革追求的政治价值是不同的,经济改革的核心关注的是效率,社会改革阶段优先考虑的是公平,政治改革阶段的价值则是民主,但三个阶段的改革会有交叉,存在"共时性挤压"现象,因此,不同阶段的改革优先考虑应和其他价值关联之间保持平衡。社会建设的发展可以强化中央的权威,中央权威也可以被用来作为推进政治民主的"时间窗口",即利用社会政策的合法性效应推进政治改革,发展公民政治权利,并避免政治转型危机。中国的政治体制改革,是不触动根本政治制度的管理体制的改革,是以行政管理体制为核心的政府治理改革。因此,通过制度创新实现治理转型,对整个现代化进程有着极其重要的意义。

(二) 国家治理体系的结构优化

从国家治理结构看,中国呈现出一种以党领政的治理结构。尽管目前中国治理主体已经多元化,但是在所有治理主体中,最重要的是中国共产党的各级组织。从政治改革的方式看,中国选择了一条增量发展的途径。从中央与地方的关系看,形成了一种条块结合的治理格局。结构优化主要通过横向和纵向两个方面来进行,纵向上强调中央对下属机构实施控制,横向上则注重促进中央各部门和专业机构的团结协作,提升政府整体效能,建立纵向和横向政府间协同合作关系。

---

① 杨其静:《市场、政府与企业:对中国发展模式的思考》,中国人民大学出版社2010年版,第232、234页。

纵向上中国在国家结构形式上采用单一制，中央与地方的关系基本上形成中央集体领导同时充分发挥地方积极性的权力结构体系。在转型过程中，以财政分权，行政分权为核心的一系列制度安排体现了一种中央集权和地方分权有机结合的治理结构，它比较有效地利用了集权和分权两种决策机制和治理手段的优势，既维护了中央的权威，又调动了地方的积极性，从而取得了良好的治理效果。但是中国的分权并不完善，在其运行过程中也出现了诸如地方保护主义、地区间发展不平衡、市场分割和重复建设、公共产品供应不足和效率低下等问题，这些都成为转型深化阶段政治体制改革、行政体制改革的重点和难点。随着经济社会的发展，行政区划的很多方面也已不再适应经济社会发展的需求，行政区划的改革和调整成为行政体制改革的重要内容。结合"十二五"规划精神，未来行政区划改革的主要内容包括：合理调整和优化大中城市行政区划结构，适当增设和重点发展中小城市，减少行政层级，积极探索省直管县体制，强权扩县。从长远看，对减提高行政效率，降低行政成本，对于统筹城乡经济社会全面协调可持续发展具有重要的战略意义。放权于地方，在充分尊重地方政府在区域性公共事务治理中的自主权前提下，积极探索政府间职责权限的分工体系，明确地方政府创新的自主权与权力边界，能够有效激发地方政府深化体制改革的智慧，释放全局性改革的风险。但是，地方政府所追求的地方利益并不总是与中央政府代表的国家利益相一致，在某些问题上有可能偏离国家利益，因此，必须提升中央政府权威的理性化。十八届三中全会明确提出要"科学配置党政部门及内设机构权力和职能"，"统筹党政群机构改革，理顺部门职责关系"，从纵横多方面对权力的配置进行科学的调适，如纪委加强派驻机构的管理，推进垂直领导体制的探索；近期试点的司法体制改革，对去除司法的地方化和行政化的探索。所以，仅仅依靠地方政府实现善治并非现实之选，还需要中央政府的整体性治理。

横向上主要围绕转变政府职能，实施大部制，建立横向政府间的合作关系和政府部门内部机构的合作机制。协同政府理论强调治理结构与集体行动的有序性和有效性，以实现单个子系统无法实现的功能。十七大报告指出，"加大机构整合力度，探索实行职能有机统一的大部门体制，健全部门间协调配合机制"，这反映了国家对部门间协作、跨行政区合作机制的重要性的高度重视。"十二五"规划纲要明确指出，推进大部制改革，"着力解决机构重叠、职责交叉、政出多门问题"。由于缺乏有效的纵向和横向分权机制和问责机制，从而导致目前权力过分集中于主要官员，以及"权力部门化、部门利益化、利益集团化"的现状，使改革难以触动一些根本性问题。十八大报告明确把权力划分为"决策权、执行权、监督权"三部分，使这三种权力之间相互制约，并形成有效的运行机制。三权分立是政府机构改革和职能转变的根本问题，在坚持法制保障的前提下，实现决策与执行相一致、权力与责任相统一。结构优化还体现在完善纵向和横向的权力问责机制，解决权力监督制约的闭合性问题。由于外部监督和选举问责制度的缺失，使得已有的权力监督主要是一种自我监督，并且权力内部监督体系与被监督体系的结构性问题，使得监督效果大打折扣。政府体制改革应是强化政府的能力，政府权威的强化但必须以权力接受监督和制约为条件和前提。在这个基本前提下，需要进一步促进不同类型的纵向和横向问责机制的完善，使深化改革的正能量能够充分地释放出来。

（三）国家治理体系的功能调适

按照十八大的要求，政府体制改革的职能科学就是要破除"全能政府"的观念，转变政府职能，建设服务型政府。概括来讲，政府职能体现在三个方面：第一，政府通过经济调节和监管市场，促进经济发展，间接地为公民福利的改善创造环境；第二，政府是公共产品的主要提供者，政府提供了从国防安全到垃圾处理等全方位的公共物品，直接服务于公民的福祉；第三，政府是公民权利的保障者。"服务型政府的主体功能是向广大社会行为主体提供公共产品和公共服务，这又集中体现在界定和提供产权为核心的制度供给和公共服务体系的构建方面。"① 服务型政府的构建必须在党的领导下，不断地完善自身的角色和功能，并在与社会行为主体持续良性互动的过程中，提升公共服务的能力和水平，更好地维护社会的公平正义。服务型政府的构建还离不开公共领域的监督和批判，公众的批评、监督是服务型政府法治性、公共性、服务性等价值目标得以实现的外部保障。

公共服务是政府实施社会治理的基本途径，公共服务的本质是公民应当从国家那里享受的一种基本权利。也就是说，为全体公民提供平等的公共服务是政府的基本职责。不同群体共享经济社会发展的成果，才能真正实现社会的公平正义和人的全面发展。"无论是经济改革还是政治改革，一个基本原则是，必须从总量上增加大多数人的经济和政治利益，使多数人从改革中得到好处。"② 人们满意是政府治理的价值导向和评价标准，政府治理的内容规范要符合广大人民的利益和社会进步的要求。同时，对于改革的方案和路径的选择也要契合公众的利益和需求，才能获得民众的支持和积极参与，这也是政府创新和治理变革成功最重要的群众基础。

创新社会治理方式，形成社会治理协同机制，必须强化党和政府社会规制和公共服务职能，转变政府社会治理理念，优化政府社会治理职能。中国作为后发展中国家，经济社会发展主要依靠党和政府推动，社会组织力量相对弱小，这就决定了中国社会治理结构中党和政府占据主导地位，因此，创新社会治理方式，应以加强执政能力建设为根本，重塑政府和社会的关系为重点，以培育和规范社会组织为载体，以增强社会自治能力为关键，以坚持以人为本，深入贯彻科学发展观的基本要求，加快形成党委领导、政府负责、社会协同、公众参与、法治保障的社会治理格局。通过党的领导与公众参与的力量互

---

① 史云贵：《中国现代国家构建进程中的社会治理研究——一种基于公共理性的研究路径》，上海人民出版社2010年版，第159页。
② 同上。

动，政府规制同社会自治的合作互强，增能政府与赋权社会的机制互补，道德调节和法治保障的功能互联，构建官民和谐、社会合作治理之路，以实现政府有效治理和社会自治的有效衔接和良性互动，走一条具有中国特色的现代国家生态治理之路。

政治信仰存续力提升的价值逻辑与实践路径[*]

信仰指对某种主义和价值的信奉，信仰的本质是人类的一种自我超越性，是一种信奉、持守和追求，也是一种生活方式和思维方式，是根植于现实的终极关怀。人类的终极关怀是通过信仰而实现，人必须"立地"而"顶天"，"立地"需要的是人类的理性，"顶天"需要的却是人类的信仰，"立地而顶天"即终极关怀恰恰需要的是在理性基础上的信仰，是一种理性与安慰。

一 政治信仰的价值及其功能

政治信仰是人类信仰中极其重要的信仰形式，它在本质上反映的是社会群体或个人的政治价值取向，它反映了信仰者对人类社会"应然"状态的理解和在未来社会中的理想确定性。

（一）社会整合与价值凝聚

所有的政治权威都致力于意识形态的整合，尽管他们所采用的政治策略和具体手法存在很大区别，不过意识形态的整合是一件艰难的事情。在非洲和拉美，淡薄的国家观念和脆弱的政府权威长期使新独立国家对各地穷于应付，这些未经融合的亚文化的存在，形成了名义

---

[*] 原载《求实》2015年第3期。

上统一的国家和实质上处于冲突的"分裂社会"。尼日利亚、刚果和索马里发生的内战，表明了国家因缺乏主流意识形态而在政治上造成的最为严重的后果。意识形态获得真正影响力和说服力是它在建立认同和团结过程中的贡献。"强有力的意识形态就是那些在观念形成过程的关键时刻赋予个人与其他人的认同感和团结感的意识形态——所有这些均发生在政治领域"①。意识形态既包括对一种现存秩序提供合法性也就是合理性论证的理论和观念，也包括试图构建一种自认为更合理的新秩序的理论和观念。政治信仰作为意识形态中的核心要素，对信仰群体和个体具有指导作用。政治信仰使根本利益一致的社会成员会聚在一起，也为信仰群体提供统一的政治思维方式和指导思想，使原子化的个人因为有了共同的信仰而团结起来。葛兰西把核心价值的意识形态称为"社会水泥"，意识形态起到了团结统一的作用，具有凝聚功能。

（二）社会正义与秩序稳定

正义的基本含义是公平、正当、合乎情理或合乎道义。正义所关涉的内容指向公共领域和人的社会行为。毕达哥拉斯将正义视为和谐。柏拉图认为正义不仅是一条道德原则，也是一条政治原则。亚里士多德把正义定义为"由之做出公正的事情来的品质"。"正义依赖于秩序并提升秩序，没有它人们不能彼此信任；而秩序又必须建立在安全得以保障的基础上。"② 人们从秩序中寻求正义。正如罗尔斯所言，"正义是社会制度的首要价值"。思想与观念可以作为修正社会秩序可援用的工具。政治信仰在本质上是一种政治价值取向，其最基本的功能之一，就是为信仰者提供判断社会政治制度优劣和政治行为正确与否的主观标准。从历史唯物主义观点来看，正义原则是由社会存在的客观性决定的，它的基础或根源是社会现实，正义原则的普遍

---

① ［美］阿普特：《现代化的政治》，陈尧译，上海人民出版社2011年版，第244页。
② ［美］莱斯利·里普森：《政治学的重大问题》，刘晓等译，华夏出版社2001年版，第60页。

性根源于现实的合理性,它与社会发展规律的必然性相契合,代表或指明了社会前进的方向。在马克思看来,社会关系的合理化调整或变化是实现社会正义的最关键因素。马克思把无产阶级正义的最终目标设定为共产主义社会里实现人的全面自由的发展。这种正义体现了个体的全面自由的发展和集体的发展、个人美德与制度美德的有机统一。

(三) 改造社会与促进发展

信仰是人的社会存在和价值实践的思想反映,反过来驱动和引导着人的价值实践,具有巨大的推动作用。马克思主义哲学强调"如何改变世界",要求人类生活实践及其历史发展作为信仰问题研究乃至信仰学的最终根据。社会实践作为人类存在的基本形式,本质上是一个创造性过程,人在实践中改造客观世界,同时也改造自己的主观世界,使人的本质得到升华。评价一种意识形态的发展程度,不仅要看其思想内容的先进性和丰富性,而且更重要的是要看其对社会生活的整合作用和对社会发展的促进作用,这正是马克思主义关于实践是检验真理标准的基本立场。信仰的本质是人类实践活动的升华,作为一种自我超越关联着理想,表征着人所特有的终极关怀。这种终极关怀经过不断的实践超越,奠定了人类理性之基础上的信仰。

生存意识是信仰发生的根基。人类在顽强的生存意识的驱动下,完成了自己漫长的生成过程。人类不是为了信仰而信仰,最初动机和最终目的是为了自己的生存,为了自己更好的生存,从实践的立场看意识形态,不仅要坚持意识形态作为精神现象是对现实世界的反映,而且还要承认生产实践的发展变化必然引起意识形态的发展变化,意识形态的价值信念与理想追求,不过是人们在现实生活中利益关系的观念表达。信仰具有明显的理性选择倾向,"信仰是个人的、内心的,但信仰的表达与实践却是社会利益、政治权力等关系的整合。因此,信仰的神圣性逐渐消失，得到强化的却是信仰关系的现实性"①。信仰本身难以单独存在，它们唯有通过象征行为才能得到展现和被人感知。基于"生存论"的层面，要求把信仰问题提升到人类生存和发展的层面和高度来把握，提升到着眼于面对"终极而美好"的未来，提高生存质量和注重全面发展的动态机制来考量。

二 当前政治信仰的挑战与机遇

当前中国社会正处于社会转型与结构调整、新旧意识形态更替与过渡的关键时期，在政治领域出现了一元化的政治指导思想与人们多元化的诉求之间的多重张力，这在一定程度上说明了存在政治信仰迷失。信仰的本质就是一种意识形态，信仰危机意味着人类更加迫切地渴望终极关怀，信仰的重建也必须有相应的意识形态的调整和变革。如何提升政治信仰的存续力，是中国共产党面临的重大挑战。

（一）政治信仰的迷失

信仰处于文化价值观念体系的核心地位，信仰一旦形成便具有很坚固的专一性和持久性，这样就决定了信仰还表现为公众对自己文化传统的迷恋与顽固性。因此，转型期特定社会的信仰危机表现为一种传统的危机。世俗化的发展导致意识形态个体的物质化与理性化倾向，旧的象征符号丧失其原有的功能，原来的意义受到怀疑，新的象征和意义不断涌现，这就是人们所说的"符号学危机"。

当前中国已进入经济结构深刻调整和改革攻坚的关键时期，这种空前广泛的社会变革必然给中国的经济社会带来各种深层次的矛盾。由于现实世界的多样化和利益的分化，民间的非主流意识形态

---

① 李向平：《信仰但不认同——当代中国信仰的社会学诠释》，社会科学文献出版社2010年版，第183页。

发生了空前复杂的变化,党和政府用来统领各项事业的社会主义主流意识形态也发生了深刻变化,各种社会思潮纷纷涌现,新左派、老左派、新儒学、民粹主义、新自由主义等。还有就是部分民众患上了"政治冷漠症",只关心自己的私人利益。政治冷漠不仅会带来政治道德滑坡,还暗示着人们一种潜在的离心倾向、不信任感加剧。在思想多元化的现代社会,尤其需要有一种占主导地位的意识形态作为核心价值体系来引领,否则,人们就可能无所适从,社会就可能混乱不堪,正是从这个意义上讲,一个国家的"命运依赖于一种而不是多种意识形态"①,因此,主流意识形态的有效性还是比较突出的。

(二)政治信仰的再生成

马克思主义信仰依然是中国的主流、主导信仰,并在不断更新发展之中,但多元化信仰格局已经形成。信仰多元化格局的根本成因是全球化背景下,市场经济发展带来的社会角色和利益集团的多样化。我们不仅要承认信仰多元化在社会主义社会中具有合理性、合法性与一定的进步性,同时还要强调在党的领导下,加强依法管理和正确引导。马克思主义信仰发展到今天,在社会主义物质生活、精神生活已经相对丰富的时候,必须在更深层次上关怀人、丰富人、发展人,才能更稳固地确立马克思主义信仰在每一个人思想上的主导地位,这是马克思主义信仰的时代性课题。马克思正是在把共产主义理解为一个相对的开放性历史过程基础之上,把它确立为人类信仰并为之奋斗终生的终极理想目标。

如果认为思想的多样性会对执政党的意识形态统治地位形成冲击,造成中国政治意识形态处于不安全状态,这是一种不符合实际的消极的判断。"一个民族的政治意识形态安全,既不在于本民族政治

---

① [美]亨廷顿:《文明的冲突与世界秩序的重建》,周琪等译,新华出版社1998年版,第353页。

意识形态对外来意识形态的排斥和抵御,也不在于本民族不同意识形态之间的分歧与矛盾,更不在于新旧价值信念体系的更迭替代,而在于官方坚持的政治意识形态和百姓信守的那些意识形态是否能够支持人们开展有利于社会健康发展的社会实践,政治意识形态同各种社会意识形态是否能够存异求同地开展沟通对话,为思想文化的和谐与繁荣提供一种健康向上的价值信念基础。"① 在多种意识形态同时并存的条件下,政治意识形态一定要努力提高自身的吸引力,争取社会对它的认同,政治意识形态由此而不至于僵化保守甚至走向某种极端主义,进而发挥促进社会发展的积极作用。

改革开放以前,中国共产党以价值追求、借助领袖魅力,确立了合法性,形成了权威秩序。政治运动作为社会动员和政策推行的基本机制和途径,作为仪式的政治运动包含大量的仪式化表演和象征形式,目的在于灌输一套意识形态。改革开放以后,中国人的信仰问题是从一个高度整合的社会与个人崇拜中分离出来。伴随着思想解放的推进,对于权力、真理的信仰转变为对于思想的正确性或正确的思想诉求。邓小平废除了党的领导职务终身制,从根本上打破了中华民族依赖感的人格特征,使中华民族再一次把依赖感重新投向自身,在新的历史条件下体现了马克思主义信仰依赖感的方向性,恢复了马克思主义信仰的开放性、凝聚力和生命力。意识形态的连续性有助于稳定社会预期,减少焦虑和抵制;意识形态的灵活性有助于适应社会规范、利益与预期的变化,形成公众的"平滑"转型观念。在这个意义上,意识形态改革必须在调整性与连续性之间保持一种动态的平衡。

三 政治信仰存续力提升的价值逻辑

提升政治信仰的存续力,需要传统政治资源创造性转换,现有

---

① 刘少杰:《当代中国意识形态变迁》,中央编译出版社2012年版,第237—238页。

政治资源适应性创新，采取固本与纳新策略，创造维持一定连续谱系的政治共识，提高社会的凝聚力和国家的政治整合能力。学习而不盲从，从传统社会主义的教条主义、经验主义中解放出来，从西化的、封建的意识形态中解放出来，在多元文化共同繁荣、多样信仰相互包容中重建中国信仰，为当前政治发展与国家治理提供理念支撑。

（一）传统政治文化的现代性转化

传统的现代性转换是一个发现传统、诠释传统与"生成传统"的过程，是一个充分展现自己应变能力与身段灵活性的过程。在这个过程中，人类文明在历史长河中不断积淀下来的"生存大智慧"不仅得以展现，而且也得以"续写"。延续传统文化，丰富现代社会的信仰资源，却不能完全回到传统。在这个过程中，一个社会既有文化传统中的某些要素得到了传承，某些要素则遭遇了摒弃，而更重要的是，人们在新时代所进行的新的"诠释"又在很大程度上发展了传统、创生了"传统"。由此我们看到，坚守传统不等同于"抱残守缺"，它是要通过"生成传统"和"创新形式"来使自己获得成功应对时代全新挑战的能力。

儒家有"内圣外王""从道不从君"的观念，有道之君要为人民谋福祉，故这是来自政治道德化的思维。在今天我们提出"干部清正、政府清廉、政治清明"，强力构建预防腐败体系，这不仅是对个人修为的要求，还是一种权力品格，是政府品质，也是政治伦理。从传统政治文化价值取向来看，"廉洁奉公""圣贤之德"构筑"三清"的重要基础和核心要义。"民本"的理念与今天以人为本的执政理念都包含着人民性，体现和诠释着人道主义和人文关怀，传统民本思想构成了马克思主义唯物史观在中国传播和被接受的基础。对于体现政治文明的诸多观念，林毓生指出："虽然我们传统中没有民主的观念与制度，但却有许多资源可以与民主的观念与制度'接枝'，例如儒家性善的观念可以与平等观念'接枝'，黄宗羲的'有法治而后有人治'的观念可以与法治的观念'接枝'。"① 尽管黄宗羲的"有法治而后有人治"的说法只能做法治的形式基础,法治的实质内容是无法从黄宗羲的思想中衍发出来的。总而言之,传统政治文化与思想是在当时特定的时空中形成的,尽管在基本内涵、目标诉求、价值主体等方面与今天存在差异,但其包含着丰富的人民性和自主性精华,可以通过对传统政治文化和思想进行扬弃、改造、嫁接、借鉴,实现对它的超越和升华,从而达到一种更高的境界,使之融入今天流行的执政为民论和民主执政学说的语境中,形成具有中国风格的执政话语体系,为理论自信增添新的元素和支撑,丰富为民务实清廉、以人为本的马克思主义中国化理论成果。

(二) 经典马克思主义的适应性创新

马克思主义的科学性和真理性,在于它是开放的、与时俱进的科学理论体系,随着实践发展不断丰富和完善。中国主流意识形态的开放性使中国现代化的空间不断得以拓展,意识形态的连续性又使得中国现代化建设没有背弃经典马克思主义的要求,显示出中国道路的独特优势和魅力。中国共产党存在于非竞选性的一党执政体系之中,"这一执政模式杜绝了多种政治力量运用不同意识形态对民众进行分割的格局,也避免了为了获取政权在抛弃极端支持者而采取意识形态中间路线的弊端"②。但它对党开发意识形态的弹性空间提出了更高的要求,既要通过意识形态的合理化完善吸引更多的民众支持,以保障革命和建设的成功,又要兼及各种持极端意识形态的群体。在这种新形势下,要想最大限度地寻求社会思想共识,一定要坚持以社会主义核心价值体系引领社会思潮,尊重差异,包容多样,最大限度地形成社会思想共识。总体而言,在中国共产党革命和执政历史上,比较

---

① 林毓生:《中国传统的创造性转化》,生活·读书·新知三联书店2011年版,第323页。
② 刘建军:《创新与修复:政治发展的中国逻辑(1921—2011)》,中国大百科全书出版社2011年版,第127页。

重大的意识形态创新有三次，分别是毛泽东思想、邓小平理论和"三个代表"重要思想。"一面旗帜"和"两个不走"，彰显了中国的"道路自信"。道路自信预示着中国共产党将沿着既定道路前行，既不走回头路，又拒绝西式的现代化道路。"三个自信"体现了中国共产党人对待马克思主义的科学态度，既坚持又发展，不断开拓马克思主义发展的新境界。

四 政治信仰存续力提升的实践路径

（一）化理想为现实

理想和信念都是人类在社会实践基础上产生的一种特殊的社会意识和精神现象，马克思主义从实践生成论的角度论述社会主义的终极价值是实现人的自由和全面发展。人的发展表现为人的需求被满足程度的不断提高，其衡量标准我们可以界定为：富裕、和谐与自由。富裕作为社会终极价值目标，是生产力发展、经济增长、财富增加、物品丰富，这将为人的自由而全面的发展提供物质基础。和谐作为社会的终极目标，是公平、正义、尊严等价值目标的体现，和谐意味着能给人提供各种越来越融洽、协调的人际关系和天人关系，以满足人的情感需求和交往需求。自由作为社会的终极目标，是自主、自治，具体而言是经济自由、政治民主、文化多元等价值目标。它意味着能给人提供越来越多的发展可能性及生活样式，以满足人充分发挥自身潜能天赋，形成独特个性的自我实现需求。事实上，每一个人自由而全面的发展，是人类在追求、在实践的一个过程。

理想主要是面向未来，为人们的行动指明方向；信念则主要是面对现实，为人们的行动提供精神支持。树立科学的理想信念，对一个政党、一个国家、一个民族的生存发展和前途命运，都具有至关重要的影响和作用。但理想信念不仅是一个思想认识问题，更是一个实践问题。当前，中国共产党人提出建设社会主义和谐社会，坚持以人为本为核心的科学发展观，构筑中国梦，建设有中国特色社会主义的共同理想，无不是增进每个人的幸福与利益。

（二）政治社会化

当今社会政治信仰的形成，主要是执政党和国家所提出的共同理想和核心价值的资源，但是要将这种资源转化为共同体意识，还需要一个艰苦的转换过程。为此国家必须建立一套有效的公民教育体系，借助强有力的"主流象征符号"来激发、提升公民对体制的热情和忠诚。在信息化的时代，主流意识形态应当拓宽自己的传播途径，改进自己的传播方式，进而有效地行使整合社会价值信念、推进社会进步发展的信息权力。这不仅在思想内容上要真实地反映现实、表达现实，而且在表现形式上也要适应现实、深入现实。主流意识形态要想进入由互联网、手机和影视媒体承载的大众传播过程之中，成为基层群众信息传递和意识形态沟通的内容，成为在社会生活中真实而普遍发挥作用的信息权力，就必须实现主流意识形态的文字内容视觉化、理性概念感性象征化的转变。只有把思想理论的宣传同灵活多样的感性形式结合起来，才能使主流意识形态超越理性概念与感性意识的间隔，实现主流意识形态同民间意识形态的沟通对话，最大限度地提高政治社会化的效果。

（三）践行"中国梦"

中国共产党人的根本使命是实现共产主义的远大理想，中国共产党人当代的任务是践行中国特色社会主义共同理想。实现建设富强民主文明和谐的社会主义现代化国家的目标，是当代中国共产党人为实现共产主义远大理想而进行的现实的运动。这一实践的主题，就是坚定不移地走中国特色社会主义道路，在科学发展观的指导下实现国家的繁荣富强。中国特色社会主义是实现中国梦的道路，习近平在新一届中央政治局常委同中外记者见面会上指出，"我们的人民热爱生活，期盼有更好的教育、更稳定的工作、更满意的收入、更可靠的社会保障、更高水平的医疗卫生服务、更舒适的居住条件、更优美的环境，期盼孩子们能成长得更好、工作得更好、生活得更好。人民对美好生活的向往，就是我们的奋斗目标"。这"十个更"既体现了中国人民对美好生活的新期待，又体现了新一代领导人为人民福祉努力工作，带领全国人民建设更美好生活的信心和决心。

"中国梦"是信仰追求的最隐秘的内核，它包括四个层面：第一是其信仰追求；第二是其价值追求；第三是规则追求；第四是实践追求。中国梦的内涵是开放的、多元的，体现了国家梦、民族梦、个人梦的有机统一，公正与法治是中国梦的价值规则。今天的中国正发生着深刻变革，这种变革激发了全社会的活力与创造力，使得每个人都有动力共建中国梦，成为中国梦的建设者和实践者，使得每个人都有机会共享中国梦，成为中国梦的拥有者和实现者。只有这样，才能在全社会范围不断培育出美好梦想的花朵。全社会的梦想才会显得更加伟大而辉煌。

政治共识的结构释义与形成机理[*]

政治共识不仅包括对政治统治、政治管理与信仰体系的论证,而且包括对国家发展目标、策略、路径的建构。它规定政治共同体的基本目标和基本结构,确定政治实践的方向,是国家有效治理的基础和前提。政治共识的达成意指政治有序运行以及民众对现存政治秩序的认可、支持和拥护。

一 政治共识的结构释义

从系统论的观点看,政治共识包括信仰、价值和规则三大体系。政治共识体系从结构形式上可以分为外围、中层与核心三个层次。外围层次涉及政治行为主体和制度安排遵守的具体价值规范,这一层次称为"规则共识";中间这个层次称为价值共识,它是政治信仰的逻辑化、理性化的展现,支撑外围政治规范的运作;政治共识的核心层次是政治体系身份的规定者,它是一个社会的主流信仰在政治领域中的落实,这一层次称为信仰共识。它们之间存在着明显的支撑和支配关系:信仰共识和价值共识是规则共识的隐性支撑,规则共识是信仰共识与价值共识的一种显性表现。

---

[*] 原载《行政科学论坛》2015年第6期。

(一) 信仰共识是政治共识的核心层次

信仰指对某种主义和价值的信奉。信仰的本质是人类的一种自我超越性,是一种信奉、持守和追求,是一种生活方式和思维方式,也是根植于现实的终极关怀。政治信仰是人类信仰中极其重要的信仰形式,它是生活在特定社会历史条件下的社会群体或社会个人对理想社会模式及其政治理论坚定不移的信奉和追求。政治信仰在本质上反映社会群体或个人的政治价值取向,它反映了信仰者对人类社会"应然"状态的理解和在未来社会中的理想确定性。成熟的政治信仰通常是一种笃信,指向一种终极价值。

意识形态整合是信仰共识的现实要求。在一般意义上,意识形态主要是指一种与共同体有关的信仰体系。意识形态的整合是一种持续且持久的过程,不仅表现在象征符号需要不断使用,仪式需要不断演练上,而且更重要的是,意识形态必需根据不断变化的政治情境作出不断的修正和调适。所有的政治权威都致力于意识形态的整合,但它们所采用的政治策略和具体手法存在很大区别。"自由民主政体倾向于容忍多种意识形态并存,一种主流意识形态的形成主要是各种观念相互竞争的结果,也没有一种意识形态能够长期居于统治地位,因而持不同政治见解的人不会因此而遭到权力的压制,尤其是暴力剥夺。第三世界广泛流行的权威主义政府一般并不试图控制人类活动的每个方面,但也不是说它们提倡个人自由。"[1] "权威主义政府常在多种意识形态中变换立场,或者根据'为我所用'的原则进行剪裁修改,拼凑成自己的东西。正是这种对意识形态的不固守,使得这些国家能够获得自我更新的机会。"[2] 意识形态的整合也是一件艰难的事情。加拿大面对的是愤怒情绪强烈和对抗性较大的魁北克分离主义运动,北爱尔兰天主教的独立运动也使英国政府伤透脑筋。在非洲和拉丁美

---

[1] 马敏:《政治象征》,中央编译出版社2012年版,第238页。
[2] 同上。

洲，淡薄的国家观念和脆弱的政府权威长期使新独立国家对各地的分离活动穷于应付。这些未经融合的亚文化的存在，形成了名义上是统一的国家和实质上是处于冲突的"分裂社会"。尼日利亚、刚果和索马里发生的内战，表明了国家因缺乏主流意识形态而在政治上造成了最为严重的后果。政治信仰作为意识形态中的核心要素，把根本利益一致的社会成员会聚在一起，也为信仰群体提供统一的政治思维方式和指导思想，使原子化的个人因为有了共同的信仰而团结起来。因为意识形态具有团结统一的凝聚功能，所以葛兰西把核心价值的意识形态称为"社会水泥"。

社会正义是信仰共识的精神底蕴。正义的基本含义是公平、正当、合乎情理或合乎道义。正义所关涉的内容指向公共领域和人的社会行为。政治信仰在本质上是一种政治价值取向，其最基本的功能之一，就是为信仰者提供判断社会政治制度优劣和政治行为正确与否的主观标准。从历史唯物主义观点来看，正义是人们社会实践的要求与反映。正义在社会实践中总是处于既相互依赖、分工协作又相互矛盾冲突的种种社会关系之中，它是协调人们之间的种种社会关系符合客观规律要求的原则。因此，正义原则是由社会存在的客观性决定的，它的基础或根源是社会现实。正义原则的普遍性根源于现实的合理性，它与社会发展规律的必然性相契合，代表或指明了社会前进的方向。在马克思看来，社会关系的合理化调整或变化是实现社会正义的最关键因素。马克思把无产阶级正义的最终目标设定为共产主义社会里实现人的自由而全面的发展。这种正义体现了个体的自由而全面的发展和集体的发展、个人美德与制度美德的有机统一。

生产实践是信仰共识再生产的社会基础。信仰是人的社会存在和价值实践的思想反映，反过来对驱动和引导着人的价值实践具有巨大的推动作用。社会实践作为人类存在的基本形式，本质上是一个创造性过程。人在实践中改造客观世界，同时也改造自己的主观世界，使人的本质得到升华。评价一种意识形态的发展程度，不仅要看其思想内容的先进性和丰富性，而且更重要的是要看其对社会生活的整合作用和对社会发展的促进作用，这正是马克思主义关于实践是检验真理标准的基本立场。信仰的本质是人类实践活动的升华，它作为一种自我超越关联着理想，表征着人所特有的终极关怀。这种终极关怀经过不断的实践超越，奠定了人类理性之基础上的信仰。生存意识是信仰形成的根基。人类顽强的生存意识根植于人类自身漫长的生成过程。人类不是为了信仰而信仰，其最初动机和最终目的是为了自己的生存，为了自己更好地生存。从实践的立场上来看意识形态，我们不仅要坚持意识形态作为精神现象是对现实世界的反映，而且还要承认生产实践的发展变化必然引起意识形态的发展变化。意识形态的价值信念与理想追求不过是人们在现实生活中利益关系的观念表达。信仰具有明显的理性选择倾向，"信仰是个人的、内心的，但信仰的表达与实践却是社会利益、政治权力等等关系的整合。因此，信仰的神圣性逐渐消失，得到强化的却是信仰关系的现实性"[1]。信仰本身难以单独存在，它们唯有通过象征行为才能得到展现和被人感知。基于"生存论"的层面来分析，意识形态要求人们把信仰问题提升到人类生存和发展的层面和高度来把握，提升到着眼于面对"终极而美好"的未来、提高生存质量和注重全面发展的动态机制来考量。

（二）价值共识理性延展政治信仰

价值或价值观是人们用来对事物的是非作出判断和评价并作为行为取舍的一套依据。价值具有引导人们超越实然束缚、探求应然世界、赋予生存世界以意义的特征。而政治价值作为埋藏于政治制度、政治行为和政治心理这些表层结构之下的深层意义编码，对人类的政治生活更是有着举足轻重的影响。作为中间层次的价值共识，在整体上具有派生性。它一方面在信仰共识的规定和指导下形成，另一方面也以具体而理性的形式来体现信仰的精神。

---

[1] 李向平：《信仰但不认同：当代中国信仰的社会学诠释》，社会科学文献出版社2010年版，第183页。

政治信任是社会团结的黏合剂。民主政治的内涵包括社会价值、道德规范、公民意识和公共精神，它是民主政治运作的重要基础。信任是社会关系的黏合剂，是影响社会"有机团结"的关键因素。在政治信任氛围浓厚的社会环境中，民众可以培育政治妥协与宽容等现代公共精神，促进政治领域中不同信仰、不同观念之间的和谐共存，促进彼此间的交流合作，形成一种有序状态。政治信任产生于多以需求和预期为基础的信任关系，这决定了政治信任通常具有不稳定性，其流失极其迅速。高度信任的政治也并非"至善"政治，民众的政治不信任也并非洪水猛兽。政治信任超越了一定的限度，就会形成信任的刚性和定式，产生负面效应。在现代社会，政治信任建设的目标是要提高政治信任的弹性空间，根据制度化不信任的精神和理念构建一套适合国情的制度化不信任体系，为民众理性表达政治不信任打开制度化的通道。"民众的政治怀疑和不信任充溢于现代公共生活，甚至可以说不信任更像现代社会的常态，而且在很多情况下，政治不信任不仅不影响社会和谐与稳定，无损于优良的公共生活，不会对政治合法性构成挑战，甚至还是优化民主政治、构建良善公共生活的必备要素。"[①] 所以，良善公共生活的构建既需要民众一定程度的政治信任，得到政治信任的润滑和滋养，也需要政治不信任的推动和促进。

政治认同是政治共同体凝聚的基础。认同是人们对事物有一致性的看法，是个体将自己与他者视为等同，引为同类，进而产生的心理感觉。认同的本质是在"他者"存在情况下确立起的自我边界，就是身份归属。政治认同解决的是一个政治共同体的成员对该共同体的支持问题。"从政治学的观点看，对政治共同体的支持意识即爱国意识，是国家生存和发展的精神基础。"[②] 政治认同的对象是共同体，本质上是一种身份归属。政治认同发生的根源是政治价值，是价值认

[①] 上官酒瑞：《现代社会的政治信任逻辑》，上海世纪出版集团2012年版，第2—3页。

[②] 闵琦：《中国政治文化：民主政治难产的社会心理因素》，云南民族出版社1989年版，第18—19页。

同。不同政治体系间的深层分野在于思想文化与价值观念,如果政治体系所倡导的价值理念与社会成员的价值追求具有契合性,该共同体成员就会认同该政治体系。任何政治共同体要维系自身的存续和发展,都会通过各种方式对所属成员进行思想文化和价值观念的宣传与教化,进而获取成员的心理认同。强调共识的结构主义者倾向于将社会视为一个结构化的整体。"秩序与稳定是事件的常态,那些不认同社会价值或者不适应社会角色的人被看作偏差行为者。偏差行为者不仅仅是异于他人的,而且是违反常态的,在他们身上,将社会价值传授给孩子的社会化过程失去了效用。"[①] 结构功能主义视偏差行为者为反功能的,就像是某些疾病或者生病的器官或许会杀死有机体一样。

政治合法性支撑政治统治的正当性。合法性在很大程度上是社会共识和社会感知的产物。就政治而言,政治合法性是指社会成员对于政治统治的承认,也就是社会成员对于政治统治正当性的认可。合法性被看作统治有效与政治稳定的基础。哈贝马斯将有效合法性与价值合法性联系起来,他指出:"合法性意味着,对于某种要求作为正确的和正的存在物而被认可的政治秩序来说,有着一种好的根据。一个合法的秩序应该得到承认。合法性意味着某种政治秩序被认可的价值。"[②] 合法性意味着政治秩序被认可的价值,而这种被认可价值是与一定历史时期的社会规范相联系的。政治有效性指政治体系能满足社会大多数成员或最重要群体的基本利益,有效性是工具性的,而合法性是评价性的。合法性主要关注公共权力的来源及其维系的合理性与正当性。有效性一旦丧失,则会危及一个合法系统的稳定性。

---

① [澳]迈克尔·豪格、[英]多米尼克·阿布拉姆斯:《社会认同过程》,高明华译,中国人民大学出版社 2011 年版,第 19—20 页。
② [德]哈贝马斯:《交往与社会进化》,张博树译,重庆出版社 1989 年版,第 184 页。

(三) 政治规则促使社会的有序化和可预期

规则是指包括制度在内，所有在群体、组织的社会生活中事实上发挥作用的规范或规范体系。具体而言，规则"包括惯例、程序、协议、职责、策略、组织形式以及技术等，政治活动正是围绕着它们构建形成的。规则还包括信念、榜样、符号、文化及知识等"①，规则可以分为制度化规则和非制度化规则。规则共识指社会或组织共同认同、认可的活动规则和运作程序。

制度化的规则生成有序社会。制度使生活更为便利，在一个互相依赖的世界中，它提供了一种共同生活和工作的方法。"制度是一个社会的游戏规则，更规范地说，它们是为决定人们的相互关系而人为设定的一些制约。"② 社会制度分配着基本权利和义务，调节着社会矛盾，决定着社会合作产生的利益之划分，正义制度能够生成一种井然有序的社会秩序。"说一个社会秩序良好，传达了三点意思：第一（公共认可的正义观念的理念包含了这一意思），在该社会中，每一个人都要接受，且知道所有其他的人也接受相同的正义原则。第二（这种观念的有效规导之理念包含了这一意思），它的基本结构——也就是说它的主要社会制度和政治制度，以及这些制度如何适合于组成一种合作系统——被人们公共地了解为，或者人们有充分的理由相信它能满足这些原则。第三，它的公民具有正常有效的正义感，所以他们一般都能按照社会的基本制度形式，并把这些社会基本制度看作公正的。"③ 在有序的社会制度中，公民各自追求着自身的利益而互不妨碍。

非制度化的规则稳定社会预期。根据社会习俗理论，大量可行的

---

① [美]马奇、[挪威]奥尔森：《重新发现制度：政治的组织基础》，张伟译，生活·读书·新知三联书店2011年版，第21页。
② [美]道格拉斯·诺斯：《制度、制度变迁与经济绩效》，刘守英译，上海三联书店1994年版，第3页。
③ [美]罗尔斯：《政治自由主义》，万俊人译，译林出版社2000年版，第36页。

现存习俗作为规范社会的非正式规则。非正式规则是人们在长期社会生活中无意识形成的，无须经由正规化而约定俗成的规则。这些非正式的习俗和准则，通过提供有关社会行为人预期行为的信息，稳定了社会预期并且构建了社会生活。在社会最基本的层面上，一系列社会习俗、规则和准则，影响着我们日常生活的方式，构成了大量的正式制度组织和影响经济及政治生活的基础。在探讨如何形成稳定的社会秩序的问题时，哈耶克认为依靠理性计划建立社会秩序是行不通的，人们只有在面对面交往过程中，通过相互间的直接模仿和学习才能逐渐对某些行为规则达成共识，并只有按照这些共同认可的规则支配自己的行为，才能自发生成稳定的社会秩序。

二 政治共识的形成机理

（一）政治共识达成的社会条件

平衡的利益格局是根本基础。马克思认为，"人们奋斗所争取的一切，都同他们的利益有关"①。每个人都生活在一定的社会共同体里，都与他人利益紧密相关，每个人只有在与他人的交往合作中才能实现自己的利益，社会成员的这种利益相关性是政治共识的根本基础。亨廷顿指出："社会的统一建立在对该政治观念的共识基础之上；而只有达成共识的各种学说得到政治上积极行动的社会公民的确认，而正义要求与公民的根本利益——他们的社会安排培育并鼓励他们追求这些根本利益——又没有太大冲突的时候，稳定才有可能。"② 这句话说明了只有政治理念与公民利益没有太大冲突的时候，公民才有可能达成共识，才有可能实现稳定。世界各国的现代化历程表明，社会利益多元化必然导致需求多元化。各利益群体之间为各种利益的博弈需要进行相对平和的协商对话，搭建制度化的平台，

---

① 《马克思恩格斯全集》（第1卷），人民出版社1995年版，第82页。
② ［美］罗尔斯：《政治自由主义》，万俊人译，译林出版社2000年版，第134—135页。

在处理利益矛盾与冲突时需要寻求共识,以规制多元利益的结构,促使社会利益关系和谐,不断理顺社会利益关系。在多元利益结构里,如何分配和保障公民平等的自由权利,使社会实现公平正义的价值,是政治共识的基本价值理念追求。依据马克思主义理论,政治共识属于上层建筑的范畴,是意识形态的重要内容,其形成和发展不仅取决于经济基础的变化,还取决于生产力的发展状况。因此,经济水平的提高和人们生活条件的改善是增强人们对政治共同体认同的根本基础。

良好的社会结构是重要条件。社会分层与社会流动导致了社会结构的差异化,随着这种多元化趋势的发展,出现了一系列社会问题。一方面,社会结构多元化导致出现了社会排斥和公民身份的认同问题。消除社会排斥和促进公民身份平等化是多元化时代的公民诉求。因此修复共识必须首先修复社会结构,但这仅靠思想本身是不能完成的,由于共识破裂的根本原因是社会破裂,这就致使作为认知结果的共识形成有赖于社会实践经验的共识达成。另一方面,世俗化的发展使人们对权威产生了怀疑,昔日的主导价值也失去了神圣感召力。个人价值选择的多样性迫切需要一种共识来调和彼此的差异,从而为政治共识的发展提供空间。

(二) 政治共识达成的人文基础

凝聚共同体的价值公约数。价值公约数来源于"命运共同体",即只有当人们感受到自己身处一种"命运共同体"的时候,人们才能够凝聚共同的价值。每个时代都有着每个时代的主流价值,在主流价值的背后都蕴含着一个所谓的"命运共同体",正是透过这样的"命运共同体",我们能够看到散发在每个人身上的价值都有着"公约数"的影子,即每个人身上都能够看到"共同价值观"的点滴。在一个价值、利益多元的共同体中,社会存在着生产方式、生活方式与精神生活等方面的差异性。共同认可的政治价值形成需要执政党增强意识形态的凝聚力与包容性,这样才能实现对社会中各个阶层的多种价值诉求的统合。中国梦成为新的时代条件下凝聚共识、汇聚力量的最大公约数，诠释了共产党人的执政逻辑，是党和人民的利益共同体、命运共同体。

培育公民的公共理性和公民意识。"公共精神是社会成员在公共生活中对人们共同生活及其行为的准则、规范的一种主观认可，并体现于客观行动上的遵守和执行。"① 任何良性运行的政治秩序都需要培养公民的公共精神。如果一个共同体的成员大多不具备现代公民的基本精神，仍处于传统社会臣民的依附性或臣服性的精神状态，那么在该共同体中就很难培养现代公民。同样，如果一个共同体的成员大多是自私自利的公民，丛林法则的利益诉求就使得难以建构政治共识。公众与政治体系之间良性互动合作关系的形成，不仅诉求政府对公民权益的保障，而且也离不开具有公共理性与公民意识的公民。"如果公民权利得不到保障，臣民的劣根性就可能复活，种种变相的专制政治就获得了人格支持，同样，如果公民的公共责任和理性精神严重缺失，个人自由就可能演化为彻头彻尾的自私自利，现代民主制度的秩序根基就会被破坏。"② 这两种情况都会危及民众与政府体系的互动、合作与支持关系的展开，损害政治共识的现代性生长。因此，有必要把公民性作为建构现代政治共识的重要内容。

（三）政治共识达成的准则

现代社会的基本特征是规则化或制度化。规则或制度往往是稳定的、周期性的行为模式或规范体系，是一个社会的游戏规则，它为人们的活动提供行动的框架。"正式规则是人们有目的设计并由强制机关所执行的一系列法律法令、政策法规、规章条例；而非正式规则是人们在社会活动和交往中自然演化形成的，包括风俗习惯、伦理道

---

① 高振岗：《政治主体性的历时性演进及逻辑建构》，《人文杂志》2012年第5期。
② 上官酒瑞：《现代社会的政治信任逻辑》，上海世纪出版集团2012年版，第253页。

德、大众观念、持久的规范化行为、意识形态等。"① 新制度经济学一般把规则理解为制度。法律与正义是制度有效运转的两个关键要件。亚里士多德认为:"法律(和礼俗)就是某种秩序,普遍良好的秩序基于普遍遵守的法律(和礼俗)习惯。"② "如果秩序是为了保障和平,这一目的的实现,就必须依赖于法律和能够实施的机构。秩序是普遍性机构有效实施普遍性法则的产物。"③ 社会能够达到一个以法律为基础的秩序阶段,就能够被系统地组织起来并消除无政府状态。但是,仅仅建立秩序还不够,秩序必须体现人们认为是正义的东西。

法律是一个社会的公器,在一个社会中,法律是最低限度共识,道德是高层次共识。宪法是国家治理的一套权威性规则和习惯,宪法的效力最大,权威最高。任何政治共识都需要在宪政的制度框架下才能发挥其实际作用,通过宪法和法律的规定而获得社会成员的认可和遵循,并通过国家权力的强制力保障实施。"现代宪法的合法性,来自某种民主的批准的程序。"④ 借民主取得合法性的行政和立法的机构,其权力仍然要受制于借民主取得合法性的宪法。"能使公民权利变为现实的是人民的政治意愿,正是这种意愿创造了宪法并让它在现实生活中发挥作用。在任何社会中,自由都要靠人民自己去争取和守护。"⑤ "在多数国家里,这些政治制度的建立是由宪法规定的,宪法或许是国家层面上所涉及范围最广的制度形式了。很多经济和政治制度通过法律实施来支持,而法律本身就是一种最具普遍性的制度形

---

① 许和隆:《论制度的政治化》,《江海学刊》2012年第1期。
② [古希腊]亚里士多德:《政治学》,吴寿彭译,商务印书馆1996年版,第353—354页。
③ 高振岗:《政治主体性的历时性演进及逻辑建构》,《人文杂志》2012年第5期。
④ [美]弗朗西斯·福山:《政治秩序的起源:从前人类时代到法国大革命》,毛俊杰译,广西师范大学出版社2012年版,第267页。
⑤ [美]莱斯利·里普森:《政治学的重大问题》,刘晓等译,华夏出版社2001年版,第216页。

式，在许多方面只是非正式习俗和准则的正式化。"① 法律和法律制度依赖国家的实施力量保证社会成员遵守这些规则和程序。各种社会冲突能够通过共识性的程序进行解决，社会冲突可能在总量上会有所增加，但可以被保持在宪法制度的框架内，以限制暴力和革命的发生。宪法是一种理性的制度，它是社会秩序的基础。

---

① ［美］杰克·奈特：《制度与社会冲突》，周伟林译，上海人民出版社2009年版，第1页。

中国社会转型期政治共识的凝聚路径及其有效构建[*]

《布莱克维尔政治学百科全书》将"政治共识"定义为"在一定的时代，生活在一定的地理环境中的人们共有的一系列信念、价值观念和规范准则。在政治意义上，它指的是与政治体系有关的信念"[①]。政治共识是政治合法性的重要来源，是政治稳定的重要支撑。中国社会正处于经济结构深刻调整、新旧意识形态更替、社会治理模式转型的关键时期，表现出利益复杂性、价值多样性、生活多变性等社会基本特征，凝聚改革新共识已成为当前经济和社会发展的必然要求。

一 政治信仰共识的固本与纳新

政治信仰是人类信仰中极其重要的信仰形式，它是生活在特定社会历史条件下的社会群体或社会个人对理想社会模式及其政治理论坚定不移的信奉和追求。

新时期提升政治信仰的存续力，首先是传统政治资源的现代性转化。传统的现代性转换是一个发现传统、诠释传统与"生成传统"的过程，一个社会既有文化传统中的某些要素得到了传承，某些要素

---

[*] 原载《理论导刊》2014 年第 10 期。
[①] 布莱克维尔:《政治学百科全书》，中国政法大学出版社 1992 年版，第 155 页。

则遭遇了摒弃,而更重要的是,人们在新时代所进行的新的"诠释"又在很大程度上发展了传统、创生了"传统"。由此我们看到,坚守传统不等同于"抱残守缺",它是要通过"生成传统"和"创新形式"来使自己获得成功应对时代全新挑战的能力。儒家有"内圣外王""从道不从君"的观念,有道之君要为人民谋福祉,这是来自政治道德化的思维。对于体现政治文明的诸多观念,正如林毓生提出,"虽然我们传统中没有民主的观念与制度,但却有许多资源可以与民主的观念与制度'接枝',例如儒家性善的观念可以与平等观念'接枝',黄宗羲的'有法治而后有人治'的观念可以与法治的观念'接枝'"①(尽管法治的实质内容是无法从黄宗羲的思想中衍发出来的)。传统政治文化与思想是在当时特定的时空中形成的,尽管在基本内涵、目标诉求、价值主体等方面与今天存在差异,但可以通过对传统政治文化和思想的扬弃、改造、嫁接、借鉴、升华,使其达到一种更高的境界,融入今天流行的语境中,形成具有中国风格的执政话语体系,为理论自信增添新的元素和支撑,丰富为民务实清廉、以人为本的马克思主义中国化理论成果。

其次是经典马克思主义的适应性创新。经典马克思主义理论是确立现代社会政治信仰的基础。马克思主义的科学性和真理性,在于它是开放的、与时俱进的理论体系,是随着实践发展不断丰富和完善的科学体系。在中国,意识形态的连续性体现为对党的阶级性质以及社会主义基本原则的坚持,它使得中国现代化建设没有背弃经典马克思主义的要求,显示出中国道路的独特优势和魅力。意识形态的开放性体现在对人类文明成果以及西方国家之发展经验的吸收,它使中国现代化的空间得以不断拓展。中国共产党存在于非竞选性的一党执政体系之中。"这一执政模式杜绝了多种政治力量运用不同意识形态对民众进行分割的格局,也避免了为了获取政权抛弃极端支持者而采取意

---

① 林毓生:《中国传统的创造性转化》,生活·读书·新知三联书店2011年版,第323页。

识形态中间路线的弊端"。① 但它对党开发意识形态的弹性空间提出了更高的要求,即要通过意识形态的合理化完善吸引更多的民众支持,以保障革命和建设的成功。

二 凝聚价值共识,引领政治发展

新时期凝聚改革新共识,发挥中国特色社会主义的价值优势,将社会主义核心价值观融入各项改革议程之中形成制度优势,是当前政治发展的要求。

首先要用社会主义核心价值观引领社会思潮。随着社会主义市场经济的发展,社会转型和信息全球化的到来,人们的政治观念和价值信念发生了巨大的变化,社会价值观的分裂给社会秩序带来严重的冲击。但我们要以积极的开放的心态面对已经变化了的现实,调整我们原有的思维方式,要看到这种"创造性破坏"光明的一面,虽然原有的共识被打破,但社会变革的环境与实践又为新的共识塑造提供了基础。价值选择的多样化虽然是当今时代进步的标志,但不同价值倾向之间的纷争或恶性竞争有可能带来巨大的思想乃至社会混乱与动荡,人们也可能会完全迷失在象征之林中。因此,在价值的整合过程中,需要建构一套权威的或"主流的"意识形态引领社会思潮,使它们在表达的意义和价值方面能够相互支撑和强化,避免相互之间的冲突。

一定程度的价值共识是社会团结与凝聚的先决条件。亨廷顿曾指出,"一个社会的政治发展水平,在很大程度上取决于这些政治活动分子从属和认同于各种政治制度的程度"②。政治共识在维持和提高政治制度化水平方面起着重要作用,从而决定和影响着现代化过程中

---

① 刘建军:《创新与修复:政治发展的中国逻辑(1921—2011)》,中国大百科全书出版社2011年版,第127页。
② [美]塞缪尔·亨廷顿:《变革社会中的政治秩序》,王冠华译,上海人民出版社2008年版。

的政治稳定。当前的关键问题在于如何让社会矛盾和冲突变得可预期、可控制和有秩序。正如学者萧功秦提出要超越左右激进主义思潮，在社会比较稳定发展的情况下，主张理性、温和的中道主义才有可能成为社会共识的基础，他认为，"坚持中道的理性主义，克服浮躁焦虑的心态，避免思维的极端化，在渐进发展的共识中，通过不失时机的改革走向新的政治文明，是解决中国转型困境的根本出路。"①在这一过程中，秩序稳定与渐进发展是重要保障。因此，对于当下的中国而言，"所有的'主义'都应纳入治理的视野，在保持思想的张力的同时，克服各自相互攻讦表现出来的戾气或局限，为中国的持续的稳健的改革（包括政治改革）提供建设性的批评和指引。"②我们要以尊重差异、包容多样、最大限度地形成社会思想共识的新原则和新方式去引领各种社会思潮，如此才能使新阶段的社会意识形态呈现一种繁荣活跃、健康向上的新局面。

其次是政治价值的调适与政治发展相一致。意识形态和政治价值的变化，直接影响着中国政治发展的历程。改革开放以来价值共识的形成得益于30多年来中国政府政策制定和执行的连续性、稳定性和正确性，使广大民众从改革开放中获益，期望得以逐步实现。改革开放是在原有政治价值体系框架和话语体系内进行的，对政治体系有关政治目标、政治边界、政治发展这些核心理念作了某种主动的、方向性的调整，从而有效地推动了政治系统的一次自我革新。"以经济建设为中心""社会主义初级阶段理论"让市场经济在执政党意识形态中获得了正当性。在新的改革思路中，"要将公平正义作为未来改革的基本方向和价值取向"③。践行中国梦，开展党的作风建设和群众路线教育实践活动，中国的反腐之路从"运动"到"政策"再到

---

① 萧功秦：《超越左右激进主义——走出中国转型的困境》，浙江大学出版社2012年版，第4页。
② 陈明明：《中国的政治改革为何难以形成稳定的共识——对当下政治改革讨论状况的一个观察》，《江苏社会科学》2013年第2期。
③ 吴敬琏、俞可平、[美]芮效俭：《改革共识与中国未来》，中央编译出版社2013年版，第40页。

"制度",以体制机制制度为支撑的全国惩防腐败体系基本框架已经形成,正在逐步形成"干部清正、政府清廉、政治清明"的政治生态格局。

三 建设规则型主导社会,重构政治权威

规则可以分为正式规则与非正式规则,或称显规则和潜规则,两种规则的形成机制存在明显差异,正式规则的形成机制是有意的,非正式规则是无意识的。非正式规则隐藏在正式规则之下、相对于正式规则或制度体系而言,虽未明文规定,却在实际上支配着社会的运行,在实践中被相关行为主体普遍遵循。对规则的治理必须立足规则的衍生逻辑,限制规则的负面因素,制定明确和可操作的规则,降低遵守规则的难度,向规则主导型社会发展。

1. 规则分类治理,建设规则型主导社会

正式规则与非正式规则之间存在着内在的契合与张力。正式规则是非正式规则存在的前提条件,非正式规则依附于正式规则,扎根于正式规则的不完善之中。正式规则的确立,是作为稳定或者改变现行的非正式规则的一种手段,或是为了规范某些非正式规则的社会行为,通过为人们提供日常生活的规则来减少不确定性。正式规则只是形塑人们社会选择中的很小一部分,人类文化传统中逐渐形成的一些非正式约束在社会交往和经济交换中是普遍存在的,包括人们的行事准则、行为规范以及惯例,等等。尽管随着制度化的发展,正式制度的部分不断扩大,但是非正式制度永远无法避免。正式规则与非正式规则在现实生活中有时又处在矛盾冲突之中。"正式规则改变了,非正式规则却没有。这样,非正式约束与新的正式规则之间就会产生一种持续的紧张关系,因为它们在许多方面都不能保持一致。"[①] 非正

---

① [美]道格拉斯·C.诺思:《制度、制度变迁与经济绩效》,上海人民出版社2008年版,第125页。

式规则作为日常社会互动的无意识结果，在国家的正式制度的内外不断地产生和变迁。而且，不断涌现的非正式规则能够影响正式制度所产生的社会结果。"由于非正式约束已经成为人们习惯行为的一个组成部分，因而它们具有顽强的生存能力。"① 非正式规则的基础根深蒂固，还具有很强的文化传承因素。因此，尽管正式规则的"一揽子"变迁是很有可能发生的，但与此同时，许多非正式约束仍然保持着强劲的生存韧性，因为它们仍然在解决着参与者之间的基本交换——不论是社会的、政治的，还是经济的。当正式规则的剧烈变化导致了其与现存非正式约束不相融合时，二者之间无法缓解的紧张将带来政治的长期不稳定。当非正式规则成为人们日常生活的行动指南时，实际上就使正式规则无法彻底落实，而被虚置。从正向价值取向来看，良性的非正式规则有助于正式规则发挥作用，并弥补正式规则的不足，纠正正式规则的缺陷。从负面因素来看，规则制度的缺位和失效是非正式规则或称潜规则盛行的根本原因，由于潜规则大多是随机和任意产生的，没有可靠的责任追究机制，可能具有社会破坏性。潜规则可以消解和破坏正式规则的权威性和公信力，弱化国家的制度执行力，导致腐败高发与政府诚信危机，损害党和政府的形象，威胁党的执政基础，滋生社会不稳定因素。

  规则的最一般形态是制度和法律系统，制度和法律系统依赖国家的强制力量保证社会成员遵守规则和程序。规则要体现文化价值，人们需要有道德基石的政治制度。政治规则在政治生活中，划分着"正义"与"非正义""道德"与"非道德"、"可行"与"不可行"的明确边界。

  当前非正式规则治理应以社会主义核心价值观为标准，以正面价值取向为引导，让非正式规则强化正式规则，使非正式规则转化为对社会发展有益的补充，消除非正式规则负面价值的生存土壤。非正式

---

① [美]道格拉斯·C.诺思：《制度、制度变迁与经济绩效》，上海人民出版社2008年版，第114页。

规则的有效性取决于社会行为人在多大程度上相信遵守这些规则是符合他们自身利益的，在许多情况下，行为人的自身利益驱使他们直接违反规则，或者试图去改变规则。假若这种情况成为普遍现象，正式制度的稳定性就会受到威胁。因此，必须强化正式规则的刚性约束，尽量压缩潜规则的适用空间和支配范围，加大潜规则运行的成本，使潜规则失去市场，使已经确立的规章制度有效运转起来，营造遵守规则意识的社会氛围，使遵守规则者得到保护和激励，用制度和法律的权威来营造良好的政治生态，如此才能不断提升国家的治理水平。

2. 重构政治权威，提高国家治理的有效性

"处于现代化之中的政治体系，其稳定取决于其政党的力量，而政党强大与否又要视其制度化群众支持的情况，其力量正好反映了这种支持的规模和制度化的程度。"[①] 政治权威包括执政党和政府权威两个方面，政治权威的强度取决于其内聚力和外控力。在中国这样一个大国搞建设，没有一个总揽全局、协调各方、承载和发挥协调权的政党，就不能形成统一意志、不可能凝聚各方力量，不可能保持安全稳定的社会政治秩序。中国共产党通过组织体系、人才队伍和政策供给，将整个社会整合为一个有机整体，有效地保证了中国社会的变革与发展。邓小平曾指出："中央要有权威。改革要成功，就必须有领导有秩序地进行。没有这一条，就是乱哄哄，各行其是，怎么行呢？"[②] 经济和社会的现代化会带来新的价值观，破坏传统的权威模式，并对新权威和新制度提出现实的要求。中国政治发展经历了从依靠一人或数人的权威和判断治理的国家体制，到依靠法治规则治理的政治体制的逐步转变，有效地实现了政治权威的更新机制，保障了持续稳定的发展。

政府权威包括政府权力的有效性和对下级政府和官员的控制和约束能力。政府治理需要改变传统"威权主义"的治理理念，树立起

[①] [美]塞缪尔·亨廷顿：《变革社会中的政治秩序》，王冠华译，上海人民出版社2008年版，第341页。

[②]《邓小平文选》（第3卷），人民出版社1993年版，第277页。

"透明、有限、法治、高效"新理念，包括政府职能转变、依法治国和广泛的民主参与。政府体制改革应强化政府的能力，纵向上强调中央对下属机构的控制，横向上注重促进部门和机构间的团结协作，提升政府整体效能。一个缺乏权威的弱政府是不能履行其职能的，"创建政治制度的能力就是创建公共利益的能力"①。但是政府权威的强化必须以权力接受监督和制约为条件和前提。在这个前提下，有很大的空间来设定不同类型的问责机制。问责机制包括国家机构及国家官员所担负的政治责任和法律责任，它既是一种规范机制，又是一种纠错机制。对下级政府和官员的控制和约束，要以削减行政审批作为改革抓手，破除"权力部门化、部门利益化、利益集团化"的现状，因为腐败的政治根源在于国家权力的高度集中而又缺乏有效监督制约，"经验表明，权力色彩的强弱与权力机会主义概率的高低之间经常是正相关的：权力色彩越强，标志着由公共机构所控制的权力资源的支配性就越大，其所掌握的租金就越多，此于公共机构与权力主体而言，设租—寻租的诱惑都相对较大"②。目前由于外部监督和选举问责制度的缺失，现有的权力监督主要是一种自我监督，并且由于权力内部监督体系与被监督体系的结构性问题，使得监督效果大打折扣。因此，加强腐败治理和廉政建设，需要中央政府的整体性方略，需要从多层面多方面对权力的配置进行科学的调适，提高制度执行的权威性和有效性。

---

① ［美］塞缪尔·亨廷顿：《变革社会中的政治秩序》，王冠华译，上海人民出版社2008年版，第19页。
② 罗豪才、宋功德：《软法亦法：公共治理呼唤软法之治》，法律出版社2009年版，第171页。

践行群众路线和参与式民主的耦合协调发展探讨

群众路线是我们党的优良传统和根本工作路线,践行群众路线、促进公民参与是社会主义民主政治发展的重要内容,也是实现政府有效治理、维护社会稳定的重要保证。群众工作是党与群众之间相互联系的桥梁,也是党的领导、政府管理和群众参与之间的衔接,是党的执政能力重要体现。"参与式是微型民主的本质,或者说,它为上层结构即民主政体,提供了关键的基础结构。"[①] 由于地方性事务和公民的利益紧密相关,极易激发公民的参与热情,在参与的实践中,人民在政治上变得成熟起来,培养了自己的参与能力。公民参与是一个渐进成长的过程,有赖于党和政府的组织和动员,同时党的建设与国家建设的有机互动创造了公民参与空间。新形势下对群众路线和参与式民主通过创造性转换实现耦合协调发展,构建群众诉求的回应性机制和群众参与的制度化渠道,有利于丰富群众路线的内涵和拓展群众参与的广度和深度,促进政治有序健康发展。

一 践行群众路线新思路

长期以来,我们党的先锋队的理论和政治过程中的"自上而

---

① [美]萨托利:《民主新论》,冯克利、阎克文译,东方出版社1998年版,第146页。

下",群众路线主要作为一种工作方法,强调领导者和领导机构主动到群众中寻求意见,要求党员干部下基层,与老百姓打成一片,解决群众生产生活中的困难。群众工作的出发点也是争取群众对党和政府工作的支持和配合的基础上开展的。在这种情况下,群众观点、群众路线落实与否、落实的程度、落实的效果都取决于领导人的意愿、素质和作风,不太重视让群众主动地要求或维护自身的权益。有些甚至把走群众路线看作送温暖活动,展示领导"亲民"行为个人秀,其实是华而不实,热热闹闹走过场。随着社会主义市场经济的深入发展,中国社会结构与利益格局深刻调整,社会分层结构发生重大变化,教育的普及和市场经济的契约精神塑造了公民个体权利意识,并且逐步培育了独立自主的人格,伴随着人们对自身权利和利益的诉求,公民参与以不同的形态和方式呈现出来。在这种新的形势下党所处的历史方位发生了深刻变化,党的群众工作也处于世情、国情、党情的新的历史起点上。同时,信息全球化与网络多媒体的广泛应用也为舆情的表达提供了新的条件。这一系列的变化都要求践行群众需要新思路。

社会主义市场经济带来的深刻社会变化,要求践行群众路线在理念上要有新发展,在层次上要有新要求,在方法上要有新途径。必须转变以往"替民做主"或"代表人民当家作主"理念与角色,积极推动向"组织和支持人民当家作主"转变,在实际工作中树立"以人为本""服务群众"的理念,保证人民群众当家作主,努力实现党与人民群众的交互联动。在社会层面应积极培养公民个体的积极性与正能量,努力克服群众工作"自上而下"有余而"自下而上"不足的缺陷。"实现群众的愿望,满足群众的需要,维护群众的利益,是一个动态的不断发展的过程。我们要细心体察群众愿望和利益要求的变化,使我们的政策措施更全面、更准确地反映群众利益,使我们的工作更好地体现群众的利益。"[①] 开展以为民务实清廉为主

[①] 《十六大以来重要文献选编》(上),中央文献出版社 2005 年版,第 404—405 页。

要内容的党的群众路线教育实践活动，着力解决人民群众反映强烈的突出问题，提高做好新形势下群众工作的能力，是目前践行群众路线的新要求。提升群众路线的层次，要努力做到问政于民、问需于民、问计于民，通过公民主动参与、对话协商、自治组织等多种途径和方式，弥补领导者、领导机构单向度走群众路线的不足。善做群众工作是党的看家本领，但随着现代社会的发展，要善于通过一些中介组织、社团组织等开展群众工作，拓宽社情民意表达渠道，推行领导干部接待群众制度，健全社情民意分析机制，加强群众心理研究，运用现代信息传媒，通过多种途径和方式，密切联系群众。

二　践行群众路线和参与式民主的契合

　　践行群众路线和参与式民主具有辩证统一关系。群众路线是以人民群众为中心，尊重人民的主体地位，尊重人民的首创精神，群众路线强调尊重群众，听取群众意见，依靠群众力量。"我们的改革和建设，只有得到人民群众的理解、支持和参与，充分发挥人民群众的积极性和创造性，才能顺利推进；党的领导地位，只有赢得人民群众的信赖和拥护，才能巩固和加强。"[①]"一切为了群众，一切依靠群众"，是群众路线的核心内容，它与民主政治的民有民治民享的本质是一致的。民主集中制是中国发展民主政治的根本制度和核心制度，是指"民主基础上的集中"和"集中指导下的民主"的过程，这与群众路线的"从群众中来""到群众中去"的运行轨迹基本一致。因此，群众路线体现了民主精神，实质上也可以称为民主政治路线。王绍光指出，"群众路线的决策模式调转了参与的方向，要求决策者主动、持续地深入群众。公众参与模式强调参与是民众的权利，而群众路线模式则强调与民众打成一片是干部的责任。虽然这两个模式的着眼点不

---

① 江泽民：《论党的建设》，中央文献出版社2001年版，第226页。

同，一个督促决策者走出去，另一个要把民众请进来，但在听取民意、吸取民智方面，它们可能有异曲同工之妙"①。它们是珠联璧合、相得益彰的。

群众路线隐含着先锋队（领导）与群众二维结构分法，群众路线是领导者向下深入基层的活动，"从群众中来，到群众中去"，就是领导者听取群众的呼声、意见和要求，对分散的信息进行综合分析，作出决策，并为了将决策贯穿下去，宣传群众，发动群众。这其中"来、化、去"三个环节，都是以领导者为主体和主导地位，群众则处于被动员和组织的状态。这是群众路线与民主政治的运行机理不同之处。如果领导者领导水平和决策能力比较强，又比较能够听取群众意见，贯彻执行民主集中制，群众路线就能贯彻得好。如果上述三个环节中任何一个环节出现问题，群众路线的贯彻就会受到损害。过去走群众路线，一方面是领导干部通过群众路线的方式，发动、教育广大的人民群众从事革命斗争和社会主义建设；另一方面，党领导群众实现利益，帮助群众解决生产生活中的实际问题。但现在随着教育的普及，人民物质生活的富足，群众的诉求不仅是生计问题，还有享受民主政治生活的权利。民主政治则是党领导下由人民当家作主，实质上也是党贯彻群众路线的过程。在民主政治下，人民或者通过直接或间接的形式，行使管理国家、管理社会，管理基层事务的权力。因此，当前践行群众路线须把重点转到民主上来，推进民主政治发展，落实"民主选举、民主决策、民主管理、民主监督"，保障人民的"知情权、参与权、表达权、监督权"。用民主政治的价值和规范来提升群众路线，不仅要讲"为民务实清廉"的主要内容，而且更要讲如何发展中国特色社会主义民主政治，才能把群众路线提高到新的水准。

---

① 王绍光：《不应淡忘的公共决策参与模式：群众路线》，《民主与科学》2010 年第 1 期。

三　参与式民主是中国走向善治的重要途径

1970年卡罗尔·佩特曼发表《参与和民主理论》标志着参与式民主理论的正式形成，参与式民主理论主张通过公民对公共事务的共同讨论、共同协商、共同行动解决共同体的公共问题。公共治理水平的高低，很大程度上取决于公民对自身主体的认识程度，取决于公民参与社会治理和自我管理的程度，反映着社会成员自由、自主、自决、自律的水平。"没有从心理、思想和行动方式上实现由传统人到现代人的转变，真正顺应和推动现代化经济制度与政治管理的健全发展，那么，这个国家的现代化只是徒有虚名。"① 因此，要塑造积极理性的公民精神，培养公民主动参与社会公共事务，分担治理责任的现代意识。参与式民主主张通过广泛深入的公民参与，以此带来政府的全新转型，这不仅有利于深化了民主，而且能够在政府与公民之间搭建起了桥梁，在政府、公民个人和志愿团体之间建立起伙伴关系，使各利益相关者能够参与决策和协作治理。在当前公共治理中，充分发挥公民参与社会治理，不仅可以降低社会治理成本，提高社会治理效率，还可以提高社会治理质量。

现代社会建设基本包含两个目标，一是不断提高政府的社会管理能力和成效；二是加快社会的自我发育，增强社会自我管理的能力，扩大社会自我管理的范围。增强制度的活力就要从转变、提高政府社会管理能力和增强社会自我管理能力两方面着手。在社会规制和公共服务方面，需转变政府治理理念，优化公共治理结构，构建多元化的公共治理网络体系，提高治理的水平与成效。在提升社会自我管理和自我服务方面，政府应有所作为，"一是政府推动了有力的改革政策，这些政策有目的地大幅度减少了国家

---

① ［美］英格尔斯：《人的现代化》，殷陆君编译，四川人民出版社1985年版，第21页。

干预社会的范围;二是政府自觉谋求治理方式的变革,有意识地推动和引导社会自治的发展"①。中国社会自治发展的经验显示,有些类型的社会自治(如社区居委会自治、行业组织的发展)可能主要是政府授意而促成的;有些类型的社会自治(如村民自治)则是基层实践后政府认可并开始推广的;还有一些类型的社会自治(如民间组织的发展)则主要是民间力量发起而政府认可的。因此可以说,中国的社会自治在很大程度上应当归功于政府主导和推动,更多地体现了政府以社会"自我管理"来弥补自身管理之不足的意图。

与西方国家相比,中国社会组织发育尚处于初期阶段,社会组织化程度相对较低,尚不存在一个自主性的社会自治体系,无序分散的个体无法实现与政府的良性互动和动态平衡,这既加大了国家的社会治理难度,又增加了国家的社会治理成本。非政府组织具有民间性、非营利性、参与性、民主性等特点,党通过为非政府组织的发展搭建平台,加强监督规范,不断扩大群众工作的覆盖面,提高群众工作的效率,进而形成党与群众的良性互动格局。美国学者戴维·布雷在《社区建设:中国城市治理的新战略》指出,中国城市的"社区建设"提供了一套混合型的社区治理战略。"它把一些相当直接的政府干预形式与完善的志愿者服务体系以及确保社区作为提高道德水平的媒介的效力结合在一起。"② 如果"社区建设"取得成功,即使是部分成功,那么它将大大减少政府的未来成本。中国共产党是积极推进社区自治发展的核心力量,在党和政府的积极引导和规范下,公民通过自主处理涉及自身切身利益的公共事务,有利于提高公共治理的水平和成效,增强社会自我管理和自我服务的能力。

---

① 俞可平:《中国治理评论》(第1辑),中央编译出版社2012年版,第88—89页。
② 吕增奎:《民主的长征:海外学者论中国政治发展》,中央编译出版社2012年版,第275页。

四 群众路线和参与式民主的交互联动

中国的治理体系是"一个中心、多元治理"的治理格局,是党的领导与国家治理、社会自治和群众参与的有机结合。践行群众路线,坚持把人民利益放在第一位,在现有的政治体系和民主政治形态下,党和政府在了解民情民意的基础上,制定科学的公共政策,将分散的社会力量有序地纳入国家治理结构,以保障社会可持续稳定的发展。民主是群众路线不断发展的内生动力,党和政府是公民参与倡导者和发动者,负有启动、培养和规范公民参与的责任,践行群众路线就要以积极开放的心态促进公民介入公共事务,提高公民自主管理的能力。列宁指出,"一个国家的力量在于群众的觉悟。只有当群众知道一切,能判断一切,并自觉地从事一切的时候,国家才有力量"①。公民参与不仅是体现政治权利和要求,更是公民实现自身社会责任的一种直接行为。参与式民主主张通过参与增进政府和公民相互了解和信任,促进政治团结和提高共同体意识,促进公民精神和公共理性的成长。在今天的公共治理过程中,公民参与的空间在不断加大,公民从关注个体自我利益逐步转向关注共同体的公共利益拓展。"公民精神的培育,不能简单地从道德的要求出发,而要从权利和责任意识出发,敢于在具有价值优先性的个体权利面前强调公共利益的价值与意义,并努力把个体利益与公共利益统一起来。"② 只有具有公民精神才能创造有机的公共生活,才能保障民主的运行有稳定的社会基础和精神力量。党的群众路线通过自上而下组织和支持人民行使当家作主的权力,参与式民主主张通过自下而上的参与实践,新形势下对群众路线和参与式民主的耦合与创造性转换,有利于促进二者的协调发展,推动社会治理秩序的优化,丰富群众路线的内涵和拓展公民参与

---

① 《列宁选集》第3卷,人民出版社2012年版,第347页。
② 林尚立:《建构民主——中国的理论、战略与议程》,复旦大学出版社2012年版,第47页。

的广度和深度。

加强制度建设，构筑群众路线和参与式民主耦合发展的长效机制，形成交互联动的良性发展态势。中国的善治之路是在中国共产党的领导下，构建社会和谐、合作共治，实现政府有效治理和社会自治的良性互动生态治理之路。共产党要做到执政为民，除了坚持和弘扬全心全意为人民服务的宗旨，还必须在制度上坚持和完善人民民主。党和政府通过还权、转权、赋权等方式，使人民群众积极主动地参与到党和国家的政治生活中，行使管理国家和社会事务的权利。"群众工作是贯穿党和国家工作各领域各方面的经常性工作，采取临时抱佛脚、三天打鱼两天晒网的态度是做不好的，必须建立健全制度、认真执行制度，提高规范化、制度化水平。"[1] 践行群众路线能够使激活现有的制度，使闲置的、沉睡的体制在实践中运转起来，促进"来、化、去"三个环节循环良性发展，使党领导人民当家作主从文本走向丰富的社会实践，形成群众路线的制度化和制度的有效化的有机结合。

---

[1] 《十七大以来重要文献选编》（中），中央文献出版社2011年版，第1014—1015页。

善治政府：政府权力清单制度创制与权力运行优化

人民幸福是善治政府的根本标志，也是当代政府治理的目标取向。构建现代政府职责体系和组织体系是转变政府职能的重要途径，权力清单制度契合政府治理这一发展的趋势。权力清单厘清了政府与市场、社会的边界，推动改革从政策推动向法治引领转变。在功能性维度上，权力清单将行政权力行使的主体、对象和行政能力进行划分，有助于政府职能的合理定位；在结构性维度上，权力清单规范和明确权力运行的程序、环节、责任，有利于进一步厘清政府层级之间、部门之间的职责关系；在价值的向度上，从公众需求入手对政府现有的各项权力进行梳理，公开行政权力运行流程，提升了公众的参与度和改革的"获得感"；在工具技术层面，权力清单使行政权力成为监督制约行政权力、推动政府改革的利器。完善和优化政府职责体系，需要强身"责任清单"，提高权力清单制度的标准化与精细化，增强改革的系统性与协同性，提升权力清单制度的执行力，实现人民政府为人民谋福的理念要求。善治程度与管理的有效性呈正向相关性，推进党和国家机构职能优化协同高效运行，善治政府才有可能建成。

地方政府权力清单制度的实施现状及改进空间[*]

现代政府需要构建一个科学有效的权责体系，权力清单制度契合这一行政改革的趋势。权力清单有利于厘清政府与市场、政府与社会的边界，推动行政改革从政策推动向法治引领转变。在功能性维度上，权力清单将行政权力行使的主体、对象和行政能力进行划分，有助于合理定位政府职能；在结构性维度上，权力清单规范和明示权力运行的程序、环节和责任，有助于明晰政府职责；在价值性维度上，权力清单坚持公开便民原则，以公众需求为导向对现有政府职权进行清理，有助于提升公众的改革获得感；在技术性维度上，权力清单以减权限权为抓手，通过权力"瘦身"和责任"强身"，使监督制约行政权力有了制度保障，有助于廉洁政府和责任政府的实现。

一 地方政府权力清单制度的实施特点

权力清单制度的建立和发展经历了制度创新与扩散的演变过程。按照国家统一部署，省级政府2015年年底前、市县两级政府2016年年底前要基本完成政府工作部门、依法承担行政职能的事业单位权力清单的公布工作。一些制度先行的省份如浙江、安徽等，已经部署完成，现处于深化改革阶段。湖北、河南等省及时跟进，目前处在逐级

---

[*] 原载《中州学刊》2016年第7期。

推进阶段。

（一）从局部尝试到全面铺开

经由河北省邯郸市的初创尝试，发展到江苏省睢宁县、河北省成安县、四川省成都市武侯区开展的"县委权力公开透明运行"试点探索，再到北京市西城区、杭州市富阳区、成都市等地的自主改革，权力清单制度经历了从局部试点到制度创新与扩散阶段。2015年3月，中共中央办公厅、国务院办公厅发布的《关于推行地方各级政府工作部门权力清单制度的指导意见》，明确提出了推行地方各级政府部门权力清单制度的要求，权力清单制度由此上升为国家意志在全国铺开。在各地权力清单制度的探索中，出现了两种具有典型代表性的类型：以浙江省为代表的"权力清单与责任清单分列"类型和以安徽省为代表的"权力清单与责任清单合一"类型。以浙江省为代表的"两单分立"类型侧重以职定权，其优点在于从政府的职能入手来界定权力，列明了地方政府权力清单制度的实施现状及改进空间规划、政策、标准的制定实施流程，明确了事中事后监管职责，同时也涵盖了公共服务和政府内部管理等事项。以安徽省为代表的"两单合一"类型侧重以责定权，其特点是从追责的角度来界定权力，每一项行政权力都有对应的责任事项，明示了行政机关及工作人员应承担的相应责任，并针对每一项职权进行廉政风险评估，细化行政职权的风险点数和风险等级；优点在于明确了每一项职权的实施主体和依据，细化了每一个环节的责任事项和追责情形，实现了权力与责任一一对应、深度融合。

（二）横向拓展与纵向延伸

从权力清单的横向覆盖范围上看，中央规定权力清单适用于县级以上地方政府及其工作部门、垂直管理部门设在地方的具有行政职权的机构以及依法承担行政职能的事业单位等。然而在实践中，有的地方列入党群工作机构序列但依法承担行政职能的部门或单位，甚至乡镇政府（街道办事处）和依法授权的社会组织，都列入了权力清单范围。比如，浙江省公布了42个部门的权力清单，安徽省公布了55个部门的权力清单，江苏省公布了51个部门的权力清单，最大差数达13个。另外，各省职权部门名称不尽统一，对部门职权的性质认定也不尽相同。例如，安徽省将省地方志编纂委员会办公室列入权力清单，而江苏和浙江两省则未列入。① 在权力清单的纵向层级延伸上，浙江、安徽、重庆等省市将权力清单推行到了省、市、县、乡、村五个层级。上海市浦东新区在清单覆盖区级部门和区属开发区管委会的基础上，进一步将清单覆盖范围拓展至街道、镇以及法律法规授权的具有管理公共事务职能的社会组织。这说明国家政策的方向性、原则性规定为地方政府的制度创新留下了弹性空间，使其能够创造性地执行中央的政策，做到原则性与灵活性相统一。

（三）运行模式与细分标准

目前权力清单主要有"三单一网""四单一网"和"五单一网"等不同的模式。如浙江省实施"四张清单一张网"，即政府权力清单、责任清单、企业投资负面清单、省级部门专项资金管理清单和政务服务网。江苏省实施"五单一网"，即省政府各部门责任清单、政府行政权力清单、行政审批事项目录清单、政府部门专项资金管理清单、行政事业性收费目录清单和政务服务网。从行政权力的分类标准看，各地并不统一。上海市将行政权力分为18类，浙江省将行政权力分为9类，安徽省将行政权力分为10类。而且同一省份内部行政权力的分类也有差别，如河南省政府将行政权力分为8个类别，而该省的信阳市政府则将行政权力分为12个类别。从梳理出的行政职权数量方面看，各地差异也较大。还以河南省为例，焦作市梳理出行政职权5100余项，三门峡市梳理行政职权4041项，新乡市梳理行政职

---

① 罗亚苍：《权力清单制度的理论与实践——张力、本质、局限及其克服》，《中国行政管理》2015年第6期。

权 5429 项，而安阳市梳理出的行政职权为 2484 项。① 各地方政府在行政权力的清理上存在不比质量比数量的倾向。行政权力的分类和梳理的差异性，一定程度上说明了权力清单细分缺乏规范的标准，没有形成科学合理的制度分类体系。

二 地方政府权力清单制度实施中存在的问题

地方政府推行权力清单制度在促进依法行政、转变政府职能、规范和制约行政权力、提高行政效率、优化发展环境等方面起到了积极的推动作用，但是也存在一些不容忽视的问题。

（一）制度规范性不足

按照宪法和地方政府组织法规定，各级政府及其工作部门的权力是基本一致的，为什么各地政府的行政职权分类及清单事项数字有差异？原因是多方面的。一是"各级政府制定的权力清单之所以数目不一、五花八门，是因为不同的政府在规范权力类型层面有不同的标准，所以各地出现较大差异也在所难免"②。现有权力清单制度的制定虽是以部门"三定"方案为基础，但存在如何列、什么样的权力进清单的困惑，且因行政权力的口径不统一，缺少统一的规范操作和评价标准，导致权力清单的分类标准、数量等差别甚大。二是实践中对非行政许可审批的界定缺乏统一标准。同一事项在不同的地方或部门，有的被界定为非行政审批事项予以取消，有的被界定为日常管理事项予以保留。三是"其他行政权力"的不确定性。在行政职权的分类中有一种权力类型即"其他权力"。之所以存在"其他行政权力"，是因为行政职权的分类是通过列举的方式呈现的，但列举的方式永远不可能穷尽分类，而且有的权力处于分类的模糊地带，只能纳

---

① 数据来源于河南省编办两单编制经验交流材料。
② 石亚军：《当前推进政府职能根本转变亟须解决的若干深层问题》，《中国行政管理》2015 年第 6 期。

入其他行政权力这一类。在各地权力清单中,其他行政权力占有相当的比例。在制定清单时,各地对这项权力的处理采取了不同的方式。例如,可能采取变通的形式,保留了隐形的权力事项,扩大了行政自由裁量权。

(二)法律法规改革跟进滞后

一些法律法规已经不符合当前和今后的经济社会发展需要。如《中国(上海)自由贸易试验区条例(草案)》《社会团体登记管理条例》中的一些内容与中共中央、国务院《关于地方政府职能转变和机构改革的意见》有冲突。当前,大部分行政审批事项是由国家法律、行政法规和国务院部门规章所设定和规定的,取消和下放审批事项的前提是梳理和修订相关法律法规和政府规章。因此,上位法如果不及时调整,将影响地方政府权力清单制度改革的进一步深化。以河南省为例,该省现保留的369项省级行政审批项目,基本都具有法律法规依据,属于中央指定地方实施的审批项目358项,占97%。这些审批项目地方无权直接取消或下放,简政放权工作的推进已经遇到法律法规"天花板"的限制。

(三)制度体系间"信息孤岛"问题突出

目前,国家各部委与省级之间的数据无法完全对接,各级政府的政务服务网数据也无法实现完全对接。涉及多部门、多环节审批的事项,"由于部门间信息还没有完全共享,造成重复提交、重复审查申请材料的状况"[①]。以河南省为例,省会以外群众需要省级层面办理的事项并不能在当地通过政府网来完成,还必须到设在省里的服务大厅或省级政府职能部门才能办理。各市县层面的政务服务网也多是各自为政,存在严重的"信息孤岛"现象。此外,垂直管理部门也缺少集中推送平台,相关资源未得以统一整合。企业想要了解相关的政

---

① 魏礼群:《中国行政体制改革报告》,社会科学文献出版社2016年版,第64页。

策信息,需要花费很多时间逐个到相关部门来咨询。比如,企业想要了解注册登记、税收等方面的信息,首先要登入工商行政管理局网去了解工商政策信息,然后去国家税务局网了解国税政策,还要去地方税务局网了解地税信息等,不能通过一个政府信息网来完成。

(四)关键事权下放不充分

权力清单制度是政府的一次自我革命,权力清单的编制者和实施者为同一主体,这样的自我改革往往导致动力不足,存在不彻底性和妥协性。有的地方政府通过打包处理、选择性放权、明放暗不放、"重复公布国务院已经取消的行政审批项目和改革政策"[①] 等变相做法,对简政放权玩数字游戏,貌似改革力度不小,实际动作则不大。在清单梳理的过程中,一些部门由于自身利益问题,反复出现权责不一致的情况。在梳理权力清单时,只想让自己的部门利益最大化,该放的、不该放的都不想放,该抓的、不该抓的都想抓。然而,在梳理责任清单时,却又怕担责任,会划掉一些已经反复商定好的权力。一些部门以国务院对应部门仍在行使为由,对上级要求简政放权的意见加以抵制,该下放的事项"不舍得"下放,而这些事项往往与资金项目有关,因为涉及部门和地方的切身利益,不去主动进行清理。一些部门下放的多是"含金量少"、非基层所需、发生频率不高、责大于权的"闲置"事权,而基层发展所亟须的事权却因部门利益而没有真正得到下放。

(五)放管有脱节,部门协同难

清理行政审批事项主要是取消和下放,对于很多目前暂时还不能取消的行政审批事项,多以下放管理层级作为改革的手段,基层政府承接上级政府下放的权力后,由于所需的相关资源配置权、专项性资

---

① 张定安:《全面推进地方政府简政放权和行政审批制度改革的对策建议》,《中国行政管理》2014 年第 8 期。

金调控权等下放不到位，导致与相关事权要求的人事权和财权跟不上，特别是事中事后监管跟不上，出现了监管盲点。在实践中存在垂直部门与地方政府简政放权不同步，事权下放点上的突破反而受到面上的制约。例如，在建设审批领域，相关部门仅将紧密相关的审批链条中的一项事权下放，造成并联审批链条断裂，使行政相对人本来能在一级办理的事项，需要跑两级，导致审批效率降低。又如，尽管一些审批事项下放了，但有些审批需要评估，基层却没有这方面的机构，申请人又要到省里找中介，反而增加了工作量，延长了时间。

（六）清单编制随着部门层级的降低逐步简化

为推进权力清单编制，各省级政府基本遵循了"三上三下"（部门上报、一审反馈，部门再报、二审反馈，部门三报、进行三审）的程序要求，组建了清单工作编制小组。而到了市县层面变成了各单位参照上级部门和相似单位已公布的"两单"开展本单位的清单编制工作，法制办审核后汇总到编办，对于权力清单编制的流程环节做了简化处理，甚至一些行政机关的工作人员对自己本部门的权责清单都不清楚。随着地方部门层级的逐步降低，权力清单编制可能会陷入运动化、形式化的困局。[①]

（七）机械式执行和执行力度逐级递减

在权力清单的制定过程中，中央与省级政府强调下放审批权，市县政府则侧重承接上级下放的审批权限，但却容易忽视相应的监管职责，"政策照搬"的同质性复制使得制度执行表层化、机械化。

各地方、各部门按照自己的认识来"理解"和"执行"，经过层层过滤，容易导致制度走形、扭曲，尤其是延伸到县级政府层面时。一些部门及其工作人员的形式主义、敷衍塞责、消极应付心理的存在，导致一些地方政府部门出现权力清单编得很好看，但却存在实用

---

① 魏礼群：《中国行政体制改革报告》，社会科学文献出版社2016年版，第180页。

性不足、可操作性不强的问题。此外，随着简政放权的大力推进，很多行政职权事项下放到基层政府承担，基层政府及其工作部门的工作职责大幅增加，涉及的法律法规数量也越来越多，在一些领域出现了权力下放后无人能接盘的尴尬局面。

三 地方政府权力清单制度的改进空间

权力清单制度实施的成效取决于各种要素的有机组合和有效匹配，为避免改革的碎片化和单兵推进，要增强改革的整体性、联动性，推动综合配套改革跟进，实现理念更新、制度完善和机制优化。

（一）提升权力清单构建的法治思维

一是先修法再调整行政职权。行政权力事项的设立依据，主要来自相关组织法、行政许可法、行政处罚法等法律法规，对虽有法定依据但不符合全面深化改革要求和经济社会发展需要的，下位法与上位法有矛盾冲突的行政事项，应及时提出取消或调整的建议。二是加强立法。对需要建立法律规范、强化监管而当前有所缺失的领域，尽快启动立法程序进行法律法规的补充和完善。三是依法动态调整。根据法律规章和部门职责的调整变化、机构的撤并等情况，做好职权取消、转移、下放、整合、严管等方面的工作，对权力清单和责任清单进行动态调整更新，不能因为阶段性工作的结束而解散临时编制小组，留下工作的空白、漏洞。四是规范兜底条款。应明确兜底条款内容的归属，并确定兜底事项的责任主体，确保职责无缺位，维护权力清单的规范性和权威性。

（二）创新权力清单编制理念、公开形式及载体

坚持公开便民高效原则，以公众的需求和诉求为导向编制清单，开门搞改革，从政府部门"端菜"转变为人民群众"点菜"，把与群众生活密切相关的职权事项放在优先位置。强化事前服务，有效解

决材料报送难问题。强化综合服务,提升政府服务效率和形象。强化反馈跟踪,开展满意度调查和回访。跨部门服务的事项进一步明确行政协同责任,对保留的事项要减少办事环节、简化办事手续、压缩办事时间、再造行政流程。要创新公开形式及载体。在公开形式上,可以借鉴上海市浦东新区权力清单网上公开的六大模块,用浅显易懂的语言和形式表现出来。例如,可以采用"我想申报有关证照和批文""我想反映违法行为和情况""我想申请政府救济和奖励"一类的语言表现形式,确保老百姓"看得懂"。又如,还可以探索建立包括按领域、按单位、按关键词等多样化的搜索方式,使操作简便易行。

(三) 做好权力清单的配套衔接,强化"责任清单"

加强省市县三级权力清单的配套衔接,形成统一规范、上下衔接的省市县三级行政权力体系,使"地方各级政府的权力清单都要体现与上位政府和下位政府职能权限的区分度"[①]。省级政府的重点在于对中央下放权力的承接。市县级政府行政审批方面"做减法"的空间并不大,应着眼于"做乘法",优化行政权力运行流程,推进"整体性"政府建设。[②] 部门职责一部分表现为权力,更多的则表现为服务。从强化责任的角度看,权力清单所列的只是一些对公民、法人权利义务直接产生影响的行政行为,对部门必须承担哪些责任、做哪些事情等,还不全面。那些与老百姓直接或间接相关的法定事项,包括宏观规划、标准的制定等,权力清单都没有办法体现,但这些其实都是部门的重要职责。因此,应结合部门职责和工作实际,推进责任清单"强身"。

[①] 石亚军:《排除市场壁垒须推倒"五门"建构五位一体制度体系》,《中国行政管理》2014年第10期。

[②] 陈奇星:《转变政府职能与服务型政府建设》,上海人民出版社2015年版,第93页。

(四) 推进权力清单的标准化

关于权力清单的制定标准,目前全国各地不统一,但在同一个省内应该做到统一。以河南省为例,省政府及其工作部门的权力清单是"三单一网",而郑州市政府的权力清单是"五单一网"。省级政府和市级政府在行政职权的分类方式上还存在差异,这些都需要进一步调整,以便将来在省市县"一张网"上实现有机对接和规范化操作。推进权力责任要素、流程、裁量准则等方面的标准化,通过标准化管理的刚性效应,约束行政自由裁量权,用信息技术固化流程,解决制度在执行环节变形走样的弊端,给行政相对人较为明确的预期,减少人为因素干扰。①

(五) 扩大权力清单制度的开放性

建立专家咨询机制和借助第三方智库的方式,对清权、配权、调权等全过程提供评估意见。例如,上海市浦东新区政府在权力清单出台前,进行了模拟风险评估,邀请企业界人士、公众和专家学者评议,而且抽调法官、检察官参与,委托法律事务所参照"北大法宝"逐条审核,确保信息的权威性。建设智慧政务运行平台。"加快实现已建、在建信息系统的互联互通和信息交换共享,避免信息孤岛化,为涉及不同部门的行政审批项目提供数据来源和平台基础,推动实现信息互享、结果互认。"② 将行政权力事项及其运行流程导入一体化的政务服务网,以便动态跟踪行政权力运行的轨迹,实现行政权力在阳光下运行。加强对政务数据资源的关联分析和融合利用,为政府科学决策、综合监管、精准服务提供支撑。

---

① 唐明良:《标准化与行政审批制度改革:意义、问题与对策》,《中国行政管理》2013年第5期。
② 魏礼群:《中国行政体制改革报告》(2016),社会科学文献出版社2016年版,第67页。

(六) 增强改革的系统性与协同性

下放关联性强、环节多的行政审批事项，必须注重整体性、系统性，把机构改革和职能转变有机结合起来，事权下放应与财权、要素配置权同步配套，与地方政府的承接能力相匹配。"在放权改革中，如果'职、权、责'不能进行系统配套，利益藩篱与能力梗阻就会消减简政放权所带来的社会效益，甚至会导致改革倒退而产生新风险。"① 强化监管能力，创新监管方法，"推进精细化监管、网格化执法，实行专业分工、协同配合、相互衔接，确保监管范围全覆盖、监管责任无盲区"②。推广随机抽查监管，推进柔性监管、动态监管和非现场监管，改革行政执法体制，强化社会监督，形成监管的协同治理机制。

(七) 强化权力清单制度的执行力

一是完善风险管控机制。在权力监督方面，按照"法无授权不可为"的要求来规范行政权力的行使，建立与职权对应的廉政风险预警机制，着力解决"乱作为"的问题。对涉及多个部门或者需要多部门密切配合的事项，要进行梳理并明确相关部门的职责边界。在责任约束方面，按照"法定职责必须为"的要求来强化政府工作部门的服务意识和责任机制，防范为官不为、庸政懒政，使责任追究做到"可视化"和回溯性。二是细化监督评价机制。积极开展政府绩效考核管理创新，适时引入第三方评估机构，对权力清单制度的实施成效进行阶段性评估，并将监督评估结果与行政机关及其工作人员的奖惩机制直接挂钩，让权力清单成为政府部门履职尽责、提升服务的"标尺"。三是提高基层政府的承接能力。权力下放使基层政府承担了更

---

① 陶鹏、童星：《分权、争利与避责：简政放权改革风险的生成及消减》，《中国高校社会科学》2016年第2期。
② 陈奇星：《强化事中事后监管：上海自贸试验区的探索与思考》，《中国行政管理》2015年第6期。

多新的事务，现有的人财物资源与其承担的职责不匹配、不协调，这就需要在机构、人员、资金、硬件设施等方面给予倾斜，采取集中培训、研讨交流等多种方式来加强业务指导，提高基层政府的承接能力。

关于深化权力清单制度内涵式改革发展的若干思考[*]

科学的职责体系和组织体系是现代政府治理体系的两块重要基石。建立科学的政府职责体系，必须依法系统梳理部门权力和责任，政府必须从职能方向、职能重心、职权职责范围、职能实现方式等方面加以转型，推进部门权力、责任配置以及履职方式和程序的规范化、科学化、法治化，真正落实"法无授权不可为""法定职责必须为"，构建"职权法定、边界清晰、分工合理、权责一致、运作高效"的政府职责体系。然而，梳理清单容易，政策理解到位、有效执行不易，这就需要进一步明确深化改革的着力点，夯实基础工作，完善并激活权责清单，切实落实抓手，以长效机制推动权力清单制度内涵式改革发展，进而推动政府治理体系和政府治理能力的现代化。

一 深化权力清单制度改革的具体措施

（一）完善权力清单制度体系的构造

1. 确立法治思维和法治方式

行政权力事项的设立依据，主要来自相关组织法、行政许可法、行政处罚法等法律法规，这些法律法规实际上成为权力清单制度改革的红线。对虽有法定依据但不符合全面深化改革要求和经济社会发展

---

[*] 原载《理论导刊》2016年第4期。

需要的，法定依据下位法与上位法相互之间有冲突矛盾的，调整对象消失、多年不发生管理行为的行政职权，应及时提出取消或调整的建议，先修法再调整行政职权，先立后破，有序推进。对需要建立法律规范、加强监管而当前有所缺失的领域，尽快启动立法程序进行法律法规的补充和完善。一些规范性文件设定的"行政权"如果与现行法律法规不冲突，且在实际工作中有效运行，应细化"行政权力"，制定相应责任事项。清理后拟保留的行政职权，要按照严密的工作程序和统一的审核标准，依法逐条逐项进行合法性、合理性和必要性审查。对于兜底条款，应明确兜底条款内容的归属，并确定兜底事项的责任主体，确保职责无缺位。

2. 统一编制口径

相同层级的地方政府部门所管辖和处理的事务相差不多，但是各地行政权力责任的口径不一，缺少统一的规范操作和评价标准，致使权力的数量差距甚大，这并非源于地域的差异，主要原因在于清单编制规范化标准的缺失。标准的不统一会带来清单制定内容和形式的模糊性，这与清单本身所要求的"清晰""明确"的标准也相去甚远。在权力清单编制方面，要统一行政权力、行政权力分类、权力事项的梳理口径。一是行政权力。行政权力应界定为行政机关正在实施的对公民、法人或者其他组织权利义务产生影响的外部行为，内部行政行为原则上不纳入。以法律法规规章及省政府规范性文件为依据，其他的规范性文件暂不作为行政权力的依据。二是行政权力的分类口径。目前全国各地尚无统一口径，但在同一个省内，至少应该做到统一。以河南为例，省级市政府是"三单一网"，而郑州市是"五单一网"；省级政府将行政职权分为 8 种类型，而其他地市如信阳市将行政职权划分为 12 类。三是权力事项的梳理。权力事项的统计，要细化到条、款、项，程序设计要精细化，明确权力事项名称、实施依据、责任事项、追责情形、运行流程图以及廉政风险点等环节，有效规范行政自由裁量权。做好权力清单比对规范工作，加大行政权力基本目录的审核规范力度，形成统一规范、上下衔接的省市县三级行政权力体系。

统一行政权力及其分类口径、精细化设计制度程序有利于在联动省市县"一张网"上实现有机对接和规范化操作。同时，基于权力分类的复杂性、多样性，也可以考虑以权力编码代替权力分类。

3. 主体扩容

目前权力清单的编制在纵向上是省、市、县逐级分段推进，主体机构人员配置的资源、智力的参差不齐，难以与优质高效推进工作的现实要求相匹配，特别是在市县层面这一问题尤为突出。改进的措施是横向上实现主体扩容，形成包括人大代表、行政相对人、政府部门负责人、科研院校专家等多方面人员的参与机制，在流程上严格执行"三上三下"等之类的确权程序，建立部门会商机制，对权力清单工作中的重要问题和难点事项进行研究会商，并适时引入第三方独立评估论证。最后将职权事项交由人民代表大会进行审议，并加强人大对权力清单制度实施的督察落实。

4. 纵向延伸

在纵向上，由于这项工作点多面广、工作量大、技术智力要求高，为节约成本、提高质效，可以由省编办负责指导业务、检查落实，市级编办统筹负责市、县两级的权力清单编制，并积极探索乡镇（街道）权力清单，从而真正实现全覆盖，打通服务群众"最后一公里"。结合实际可选择2—3个市县的乡镇（街道）开展试点，形成可复制可推广的经验做法。积极鼓励地方特别是村级探索"小微权力清单"，明确村干部的权力"边界"，以民主参与、民主决策权取代村干部的自由裁量权，提高村级办事的透明性和权力运行规范性。

（二）优化权力清单制度配置的程序环节

1. 互联互通

当前地方各级政府之间、国家各部委与地方政府之间的政务服务网数据无法实现完全对接，导致出现"信息孤岛"现象。要打破"信息孤岛"，加快信息资源开放共享，变"闭路循环"为开放循环，一是实现机构功能性整合，优先打通与公众联系密切的部门，如发改委、工商、税务、质检等部门的互联互通，协同运作；二是实现技术层面的信息集成，建立和完善跨部门协作的政府信息共享系统，推动有关部门间横向联通，促进中央与地方纵向贯通，提高公共部门的信息化服务方式和水平，形成安全的、互联互通的、能够无缝对接的政务服务网。

2. 阳光运行

建设省级统一的行政权力事项库，为每一项权力编发"身份证"，建立"跟踪卡"，实现省市县三级政府所有权力事项的规范化、目录化、动态化管理。确立政府不得在外行使直接影响公民、法人和其他组织权利义务的行政权力。同时，按照公开透明、便民高效的要求，将政务服务网建设成标准统一、资源共享、业务协同，集行政审批、便民服务、政务公开、效能监察和互动交流等功能于一体，省市县统一架构、多级联动的网上政务服务平台，通过权力事项集中进驻、网上服务集中提供、信息资源集中共享，着力打造建设集约、服务集聚、数据集中、管理集成的在线智慧政府。通过政务服务网还可以动态跟踪行政权力的行使轨迹，接受各方监督，确保行政权力在阳光下运行。

3. 需求导向

坚持公开便民高效原则，切实提高社会满意度。强化事前服务，有效解决材料报送难问题；强化综合服务，提升政府服务形象；强化反馈跟踪，开展满意度调查和回访。优化运行流程，保留事项一律优化再造运行流程，跨部门服务事项进一步整合运行流程，减少办事环节，简化办事手续，压缩办事时间，提高管理和服务效率。政府权力公开透明是人民群众"获得感"的基础和来源。在形式上，可以借鉴上海浦东新区权力清单网上公开的六大模块，用浅显易懂的语言和形式表现出来，确保老百姓"看得懂"。诸如"我想申报有关证照和批文""我想反映违法行为和情况""我想申请政府救济和奖励""我想查询行政复议等渠道""我想提供政策意见和建议""我想了解行政指导等信息"。又如，可以探索建立包括按领域、按单位、按关键词等在内的多样化的搜索方式，简便易操作。提升群众的"获得感"还要提高简政放权的"含金量"。

4. 强化执行

权力清单制度推行一年多来，在执行层面存在"政策照搬"，地方政府权能的层级性考量缺失，制度实施执行的强度逐级降低等问题，导致清单制度建设走形、扭曲。不同层级的政府在推进权力清单制度过程中应当有不同的侧重，省级政府的重点在于对中央下放权力的承接，对于市县级政府来说，行政审批方面"做减法"的空间并不大，而应着眼点于"做乘法"，优化权力运行流程，推进"整体性"政府建设。① 按照"法无授权不可为""法定职责必须为"的标准，规范权力的运行，还要活化监督评价机制，构建全方位立体化的监管体系。一是加强行政监察、审计、纪律检查等部门的监督检查，并出台相应的政策法规明细奖惩措施，让"清单"成为政府部门履职尽责提升服务的"紧箍咒"，而不是一纸空文、一堆无人问津的"权力大典"。二是创造条件发挥社会监督力量，利用大数据时代"互联网＋"模式的优势，建设阳光政府，以行政相对人为核心和基础设计一套易操作、可监督的网上运行系统，实现公众的投诉信息、处置过程、处置结果全程在线共享，对发现举报违法违规者进行奖励，有效形成监管合力。三是建立健全一套系统、全面、科学的评估机制，扩大评估主体，增加评估内容，拓展评估维度，将政府部门绩效考核与工作人员的奖惩机制直接挂钩。

5. 动态调整

推行地方政府及其部门权力清单制度，既要坚持权力法定原则，又要推进改革创新，逐步完善，使权力清单制度建设运行在法治的轨道上，并完善不适应改革发展要求的规定和制度。坚持简政放权一条主线，根据法律法规规章和部门职责的调整变化、机构的撤并等情况，做好职权取消、转移、下放、整合、严管等方面工作，对权力清单和责任清单进行动态调整更新。

---

① 陈奇星：《转变政府职能与服务型政府建设》，上海人民出版社2015年版，第93页。

二 拓展责任清单的内容范畴

(一) 破解对责任清单的狭义理解

行政权力法定是狭义的，行政责任法定是广义的。行政权力的依据目前只包括法律、行政法规、部门规章、地方性法规、省政府规章以及规范性文件；行政责任的"法定"相对宽泛、广义，行政责任的依据，在权力依据基础上，扩展到一般的规范性文件、"三定"规定以及有权机关批准的文件。制定和推行权力清单，目的是限制和规范行政权力，落实"法无授权不可为"的法治精神。有权力就有责任，须破解对责任清单的狭义理解，不应从权力清单推导责任清单，而应从部门职责推导责任清单。部门职责一部分表现为权力，更多的则表现为服务。长期以来，对部门职责的管理主要是基于部门"三定"规定，对于如何规范履职、"怎么做"则没有规定，部门履职缺少类似操作规程的东西，特别是对于多个部门管理的事项，责任边界划分还不够全面、细致，容易造成部门有利的事争着做、乱伸手，有责的事没人做、互相推。改变部门职责粗放式管理，必须实行精细化、规范化管理，根据"三定"规定、有关法律法规规章等，梳理部门承担的主要职责，并将主要职责进一步细化为具体的工作事项。

(二) 政府职责配置的具体化

权力清单工作，主要是减权和限权，实现"法无授权不可为"。但从强化责任的角度看，权力清单所列的只是一些对公民、法人权利义务直接产生影响的行政行为，对部门必须承担哪些责任、必须做哪些事情等，规定还不全面；那些与老百姓直接或间接相关的法定事项，包括宏观规划制定、标准制定等，权力清单都没有办法体现，而这些也都是部门的重要职责。一个完备的政府职责体系，不仅要明确规定具体的履职事项，告诉"做什么"；还要明确规范履职的方式、程序等，告诉"怎么做"。编制责任清单，目的就是解决权力清单所不能解决的一些问题,实现"法定职责必须为"。长期以来,政府部门责任事项不清,责任意识不强,重权轻责、揽权卸责问题比较突出。要完善管控机制,着力破解行政不作为问题,对于职责不履行以及拖延执行、折扣执行、低效执行等现象,对照责任清单,倒追倒查、问责追责。努力从制度上防范为官不为、庸政懒政。行政监察机关还要查找权力清单中的廉政风险点,实施重点监控,严格依法依纪追究相关部门和公务人员的责任,并将问责落实情况向社会公布,确保监管有力。

(三) 监管机制设置的合理化

以明晰政府间职责原则来构建权力清单与责任清单,合理配置行政权力,纵向上体现职能定位的权域适度、权限清晰、权杖相序的行政权力体系,[①] 突出不同层级政府的管理和服务重点,推动形成现代政府应有的权责制度体系。由于管理对象和影响范围的不同,省级部门的事中事后监管制度,可以分为间接监管和直接监管两大类。对于间接监管的事项,省级部门重点是加强对市县部门行使权力过程的监督和指导,明确执法标准、规范自由裁量权,督促其充分而正确地履行职权;重点检查市县部门行政执法行为是否合法、适当和规范;同时要还明确监督检查的方式程序、监督检查的措施、违反规定的处理办法等。对于直接监管的方式、监督检查程序、监督检查措施等内容,重点则是监督检查的方式。要明确规范定期检查如何查,随机抽查如何抽,全面检查如何查,专项检查如何查,群众举报投诉怎么查,等等。

(四) 履职责任的定位与强化

拓展责任清单的内涵和范畴,进一步将行政主体那些对社会公众

[①] 魏礼群:《中国行政体制改革报告 (2014—2015)》,社会科学文献出版社2015年版。

权利义务不产生直接影响的法定事项，包括规划编制、公共服务、政府内部管理等囊括其中，实现政府履职责任的定位和强化。一是明晰行政协同责任。重点围绕社会关注度高、群众反映强烈的市场监管、食品安全、安全生产、环境保护等领域，对涉及多个部门管理或者需要多部门密切配合事项，加大部门职责分工协调力度，对部门职责交叉进行梳理分析，明确责任边界。二是强化公共服务的要求，梳理本部门以促进社会发展为目的、直接为行政相对人行使各项权力创造和提供必要条件所开展的具体服务事项。三是规范领导决策和政府内部管理等事项，这些事项对公民、法人和其他组织权利义务也会产生影响，同样是依法全面履行政府职能的重要方面。同时，通过清单评估工作的饱和度，还可以将其作为定编定职、用编进人的重要依据。

三 深化系统性治理，做好配套改革跟进

把权力清单制度推广到党委、人大部门，实现国家治理与政府治理的有效衔接与良性互动。党的建设必须与国家建设有机统一起来，将党的领导与规范的国家制度运作有机地结合起来，通过党建推动国家建设。在党"总揽全局、协调各方"的总体原则下解决党政职能分开问题，实现党内法规同国家法律的衔接和协调，把党内法规纳入国家法治体系中，公共权力才能受到约束。落实"两个责任"需有清单思维，从权力背后的责任切入，从责任分解、责任报告、责任考核和责任追究等环节进行细化，做到主体责任明晰化、监督责任具体化，促进党风廉政建设和反腐败工作的实效。厘清权力清单制定主体的合法地位，应积极发挥各级人民代表大会在权力清单制度中的主体功能，使之全面介入权力清单的制定、实施与监督的全过程。人大依法依程序开展工作也应该建立"权力清单"，厘清重大事项内容界定，明晰职责，列出权力清单和责任清单，绘出重大事项议案的提出、审议、表决、公开等环节的"路线图"，并完善人大权力运行的评价机制，提升公共权力运行的品效。

（一）深化行政审批制度改革

推进行政审批标准化，公开审批流程，压缩并明确审批时限，约束自由裁量权，以标准化促进规范化；探索建立集成型审批信息化平台体系，形成以"规则透明、业务协同、大数据运用"三级架构为中心的集成型审批信息化平台体系。"通过审批和服务事项编码，可以有效实现行政服务大厅、网上政务大厅、行政权力运行平台、行政监察平台和政府法制监督平台一体化运行，并对审批服务事项的内容进行准确定位和可追溯管理"①。实现规则集成、业务集成、数据集成，"行政审批标准化的核心是规范行政审批的自由裁量权，即对审批条件里有模糊空间的要素进行细化、明确化，以此杜绝审批腐败和权钱交易"②。按照综合受理、综合服务、统一办理的原则，进一步优化流程、简化环节，强化审批服务，提高审批效率。"对一些行政审批事项的改革进行合法性分析、风险分析和成本收益分析，并注重对风险的预先防范"③，使行政审批制度改革稳妥推进。

（二）加快社会承接能力培育

过去较长一段时间，一些行业协会商会等中介组织，在为政府提供决策、服务企业发展、促进行业自律等方面发挥了积极作用。但是也有很多中介服务机构既直接影响了企业活力，又影响行政审批制度改革的有效推进，不利于理顺政府、市场、企业、中介机构之间的关系。目前行政审批中介服务机构中相当一部分是事业单位，承担几乎全部垄断性中介事项并为政府提供技术性审查事项。厘清业务上与行政审批部门的关系一直是改革的重点难点，应加快事业单位分类改

---

① 顾平安：《加快推进行政审批制度改革的二次设计》，《中国行政管理》2015年第6期。
② 同上。
③ 魏礼群：《中国行政体制改革报告（2014—2015）》，社会科学文献出版社2015年版。

革，建立事业单位法人治理结构。清理规范行政审批中介服务，实现行业协会商会与行政机关机构、职能、财务、人员等相分离，切断中介服务利益关联，破除垄断性，构建中介服务现代市场体系。市场和社会组织的发展状况直接决定政府职能是否"转得出、接得住、管得好"，如行业组织和社会组织暂时不具备承接能力的，可以在清理意见中设定1—3年的过渡期（培育期），过渡期满后，予以转移。同时破除垄断，组建"中介超市"，推动各类中介机构按照市场化机制进行运作，通过市场实现中介服务机构数量与市场需求的自动匹配。

（三）探索综合行政执法体制改革

简政放权将大量行政审批事项取消或下放，依据属地管理原则，需要强化市县政府在市场监管、安全生产、社会管理等方面的职责，而强化事中事后监管的重要抓手就是行政执法。提升基层政府的监管能力，严格规范公正文明执法，阳光执法，需在强化专业监管的基础上推进综合执法，采用"大部制"的思路整合行政执法资源和相对集中行政执法权限，推进综合行政执法体制改革与创新，实现行政执法体制的结构重组、功能聚合、信息共享、流程优化、业务协同、法治运作。综合行政执法体制的结构重组应分类分层进行，层次推进部门内部综合执法、跨部门跨行业综合执法、区域综合执法三个类别的重组，先易后难地统筹整合行政执法资源，最终形成"集中审批—分类监管与优化服务—综合执法"的基层政府治理架构。目前集决策权、执行权于一体的部门仍占多数，"决策权、执行权不分导致政策效力递减、执行阻力递增"，[①] 导致行政权力缺乏有效制约，决策易受部门利益驱使，难以建立有效的责任机制。因此，创新行政执法体制改革还应完善决策权和执行权间的制约和协调机制。

---

① 叶青：《上海法治发展报告（2015）》，社会科学文献出版社2015年版，第204页。

综合行政执法改革的难题及其破解[*]

综合行政执法是政府治理变革的重要部分，是推进地方政府治理体系和治理能力现代化的重要举措。党的十八届三中全会、十八届四中全会都强调了推进行政执法体制改革。2015年11月9日中央深改组第十八次会议审议通过了《关于深入推进城市执法体制改革改进城市管理工作的指导意见》，涉及城市管理执法领域大部制改革、理顺管理体制与明晰权责、执法重心下移、统筹解决好机构性质与执法人员身份编制等问题。这是对创新和完善行政执法体制机制提出的具体要求。在当前统筹推进城乡一体化的背景下，简政放权将大量行政审批事项取消或下放，提升地方政府的监管能力，强化事中事后监管的重要抓手就是行政执法。在整体性治理模式下推进综合行政执法改革与创新，就是整合行政执法资源和相对集中行政执法权限，推进行政执法重心下移，实现行政执法体制的结构重组、功能聚合、信息共享、流程优化、业务协同、法治运作的转型。综合行政执法改革不仅包括优化行政权力配置、科学调整机构编制，还包括对政府有关部门的职责关系梳理、执法机制和执法流程的再造，其实质是通过优化政府职责体系和组织体系，重构行政执法体系，建立权责统一、权威高效的行政执法体制。

---

[*] 原载《中国行政管理》2016年第7期。

一 推进综合行政执法改革是推进政府治理体系和治理能力现代化的现实要求

（一）传统行政执法体制机制的弊端

传统执法权分散于不同的部门机构，普遍存在行政执法条块分割、职能交叉、各自为政，执法合力难以形成的情况。从横向上看，主管部门与执法主体边界不清，执法与监督一体化，执法主体权力分散且职能交叉，执法机关设置杂乱，比如工商、质检、卫生、药监等部门都对药品生产有监管职责。从纵向上看，同一业务主管部门的各个层级都有执法权，存在"一头多管""多层执法""重复执法"等现象。传统行政执法体系条块之间存在信息壁垒，业务协同也相应地缺乏应有的联动。由于执法行为与执法机构利益直接挂钩，在部门利益化的驱动下，执法部门容易将公共利益置于部门利益之后，导致"得罪人的事没人管，有好处的事抢着管""都能管的都不管"，执法过程中常出现互相推诿或扯皮现象，难以保障执法权的有效行使，造成不少监管盲区、薄弱点。而且现实中行政系统内执法与监督两种职能没有分离，对具体行政执法行为的监督通常由业务主管部门自己组织，自我约束和外部监督机制都存在严重的缺陷和不足。

随着经济社会的快速发展，基层经济社会管理服务任务不断增加，基层监管也相应地存在点多面广量大等特点，而乡镇（街道）政府没有实施执法处罚的权限，且行政执法延伸到基层普遍存在力量不足，甚至没有执法队伍，呈现执法主体缺失，导致"看得见的管不着""管得住的看不着"的后果。由于市县相关执法力量延伸、覆盖的局限性，不能及时有效发现和处置基层的违法行为，特别是在乡镇（街道）层面，违法行为处置的滞后性更为明显。由于基层执法力量普遍不足，执法工作通常采用委托形式实施，由委托部门承担相应法律责任，导致执法工作存在着"责、权、利"不统一，执法工作效率低。由于日常不重视规范监管、精细监管等，工作习惯于采用运动式联合执法专项整治，尽管暂时可以提升执法成效，但整治一阵风过后又恢复了原样。总之，原有的行政执法体制已经不适应现代政府治理的要求和人民群众的要求。

（二）推进综合行政执法改革的现实意义

推进综合行政执法是构建现代政府职责体系和组织体系的客观要求。在全面深化改革的新形势下，推进政府治理现代化成为政府自身改革的基本目标。推进政府治理现代化的核心是依法构建政府职责体系和组织体系，明确政府职能边界，优化力配置和组织架构，提高治理的有效性。从内涵来说，综合行政执法不仅是相对集中行政处罚权，而且将与之相关的行政监督检查、行政强制等职能进一步综合起来。从外延来看，综合行政执法不仅指行政处罚权等权限的集中和综合，还包括由此产生的对政府有关部门的职责关系梳理、执法机制的优化、执法流程再造、执法行为规范和执法队伍管理。综合行政执法既涉及政府职责体系的重构，又涉及政府组织体系的优化，是推进政府治理现代化的客观要求。

推进综合行政执法是转变政府职能的重要途径。行政执法体制是行政体制的重要内容，其改革的核心是优化职能配置，转变政府职能，提高行政执行力和公信力。推进简政放权，深化行政审批制度改革，从以事前审批为主向以事中事后监管为主转变，而这种转变的重要抓手推进综合行政执法，改变政府执法职能配置分散、力量薄弱、协同性差、效率不高的现状，全面优化行政执法职能和力量配置，实现"放得下、接得住、管得好"的衔接有序与协同配套推进，切实转变政府的监管理念、体制机制、方式方法等。

推进综合行政执法是完善基层治理体系的关键举措。乡镇是基层治理的重点和难点，也是起点和支点。就当下的乡镇治理体系来说，执法主体地位缺失和执法力量薄弱是其存在的突出问题。推行以"横向扩大执法领域、纵向推进重心下移"为主要内容的综合行政执法改革，建设乡镇（街道）综合执法平台，可以有效统筹县（市、区）

和乡镇（街道）的执法管理工作，切实解决基层"看得见、管不着"和执法力量薄弱的问题，从而提升乡镇（街道）统筹协调能力，建立健全统一高效的基层治理体系。

二 综合行政执法改革的难点及焦点问题

（一）法律法规不够完善

一是执法主体的法律地位不明确。作为国家行政执法力量，具有准司法性质的综合行政执法机构，却没有相应的行政法规对其主体资格进行法定化，法律地位模糊。虽然有《行政处罚法》以及其他法律法规的授权，但目前还没有一部法律法规专门对城市管理综合执法范围予以明确规定，基本上是"借法执法"，且行政执法除了行使《行政处罚法》授予的处罚权外，在实践中行使的行政检查权、强制权等均缺乏明确的法律依据。《行政强制法》说明行政强制措施由法律、法规规定的行政机关在法定职权范围内实施，行政强制措施不得委托，但基层大量违法建筑、违法摊点等，必须通过强制措施予以拆除；而且现存的各种法律法规制度，除非明确执行单位，几乎都存在"各相关单位依照其具体职责协助执行"等原则性要求，但是法律没有给协助执行明确定位，行政协同责任缺乏具体化、规范化。

二是法律依据和程序的规范性不足，对违法处置的威慑力不足。首先是历史的原因，中国地方政府行政执法的依据多是部门规章以及其他规范性文件，种类繁多，五花八门，在实行综合行政执法的过程中，由于法律、法规和规范性文件衔接上的缺陷，执法时在适用上出现混乱，甚至互相矛盾和冲突，直接影响了综合执法的公正性、效率性和权威性。如国土资源部门对有关村民违法建设住宅、在临时用地上修建永久性建筑物行为的查处职能，与原城管执法局查处违反村镇建设规划方面的职能存在交叉现象，且处罚标准和额度不一致，易导致执法人员随意使用行政自由裁量处罚权，且实际工作中会发生重复执法和相互推诿的现象。其次是执法程序不规范。由于缺乏法律的统一规范,各地的执法标准、程序、文书各不相同,执法车辆、装备、标识和服装五花八门,影响了执法效力和公信力。最后是违法成本过低。地方政府的执法权限主要在县级以上政府部门,而且法律法规对一些地方监管机构只规定了有罚款权,实践中存在违法成本过低问题,如《河南省发展散装水泥管理办法》第二十条规定"擅自现场搅拌混凝土、砂浆……每吨砂浆200元的罚款,但罚款总额不超过30000元"。对于建筑企业来说,工期、方便程度等因素,远远比3万元重要。其他诸如"限期整理"等处罚方式必须经当地政府批准。

(二) 职能整合不够深入

职权划转的关系还没有理顺。"随着综合执法工作的展开和运行,各地改革试点中也出现了一些问题和矛盾,特别是综合执法机构与职能部门的关系等体制性问题尚未理顺,影响着综合执法的成效"[①]。一是职权划转的标准不够科学。职能划转的范围上没有统一界定标准,而且划转的依据各不相同,或以"承接单位能力为准",或以"划出单位意见为准",或以"划出和划入单位协调为准"等。二是执法技术配套不足。虽然当前有些领域采取了综合行政执法,但部门相关的技术配套力量并未转移,检验检测力量尚显不足。同时,地方检验检测机构市场化水平尚不能满足综合行政执法部门检验检测要求,给综合行政执法全面推进带来了较大困难。如环保方面划转的餐饮油烟超标排放的处罚,实际工作中对调查取证的专业性和实效性要求较高,由于检测技术支撑响应滞后,处罚缺乏依据,执法效率受到影响。

部门间配合协调不够。改革后,随着综合行政执法工作的内涵和范围不断扩大,日常监管与行政执法职责边界增加,需要相关业务主管单位与综合执法部门加强配合,但各业务主管部门各自为政的情况

---

① 中国行政管理学会课题组:《推进综合执法体制改革:成效、问题与对策》,《中国行政管理》2012年第5期。

依然存在，在信息共享、执法协助、技术支持、举报受理、案件移送等方面的协作存在不少问题。如建筑违法案件的查处涉及规划部门，但规划部门认为处罚事项已划出，没有责任也没有力量参与监督管理，影响了执法的有效开展。而且综合执法打破了"条条"管理模式，与各行业上级主管部门不再是管辖和领导关系，出现了具体执法工作中协调不畅的困难，影响了执法效率。综合执法部门行使了多个部门的行政处罚权力，由于综合行政执法上级主管部门的缺失，在综合执法中缺乏必要的领导，难以有效地解决执法过程中出现的问题，有些只有上升到省级以上才能协调处理。

（三）执法队伍建设需要加强

基层执法力量不足。近年来，随着政府职能转变和简政放权的大力推进，很多行政执法事项下放基层承担，综合行政执法部门的工作职责大幅增加，而基层执法力量严重不足；执法对象面广量大，涉及的法律法规数量众多，这也对执法人员的综合素质和业务能力提出了更高的要求。为弥补行政执法人员的不足，基层招录了大量协管员，成立了"执法大队"，但由于协管员门槛低、素质参差不齐，没有行政执法资格，主要协助配合县区执法机关执法，从事综合治理、治安联防等应急管理工作，而且协管员的普遍待遇不高，工作任务却很繁重，人员流动性大，政府面临执法的规范性和人力资源管理的双重风险。

执法队伍编制不统一。目前执法机构性质多样，有行政机关、参公事业、事业单位，人员编制更是庞杂，有行政工勤、参公事业，还有编外用工。在执法队伍的整合与划转中，各种不同性质的编制划入综合执法队伍，而且人员划转缺乏相应明确的划分标准和依据，由此带来人员身份不一，待遇的标准不统一，不利于依法行政和执法队伍的管理，也不利于调动执法人员的工作积极性。

三 破解综合行政执法改革难题的对策建议

综合行政执法体制改革涉及行政权力的优化配置、部门职责的科学界定、机构编制的调整优化、监管信息的实时共享、监管链条的无缝对接等方面，需要统筹兼顾，协同推进，将综合行政执法工作与政府职能转变和机构调整、事业单位改革、规范行政权力运行、加强事中事后监管有机结合起来。

（一）完善综合行政执法的法律法规及制度程序

按照全面推进依法治国、建设法治政府的部署要求，进一步建立和完善综合行政执法法律体系，形成"系统科学、制约有力、运行高效、全面创新"的行政执法体制。首先是应对现有综合行政执法适用的法律法规统一进行"修、删、增、废"，加强对现行的行政执法法律、法规和规范性文件的清理，尽量消除法律规范相互冲突的现象，制定出台统一的《综合行政执法法》。"必须完善行政组织法来赋予综合执法机构的正当地位，同时通过人大立法来规范综合行政执法以及固定改革成果。"[①] 其次是健全行政执法规章制度，其中包括办案工作规程、行政执法目标管理责任制、日常巡查、案件审理、执法人员违规行为举报投诉处理、行政执法明察暗访、行政执法绩效考核办法、错案责任追究等重要制度，做到制度先行，规范实用，用制度处理事、用制度制约人，把依法行政落到实处。最后是规范调查取证行为。调查取证是执法机构处理案件的重要环节，它既是查清事实、正确适用法律的前提，又直接关系到最终作出行政处理和行政处罚等具体行政行为的法律效力，而且面临着行政复议和行政败诉的法律风险。在实际工作中，对于不同的用人单位，不同的投诉人，甚至不同的执法人员，所采用的调查取证方法也不尽相同，但总体来讲，调查

---

① 刘恒：《行政执法与政府管制》，北京大学出版社2012年版，第367页。

取证工作应当遵循一定的原则和程序，采取一定的措施和方法，还需运用一定的工作技巧。

（二）推进行政执法结构重组，实现执法重心下移

综合行政执法改革的目的是整合执法资源、实现跨部门跨领域的综合执法、破解执法主体缺位、基层薄弱等问题。以执法对象和执法效率为核心整合相近领域的执法机构，大幅减少执法队伍数量，争取一支队伍执法到底，破解多头执法、重复执法、交叉执法等问题，减少执法队伍数量，逐步向"宽职能少机构"的方向发展，强化监管合力。综合行政执法结构重组应逐步分段进行，通过推进部门内部综合执法、跨部门跨行业综合执法、区域综合执法三个类别的渐进有序重组，先易后难地统筹整合行政执法资源。综合行政执法改革还应强化与专业部门监管的有机衔接和相互配合，完善监管链条的无缝对接，最终形成"集中审批—分类监管与优化服务—综合执法"的基层政府治理架构。

全面推进执法力量向市、县（区）一级适度集中，设区的市在市、区只保留一级执法机构，避免抓不住、抓不好的问题。向乡镇（街道）派驻执法中队，整合几乎包括所有类型执法人员，形成基层执法网罩，力争将常见执法问题囊括其中。在执法过程中保持横向联动、上下衔接，加强规范统一和业务指导。实现管理服务前移，提升执法监管末梢的反应能力，打通"最后一纳米"，切实解决乡镇（街道）"看得见、管不着"和业务主管部门"管得着、看不见"的问题

（三）加强行政执法队伍建设

完善综合行政执法的属地管理体制，增强基层政府的监管能力，按照"编随人行、人随事走""精简机关、强化基层"的原则，做好机构撤并和编制划转工作，精简归并部门原有执法队伍，随执法重心的下移编制资源适当地向基层倾斜，相应划转有关部门及其执法队伍人员编制，优化人员编制配置，重点加强基层执法机构编制设置。建

立行政执法类公务员独立的职位序列，通过职位分类和聘任制的实施，打通执法人员升职晋级通道，构建更专业、高效、廉洁的职业性执法队伍。涉及人员身份的变化，严格按照公务员法及相关规定执行。青岛市在创新行政执法人事管理制度做出了有益的探索，打破了原有体制身份界限，按照"身份封存、全员聘用、绩效考核、以岗定薪"原则，统一实行岗位管理。[①] 建立执法人员特殊岗位津贴制度，适当提高综合行政执法人员待遇，稳定执法队伍。

随着综合行政执法机构整合的推进，部门工作职责大幅增加，执法对象面广量大，涉及的法律法规数量众多，这对执法人员的综合素质和业务能力提出了更高的要求。执法机构主管部门应通过在职培训、公开招聘、选调等方式，培养选拔执法人员。执法机构内部应以重塑文明执法、规范执法的形象为着力点，自觉接受社会和行政相对人的监督，全面打造人民满意的综合行政执法队伍。

（四）完善行政执法职权的合理划转

处理好专业执法与综合执法的关系。按照属地原则，市县两级政府行使执法管理职能，上下行政机关执法职能相同等事项，一律下移到县级政府行使。职责划转要依法依规，突出问题导向、需求导向，如浙江省执法范围目前确定为市容环境卫生、城乡规划、市政公用等21个方面的法律、法规、规章规定，以及与之相关的行政监督检查、行政强制职权，强化地方政府市场监管职责，实现"从执法机构整合的'物理集中'，到执法职能重组的'化学融合'"。行政执法的专业化与综合化是相辅相成。对于环境治理、金融监管、公安消防等整体专业化程度高的领域，以及需要重点加强的领域宜进行内部综合，实行专业执法。而推行跨部门综合执法的领域，应该重点是在基层发生频率较高、与人民群众日常生产生活关系密切、多头重复交叉执法问

[①] 人民论坛专题调研组：《科学构建大执法体系——青岛市黄岛区综合行政执法改革的试点经验》，《人民论坛》2015年第18期。

题比较突出、专业技术要求适宜的公共安全、城镇管理、社会治理等领域。

完善执法部门与业务主管部门之间的执法职能划转。将分属于各部门的行政处罚职责划转到综合行政执法机构,行政许可、行政监督等管理职能仍在原业务主管部门。对相关部门的行政处罚权、行政强制权,能整体划转的尽量整体划转,避免职能划出部门选择性"扔包袱",也可以防止划入部门的"挑肥拣瘦",有利于理清权责边界,减少扯皮推诿。实行综合执法后,业务主管部门要切实加强源头监管,依法履行政策制定、审查审批、协调指导等职责,加强对综合行政执法机构相关执法工作的支持、监督和协调。

(五)构建权责清晰、协调配合的行政执法体系

明确部门责任边界和协作配合义务。根据机构合并与职权划转事项,重新制定综合行政执法部门的"三定"规定,统筹推进权力清单、责任清单的制定调整和机构编制管理工作,建立统一的综合行政执法体系。厘清每个环节业务主管部门和综合行政执法部门的监管责任,及时完善调整权力清单和责任清单,确保形成部门间无缝衔接的监管机制,防止在执法过程中产生新的交叉和不作为问题。在权力清单完成梳理基础上,逐步探索开展执法手册编制,完善执法程序设计,构筑标准化执法模式,明确具体执法流程,规范行政自由裁量权,确保行政执法严格规范。"综合行政执法的实质在于行政管理过程中决策、许可、处罚权的结构性分离与不同行政部门相近职权的功能性集中。"[①] 结合行政协同责任的梳理,明确部门职责管理和分工协调规则,增加"行政过错责任"的模块,强化问责追究机制,健全考核监督机制,进一步提升执法效能。探索实施主办执法员负责制,执行"一案一指定"的原则,专职执法人员可以根据工作需要同时被指定为若干个案件的首席执法员,明确责任,履行程序、全程

[①] 熊文钊:《城管论衡:综合行政执法体制研究》,法律出版社2012年版,第38页。

监督，依法处理，按期办结。

健全综合行政执法协调配合机制。坚持"制度化"改革方向，强化组织领导和制度保障，成立高规格的综合行政执法体制改革工作小组，作为高层次的综合行政执法协调机构。建立完善业务主管部门和综合行政执法部门之间的信息通报、执法协助、业务指导、案件移送、工作会商、争议处理等制度，通过内部机制的理顺和外部协作的强化，实现管理和执法之间形成较好的良性互动。建立综合执法部门与司法机关的信息共享、案情通报、案件移送制度，实现行政执法与刑事司法无缝对接。强化对部门协作配合责任的刚性约束，制定部门间的责任追究制度，将部门协作配合落实情况纳入法治政府考核的内容。综合运用法治思维、法治方式，创新市场化工具监管方式，推广随机抽查监管，推进"智能"监管，强化社会监督，形成监管的协同治理机制。

（六）整合行政执法资源

实现综合行政执法规范、高效运行的核心是建立信息共享、快速处置的平台，整合监管资源，促进执法监管信息的归集、交换和共享。一是整合政务投诉举报平台。目前政府各部门分别建立的投诉举报体系，造成政府投入多、号码多，而且受理与执行都是由一个部门承担，不利于监督。建立集消费投诉、经济违法行为举报和行政效能投诉为一体，统一、便民、高效的政务投诉举报平台，将12315消费者投诉热线、12331食品药品举报热线、12358物价监督热线，12365质量技术监督热线和12345市民热线等投诉等热线整合。通过这一平台建设，改变以往职能部门对投诉举报事项自我受理、自我办理、自我监督的传统模式，规范职能部门处理投诉程序，强化外部监督，实现统一接收、按责转办、限时办结、统一督办、评价反馈的业务闭环，提高快速反应能力和执法效率。二是建立信息联网平台，实施智慧监管。打造行政执法网络平台，创新监管方式和执法手段，建立综合行政执法部门和公安部门共享视频监控网络资源，依托政务服务网建设，实现综合行政执法部门和业务主管部门之间信息实时共享、综合执法管理系统与效能监察机关的实时连接，提升效能监督。探索运用大数据、云计算、物联网等信息化手段，发挥民情分析、政策咨询、资源配置、效能监察等功能，增强综合行政执法的前瞻性、及时性、针对性和问责性。三是将综合行政执法嵌入网格化管理，通过网格化管理的日常巡查，执法关口前移，进行源头治理，从"处置问题"向"发现问题"延伸，从事后执法向"前段服务管理"转变，实现执法巡查与网格管理有效叠加，形成网格化、立体化执法管理模式。

（七）完善综合行政执法配套改革

推动社会信用体系建设。"实现综合行政执法信息与社会信用信息基础数据库联动，将行政执法中涉及公民、法人和其他组织的违法情况纳入诚信档案。"① 重视过程监管，加强结果运用，如在商务领域，政府向企业发放"早餐工程示范点""文明餐桌示范店""菜篮子工程示范店"。以企业诚信为基础，探索企业综合指标体系制度，对违法失信企业实施严格监管，建立以诚信为基础的分类风险管理机制，营造"守法企业一路绿灯、失信企业处处受限"的监管环境。借力行业协会，提升服务能力，借力各类社会资源，创新社会共建，形成行政监管、行业自律、社会监督、公众参与的综合监管体系。

推进检验检测机构的市场化改革。加快事业单位分类改革，建立事业单位法人治理结构，开展检测检验事业单位机构的转企改制，构建中介服务现代市场体系。市场和社会组织的发展状况直接决定政府职能是否"转得出、接得住、管得好"，如行业组织和社会组织暂时不具备承接能力的，可以在清理意见中设定 1—3 年的过渡期（培育期），过渡期满后，予以转移。切断中介服务与业务主管部门的利益

---

① 郑才法：《深化县域行政执法体制改革的对策与建议》，《中国行政管理》2015 年第 10 期。

关联，破除垄断，组建"中介超市"，推动各类中介机构按照市场化机制进行运作，通过市场实现中介服务机构数量与市场需求的自动匹配，为综合行政执法改革"监督处罚和技术检验职能相对分开"提供支撑。

农村基层"微权力"腐败的机理机制与预防对策[*]

"三农"问题是国家长治久安的基础性问题,国家在政策支持和资源配置方面给予了较大的倾斜,以期补齐全面建成小康社会的农村短板。另外,随着新型城镇化进程的加快推进,农村基层干部支配的资源量越来越大,而且农村又是熟人社会,法治观念相对淡薄,制度约束相对乏力,以及受关系、人情、面子等因素的影响,致使近些年农村基层在换届选举、征地拆迁、惠农补贴等过程中滥用权力问题日益凸显,腐败案件频发,且呈现形式多样、涉及面广等特点。农村基层干部是党和政府联系人民群众的桥梁和纽带,行为主体掌握的权力虽然微小,但涉及面广,且与人民群众的切身利益息息相关。"微权力"腐败造成的影响恶劣,成为基层治理的"大祸害",损害了党和政府在群众心中的公信力,激化了农村社会矛盾,败坏了农村社会风气和基层政治生态。因此,预防农村基层"微腐败"、管住农村基层"微权力"已经迫在眉睫。

一 河南省 Z 县农村"微权力"腐败案件分析

以 Z 县纪检监察机关案件审理室、案件监督管理室 2014—2016 年农村基层干部腐败案件数据为例,对 Z 县农村基层干部腐败问题进

---

[*] 原载《领导科学》2018 年第 11 期,第一作者夏德峰。

行类别处理分析，探讨农村基层"微权力"腐败的主要特点。

（一）违纪违法人数居高不下，农村党员干部所占比重较大

从下表中可以看出，近3年来，Z县党员干部违纪违法人数一直居高不下，每年均在100人以上，其中农村党员干部违纪违法人数均在70人以上。通过对农村党员干部腐败人数占全县总人数的比重进行分析，可以清楚得知，2014—2016年，Z县农村党员干部腐败人数占全县党员干部违纪违法人数的比重均在40%以上。总的来看，2014—2016年，Z县党员干部违纪违法人数534人，其中，农村党员干部违纪违法人数258人，平均占全县党员干部违纪违法人数的48.3%，清楚地反映出农村党员干部腐败案件易发多发、数量居高不下。

Z县纪检监察机关2014—2016年查处违纪违法人数

年份	全县查处党员干部违纪违法人数（人）	全县查处农村党员干部违纪违法人数（人）
2014	183	76
2015	130	71
2016	221	111
合计	534	258

（二）腐败主体村"两委"一把手居多，集体腐败现象突出

2014—2016年，Z县纪检监察机关共查办农村党员干部腐败258人，其中村党支部书记、村委会主任作为腐败主体的有118人，占到案件总数的45.7%。农村党员干部腐败以村"两委"一把手为主体，其中一些人，担任村党支部书记、村委会主任年限较长，甚至长达20余年。有些村党支部书记同时兼任村委主任，手中权力过于集中。通过分析可以发现，有些村的村党支部书记、村委会主任等村"两委"班子形成利益共同体，互相包庇，集体腐败。

（三）违纪违法经济案件为主，发案单位区域化特征明显

随着区域优化和新型城镇化的进程，Z县迎来了千载难逢的发展机遇，随之而来的就是征地拆迁，这给农村基层党员干部腐败提供了便利条件。就目前查处的案件来看，有些村组干部通过虚报冒领、贪污侵占、虚列支出、私设账外账或小金库、收入不记账、销毁记账凭证、挪用等方式腐败，甚至多种手段交叉使用。

二 农村基层"微权力"腐败的机理机制分析

（一）文化层面：法治观念淡薄，价值观扭曲

农村是一个熟人社会，人情关系非常复杂，在这种社会结构和文化背景下，村干部有时碍于面子，为了满足特定关系人的需求，滥用手中的权力满足自己的私利，从而导致腐败的发生。村民有时碍于各种关系，甚至有的村民和村干部俨然成为利益共同体，人情大于法的情况比较容易发生，对一些村干部的腐败行为缺乏监督。一些农村基层干部年龄偏大、文化程度较低，甚至有的是文盲。从Z县纪检监察机关查处的农村党员干部腐败案件来看，村干部本科文化程度的仅占2%，大专文化程度的占4%，高中文化程度的占30%，初中及以下文化程度的占64%。在与Z县纪检监察机关审理工作人员沟通时了解到：有的案件在审理谈话阶段，仍然有一些已经被追究刑事责任的农村基层干部没有清醒地认识到自己的行为已经触犯法律法规。比如，挪用公款，农村基层干部认为只是临时借用，及时还回去就好，村里没有损失，并不把这种情况认为是犯罪。

在当前村民自治体制中，农村基层干部虽然不同于国家工作人员，但实际工作中却是党和政府在基层的委托人，协助党和政府处理村级事务。近年来，国家经济飞速发展，很多群众通过发展特色农业、开办小型企业迅速致富，物质生活水平大幅提高，农村基层干部手中掌握的资金和资源权力也越来越大，而农村基层干部每月的报酬在1500

元左右，造成了一些人心理失衡，认为自己"干得多挣得少""付出与收入不成正比"。由于每三年换届一次，变动比较快，一些村干部就千方百计地为自己谋取私利，充分使自己掌握的权力利益最大化。

（二）制度层面：操作细则规范性不足，自由裁量空间大

中国的村民自治已经开展数十年了，但受配套制度规范不够细化等方面的影响，村民自治实施过程中出现了不少问题。一是民主选举制度操作层面不够细化。《村民委员会组织法》虽然对村委会民主选举做出了规定，但在执行程序和操作方法上，仍然不够细化，一些村民的政治素质不高、权利意识不强，在选举过程中存在着感情票、人情票等，不能够有效行使其民主选举权利，甚至出现宗族势力操控选举。二是民主决策没有真正实现。在农村实际工作中，民主决策的权利并没有赋予村民会议或村民代表会议，反而村民自治成为村委会或村主要干部的"自治"。他们掌握了村级事务的决策权，在一些村级重大事项上，如土地承包项目、"三资"管理使用等，大搞"一言堂"，独断专行，再加上监管不力，村干部腐败就应运而生了。三是村务公开制度落实不到位。一些村公开的内容都是一些无关紧要的政务，公开的内容不具有代表性。而那些有关群众切身利益的内容，如财务收支、青苗补偿款、征地拆迁款、救灾救济专项资金等内容，却不能及时或者真实地公开，并且村务公开的时间完全是由村干部决定。有的是群众上访了，有一定矛盾了，为了平息民愤，才临时公开；有的是上级检查了，为了应付上级检查，才"临时抱佛脚"公开。这样的公开，扭曲了村务公开的原意，并没有发挥该有的作用，没有起到对村干部的监督和制约作用。

村账镇管制度流于形式。Z县自2009年开始实行村账镇管工作，同时由Z县纪委监察局牵头，农经站业务指导成立了"三资"委托代理服务中心（以下简称"三资"中心），具体负责该项工作，对村级财务进行审核。但实行村账镇管以来，农村基层干部腐败案件并没有得到遏制，没有达到应有的效果。在实际工作中，如拆迁征地补偿款的发放、领取补助人员名单的登记造册等工作，仍然需要村会计人

员来完成,"三资"中心工作量大、人员配备少,有的工作人员甚至不会看账目,监管力量跟不上,这给某些农村基层干部贪污、侵占集体资金以可乘之机。

(三)行为层面:监督机制乏力,党纪法规惩处力度不够

在行为层面,对村干部监督乏力表现在以下方面。一是乡镇党委、政府主要领导对村干部的监管不力。乡镇党委、政府对村党支部、村委会是指导的关系,一些乡镇领导只重视村干部是否把乡镇中心工作干好了,本村是否出现上访问题,而对村干部的其他问题却不关注。二是乡镇纪委没有充分发挥监督执纪作用。中央纪检监察机关提出"三转"要求以来,对纪委书记的分工进行了重新调整,要求聚焦主业,除纪检监察业务外一律不分管其他业务。但在实际工作中,纪委书记也参与乡镇中心工作中来,没有把主要精力放在抓党风廉政建设上来,有时候是收到村民举报或者上级纪委转办案件后,才去调查落实。三是村级各组织相互监督及村民监督乏力。村"两委"之间监督形同虚设。通过对 Z 县农村基层党员干部违纪违法案件的分析发现,村党支部书记和村委会主任俨然已经形成利益共同体,村"两委"之间的相互监督形同虚设。虽然村成立了村级监督委员会,但是一些村级监督委员会成员与村干部形成利益链,有的村监委会成员是由村"两委"成员兼任,甚至有的村支书兼任村监委会主任,这样就违背了成立村级监委会的初衷。村民参与监督的积极性不高,有些村民平日忙于务农或打工挣钱,对村务的事情也不关心,放松了对村干部的监督;有些村民是不敢监督,因为担任村党支部书记、村委会主任的人,家族势力一般都比较大,又往往有乡镇领导"撑腰",很多势单力孤的村民怕遭到打击报复,不敢理直气壮地进行监督。由于监督跟不上,使得农村基层干部在政策执行层面搞变通,钻制度的漏洞,滥用自由裁量权,致使腐败发生。

问责惩处不到位。乡镇纪委干部队伍力量薄弱,纪委委员都是兼职,掌握的党纪法律知识不足,能力不足以胜任职责。有些乡镇为了经济的发展和上级政策在农村贯彻落实，必须依仗村干部特别是村"两委"一把手，错误地认为加大对村干部的监督管理和查处力度，可能会挫伤村干部的积极性和工作的配合度，更有个别乡镇领导对一些村组干部的违纪行为纵容默许，甚至是袒护包庇。另外，不仅纪检监察机关对于查处的农村党员干部腐败案件的处罚力度不够大，而且个别村干部认为受党纪政纪处分对自己的影响也不大，最终导致农村基层干部腐败案件频发多发。

三 农村基层"微权力"腐败预防对策

从全面从严治党的大局出发，农村基层走向善治，需要建立完善的农村基层治理机制，"优化农村基层政治生态、健全村级民主治理机制、构建农村利益协调机制是其必要的路径选择"①。针对农村基层"微权力"腐败发生的内在机理机制，着力构建基层贪腐预防与有效治理机制。

（一）价值层面：开展警示教育，增强正向激励

加强农村基层干部教育，培育村民监督意识。农村基层干部是党和政府的路线方针在农村落实的实施者，村干部的素质和能力水平对基层治理有很大的影响。要想从源头上治理农村基层"微权力"腐败，首先要提高农村基层干部的自身素质，夯实农村基层党风廉政建设的思想基础。"警示教育是拒腐防变的特殊教育方式"②，要通过普法教育使村干部学法、懂法、用法，让不敢腐、不能腐、不想腐的观念入脑入心。培养村民的监督意识可以有效制约村干部行使权力，防止村干部腐败行为的发生。目前中国农村民主治理总体水平较低。"政治参与意识淡薄，政治参与理性欠缺，农民政治参与处于动员型

---

① 孙肖远：《新形势下农村基层走向善治的路径选择》，《中州学刊》2012年第3期。
② 袁永杭：《毛倍荣.警示教育是拒腐防变的特殊教育方式》，《浙江大学学报》（人文社会科学版）2001年第4期。

参与为主的状态。"① 培育村民的政治理性与政治参与，要让村民知道自己可以行使哪些权利，学会运用权利维护自己的利益。比如，村民如何正确行使选举权，选举出能为群众办实事、办好事的村干部，让家族势力、拉票贿选等行为没有立足之地；村民要合理运用参与权，积极参加村民代表大会，将自己的一些见解充分表达出来，为村"两委"提供合理化的建议。

激励村干部干事创业的热情，提升村干部的工资和政治待遇。"村干部的素质特征与农村经济发展显著相关，村干部的文化素质、综合能力素质是影响农村经济发展的主要因素。"② "作为行政体系末端的村干部并非国家公务员，不能获得公务员工资，只能作为不脱产干部获得误工补贴。这样的误工补贴不仅远低于公务员的工资收入，而且远低于农民工进城的务工经商收入。"③ 目前村干部的工资水平不高，要保障村干部的工资水平不低于该村农民收入的平均水平，尤其是村党支部书记和村委会主任的工资要适当高出平均水平；同时，也要提高村干部的政治待遇，可以对为该村经济发展做出巨大贡献的村干部进行嘉奖、推举能力强的村干部作为县乡人大代表或政协委员，这样可以激发他们干事创业的决心。

（二）制度层面：规范用权，创新村规民约制度安排

村民自治处在一个不断探索、不断发展的状态，需要进一步增强制度的操作性。借鉴"枫桥经验"，厘清乡镇政府行政权与村委会组织自治权的关系，强化乡镇党委、政府对于村民自治的指导能力，编制乡镇公共服务清单制度，提升乡镇政府提供公共服务的能力。"村级事务权力清单的实质是村民依法自治的'说明书'，功能指向村级

---

① 季丽新、王培杰：《农村民主治理：困境与出路——20个省级行政区的68个村庄调查》，《中国行政管理》2013年第2期。
② 赵波、张惠琴、张宇翔等：《村干部素质特征与农村经济发展的关系研究》，《农村经济》2013年第11期。
③ 贺雪峰：《村干部收入来源与基层秩序》，《同舟共进》2015年第2期。

事务权力的规范和监督。"① 系统梳理村级"小微权力清单",全面确权、合理限权、规范用权、公开晒权,固化每项权力运行流程,建立权力运行监督网络,规制自由裁量权,明确权力运行责任主体。要"以清单化方式厘清村庄治理的各项权力,构建了小微权力的运行规则体系,构建规则运行的强力保障制度"②。要充分发挥村务监督委员会的作用,达到制衡村"两委"权力的目的,畅通民意表达和制度化监督的刚性约束。要确保制度的公信力,最关键的是做到公开透明、民主监督,在乡镇党委、政府的指导监督下,坚持合法性、民主性、实用性原则,对于制度设置做到全员动员、全民拟定、全民表决、全民告知,严格约束农村基层干部,维护制度的权威性和严肃性。

创新村规民约制度安排,推进社会公平化管理。农村基层干部腐败行为易发多发,也是造成农村大量上访的原因之一,为了破解农村信访难题,Z县以村规民约为抓手,建设社会公平化管理三项制度,分别是《宅基地报批分配制度》《享受村民待遇相关规定》《土地调整制度》,深入推进农村基层民主,走出了一条依靠村民自治破解信访困局、预防村干部腐败的新路子。

(三)行为层面:提升监督能力,使基层民主运转起来

提升监督能力,形成协同配合、齐抓共管的格局。乡镇党委、政府作为监管农村基层干部的主管部门,是预防与惩治农村基层"微权力"腐败的重要力量。县级纪检监察机关要加强对乡镇纪检监察干部的培训教育,通过组织培训班、到县纪委相关科室跟班办案等方式提升其办案能力及业务水平,切实提高乡镇纪检监察干部的整体素质。乡镇纪委要严格按照"三转"工作要求,聚焦主业,乡镇纪检监察

---

① 胡大伟:《村级事务权力清单制度的法治解构及完善》,《广州大学学报》(社会科学版)2017年第3期。

② 孙琼欢:《小微权力清单:从弱规则向强规则转型的村庄治理——浙江省N县村级小微权力清单制度调查》,《河南社会科学》2017年第10期。

机关要发挥执纪审查工作的主观能动性，以执纪审查的实际效果取信于民，通过专项整治活动、日常工作检查，从群众反映强烈的热点难点问题入手，主动寻找案件线索。同时，要加强与乡镇财政所、司法所、派出所、"三资"中心等单位的协调联系，拓宽案源，深入推进农村基层党风廉政建设。

  村庄政治重新"找回群众"，使基层民主运转起来，增强群众的获得感。村规民约制度创建影响并制约着村庄个体的行为，形成嵌入村庄治理的制度性社会资本。[①] 在民主决策方面，规范完善"四议两公开一监督"工作机制，充分发挥村务监督委员会的监督职能作用，凡涉及与群众利益相关的村级事项，要严格按照"四议两公开"（党支部会提议、"两委"会商议、党员大会审议、村民代表会议或村民会议决议，进行内容公开和实施结果公开）程序进行，创新公开形式，运用"制度＋科技"手段，建立"阳光村务网"将"三资"管理、农村低保、户籍变更、计生指标、救灾救济等与群众切身利益相关的事项实时公开晾晒，将村级事项完全置于群众的监督之下，实现纪委监督向纪委和群众共同监督的转变，切实保障农民群众权利的行使和切身利益的维护。

---

① 钱海梅：《村规民约与制度性社会资本：以一个城郊村村级治理的个案研究为例》，《中国农村观察》2009年第2期。

善治社会：基层党建引领社会共治共享与精细化管理的实践探索

社会治理的目标具有双重性，善治是社会治理的价值目标，共治是社会治理的实践目标，价值目标要通过实践才能实现。中国共产党人所追求的社会善治，比西方当代社会治理理念具有更强的人民性，坚持以人民为中心的发展思想，坚持问题导向，积极回应人民群众对幸福美好社会生活的追求。中国共产党的领导与公众参与力量的有机互动，政府规制同社会自治的合作互强，增能政府与赋权社会的机制互补，道德调节和法治保障的功能互联，是新时代社会治理机制的内在要求。中牟县城关镇推进"三治融合"，用乡村民约打造了基层善治的样本；郑州市网格化管理覆盖城市管理、社会保障、综合治理、公共服务等领域，形成了政府管理、公共服务和基层自治有效衔接、互为支撑的新型社会治理结构；郑州市金水区城管执法将公安警务室、公证服务室、法律援助室、行政调解室和城管巡回法庭为主要形式的"四室一庭、四权分离"的实践探索，提升了城市管理精细化水平。中国特色共建共治共享社会治理体系与格局释放了基层活力，提高了群众生活的获得感幸福感安全感，提升了社会治理的品质。

复合社会治理中的多维联动机制[*]

治理理论是在现代化和全球化背景下，面对当代经济和社会的重大转型，对国家传统统治方式造成的各种不可治理的理性回应。相对于传统统治而言，治理是一种趋势，这种趋势意味着国家—社会关系的调整。西方国家经过数百年自生自发的演进，逐步形成了政府、市场、社会各居其位又相互补充的社会治理结构。在西方学界，治理理论强调治理主体的多元，政府与社会的合作，多元协商与互动，并且主张社会自治以及社会组织与政府的平等共治，具有所谓"社会中心主义"的取向。与此相对应的是，中国并没有经历过一个长期的社会分化过程，更谈不上形成政府与市场、国家与社会、公共领域与私人领域的相对分离的社会秩序。治理理论倡导政府与民间组织的合作，但在中国的语境下，社会自治组织的发育才刚刚开始，尚不存在一个自主性的社会自治体系。因此，照搬西方相关的治理理论运用到中国就可能出现水土不服的现象。近年来，一系列群体性突发事件的频发，暴露了中国社会治理体制机制的缺陷与不足。因此，新形势下化解社会矛盾，最大限度地促进社会稳定和社会和谐，亟须构建政府有效治理和社会自治良性互动的复合治理格局。复合治理主张治理主体的多元互补合作，资源的整合与组织的协同，治理空间的开放性，治理方式和成效的共建共享性。复合治理强调构建国家主导、社会自主、公民积极理性的良性互动结构。在当前新的形势下，党的领导与

---

[*] 原载《云南社会科学》2014年第6期。

公众参与的力量互动，政府规制同社会自治的合作互强，增能政府与赋权社会的机制互补，道德调节和法治保障的功能互联，是优化和创新社会治理的主体结构、运行机制的重要内容，是复合治理在当前中国语境中的具体展现，是一种积极的社会治理逻辑。

一　党的领导与公众参与的力量有机互动

中国共产党是中国特色社会主义事业的领导核心，也是政府有效社会治理的保证。党不仅要通过把握方向路线、制定方针政策直接推动社会建设和社会发展，而且要为社会各方面、各阶层充分发挥自身能动性，为社会发展和社会进步创造良好的环境。通过营造人们干事业、支持人们干成事业的体制环境和社会氛围，从而团结一切可以团结的力量，调动一切可以调动的积极因素，共同投身社会建设和社会发展事业。党组织通过引导社会行为方式和价值取向，增强其社会责任感和组织归属感，提升其社会认同度和凝聚力，提高社会的组织化和有序化，使党组织成为社会黏合剂，把社会人组织起来，形成一股共同推进经济社会发展的强大战斗力。

参与的理论来自以民众为中心的发展观点。民众不仅是发展的最终受益者，也是发展的推动力。"善治要想持续，它必须根植于一个支持和促进参与的正式框架，无论在国家层面还是地区层面上。"[①]参与式治理通过广泛深入的公民参与，以此带来政府的全新转型，这不仅有利于深化民主，而且能够在政府与公民之间搭建起桥梁，在政府、公民个人和志愿团体之间建立起伙伴关系，使各利益相关者能够参与决策和协作治理。参与式治理还有助于提高政府决策的质量，优化政府过程，转变政府职能，促进政府与公民的良性互动，从而由"善政"导向"善治"。从国际经验来看，创建一个符合本国国情、

---

① [印]哈斯·曼德、穆罕默德·阿斯夫，《善治：以民众为中心的治理》，国际行动援助中国办公室编译，知识产权出版社2007年版，第68页。

具备较强社会利益整合功能的政党,并且形成一种公民参与型的政治文化,不仅有助于转型时期社会经济秩序的和谐治理,而且可以增进公共信任和政府的治理效能。尽管目前中国的治理主体已趋多元,但最根本的是中国共产党的各级组织,在中国的国家治理结构中,形成了一种"以党领政"的治理结构。

充分发挥公众参与社会治理,不仅可以降低社会治理成本,提高社会治理效率,还可以提高社会治理质量。"参与式是微型民主的本质,或者说,它为上层结构即民主政体,提供了关键的基础结构。"[①] 由于地方性事务和公众的利益紧密相关,极易激发公民的参与热情,在参与的实践中,人民在政治上变得成熟起来,培养了社会成员的参与能力。参与是一个渐进成长的过程,有赖于党和政府的组织和动员,同时党的建设与国家建设的有机互动创造公民参与的制度空间。中国共产党践行群众路线,通过积极有序地组织和引导群众参与公共事务活动,并逐步使自上而下的单向动员和组织转向官民交互影响,通过对群众路线创造性转换实现和参与式民主耦合协调发展,这不仅有利于丰富群众路线的内涵和拓展公民参与的广度与深度,还能够形成良好的社会治理。

二 政府规制同社会自治的合作互强

政府规制与社会自治的有机统一是成功社会治理的内在要求,政府规制强调政府的权威和社会的服从,如果没有政府规制,各种越轨和犯罪行为就难以得到有效控制,就会造成整个社会秩序的混乱。但是,仅依靠严密的社会控制会窒息社会的活力和创造力,刚性的维稳难以持久,这就需要控制与引导相结合。为了实现动态的可持续稳定,需要建立健全社会运行状况的监测体系、预警系统及危机协调机制,切实提高政府社会治理的科学性、有效性和针对性。社会治理强

---

① [美] 萨托利:《民主新论》,冯克利等译,东方出版社1998年版,第146页。

调政府为社会成员提供各种基本的公共服务，完善基本公共服务体系，努力提高对社会的服务质量。创新社会治理方式还要引导社会成员通过合法的途径理性表达自己的利益与愿望，政府要有回应性和问责制，各项治理活动才会得到公众的自觉配合与大力支持。因此，形成权责明确、运转高效的管理体系是保持社会秩序和稳定的基础。

社会自治的程度反映着社会成员自由、自主、自决、自律的水平，也体现一个社会的治理水平。在社会自治发展的问题上，斯坦福大学的魏昂德指出："中国的经验表明，那种惧怕地方自治或社会自治会带来社会动荡不安的担心是多余的，相反，社会自治是国家长治久安的必由之路。"[①] 魏昂德通过比较各国政治发展史的经验后断定："重构21世纪的中国的政治改革，将是自上而下的。"社会自治最重要的作用在于它通向国家的善治。社区要成为政治场景中的重要组成部分，必须具备以下两个条件：第一，政府必须通过增强意识和鼓励参与，强调社区的重要性；第二，人们必须学会成为公民，而不是国民。政府的目标是为社区自治创造环境。美国学者戴维·布雷在《社区建设：中国城市治理的新战略》指出，中国城市的社区建设提供了一套混合型的社区治理战略。"它把一些相当直接的政府干预形式与完善的志愿者服务体系以及确保社区作为提高道德水平的媒介的效力结合在一起。"[②] 如果社区建设取得成功，即使是部分成功，那么它将大大减少政府的未来成本。不仅如此，它还能够部分地缓解危险的社会混乱和悬殊差距，而在目前，这些因素对当今中国社会稳定构成了威胁。

三 增能政府与赋权社会的机制互补

增强体制机制的活力就要从转变、提高政府社会管理能力和增强

---

① 俞可平：《中国治理评论》（第1辑），中央编译出版社2012年版，第17页。
② 吕增奎：《民主的长征：海外学者论中国政治发展》，中央编译出版社2012年版，第275页。

社会自我管理能力两方面着手。从前政府独自承担社会公共事务的治理，既提高了政府运行的成本，降低了政府的治理效率，也弱化了社会的自我调节功能，抑制了社会组织的活力。

政府希望社会组织承担更多的公共服务功能，但没有给予它们相应的资源或能力。政府向社会放权只能逐步推进，如果没有成熟的、强大的、独立的、高度自律的社会组织，国家向社会放权不但无法收到良好的效果，而且可能使社会出现局部领域的失控。因此，放权于社会，应做到活而不乱。中国社会组织化程度相对较低，社会由分散的单个的个人组成，既无序无力，也不足以形成影响政府的力量，不能有效保障人们的权益，无法实现与政府的良性互动和动态平衡。中国对非政府组织的管理经历了一个由紧到松的过程，有序开放社会组织准入大门，适当降低准入门槛，为各类社会组织的充分发展、健康成长提供广阔空间。

政府将部分公共事务通过政府购买社会服务的方式，交由社会组织承担，发挥社会组织、社会公众在处理自身事务上的主动性，凡是社会能自主解决的事务，政府应主动退出，不再过多地运用行政手段干预，各种社会主体的活力才能得到充分释放，从而形成政府与社会合作、多元主体共同治理的局面。这样一方面可以使政府从微观管理中解放出来，逐渐淡出原本不该涉足的领域，由"划桨者"变为"掌舵人"，把精力集中于规则制定和监督上，加强宏观管理，从而提高政府社会治理效率；另一方面，社会组织作为政府职能转移的承接载体，政府应给社会组织以活动空间，支持社会组织依法开展有偿服务。与西方国家相比，中国社会组织尚处于发育初期，这就需要政府加大对社会组织的扶持力度，制定各项扶持政策，在财政方面给予社会组织以支持，增强社会组织自我发展能力。同时借鉴发达国家的经验，把大量社会管理事务和公共服务项目委托给具有相应资质和能力的社会组织办理，赋予其部分公共服务职能，为社会组织的发展注入新的活力。在这一过程中，既减轻了政府工作负担，又节省了公共财政支出，还权于社会，是社会发展的未来方向。当前阶段的社会治理不是不要政府,而是需要"强政府",要求政府既"掌舵"又服务,提高政府市场监管能力和公共服务能力。社会治理创新不仅意味着对社会资源的有效整合,而且要更好地为社会提供优质均衡的公共服务,调动各方主体共同参与社会治理。社会化是社会治理机制运作的核心,就是要在社会建设、社会发展、社会治理中,以社会化为导向,充分调动社会各方面的力量,发挥各个方面的积极性,社会事业社会办,社会事务社会担,社会成果社会享。

社会组织参与公共事务的治理能弥补政府提供公共服务的空白,有利于政府服务体系的结构性调整和资源整合,进一步提高政府服务体系的整体效能。从世界历史的视角考察,政府主导型社会发展机制和市场主导型社会发展机制的发展态势是:随着一国经济社会的发展和现代化进程的加快,其社会发展机制相应地也会随之发生转换——或迟或早地从政府主导型向市场主导型转变。但这是一个极其复杂的动态过程。如果后发展中国家在市场机制尚未完全建立和充分发育、市场化程度不高的情况下,否定政府作用和放弃政府对经济的必要干预,非但不利于转轨国家市场经济体制的建立和完善,也不利于这些国家的政局稳定和发展。在政府的主导之下,社会组织依赖政府并进而丧失其独立性和民间性,这既加大了国家对社会治理的难度,又增加了国家对社会治理的成本,因此,国家应把社会组织和社会能力建设作为社会建设的重中之重。

四 道德调节和法治保障的功能互联

法律是他律,是最底线的道德,具有维护社会公正和秩序的功能;道德是自律,是高标准的法律,德治规约和引导社会成员的行为,倡导追求更高的道德境界。法律具有稳定性和可预期性,法治是控制矛盾和冲突的制度化治理方式,运用法治思维和法治手段解决社会问题,一方面在宪法、行政法的规定下,以人的自由全面发展为目标,以尊重和保障人的基本权力为尺度,通过法律控制公权力。另一方面,在依法治国的大原则下,国家应将以法管理社会的法律体系尽量细化。但是在法律的运行中,离不开公民道德的支撑,如果没有道德元素的注入,法律的威力也将是脆弱的。因此,只有将道德调节与法律治理结合起来,才能形成完整的社会规范系统和调控手段系统,实现外在约束和内在自省的相互补充、相互配合。英国学者皮得·诺兰在《处在十字路口的中国》中指出,中国的"第三条道路"是一种完整的哲学,把既激励又控制市场的具体方法与一种源于统治者、官员和老百姓的道德体系的深刻思想结合在一起,"在权力统治的大厦的背后是普遍的道德规范,而这种道德规范的基础是所有社会阶层为了维持社会团结、达到社会和政治稳定以及实现环境的可持续性而恪尽职守的必要性。当这些功能有效运转的时候,就产生了'巨大的和谐'、繁荣的经济和稳定的社会"[1]。十八届三中全会要求在创新社会治理体系中继续坚持政府领导,注重发挥社会组织作用,增强市场主体的社会责任,充分体现了党领导下的多方参与,发挥道德调节的治理理念。

一方面必须强调法律在社会生活中的主导地位,另一方面还要关注道德现象背后所反映的社会问题和文化问题。当前影响社会稳定的各类矛盾不断增多,房屋拆迁、环境污染、物业管理等问题引发的群体性事件呈持续多发态势。如果一味强调运用行政手段解决纠纷,最终会损害法治的权威和尊严。要逐步完善中国现有各项法律法规和规章制度,保障法律法规的严肃性和权威性,营造一个公平、公正的社会环境,从源头上制止不和谐行为的发生。诚信缺失是目前道德领域中出现的突出问题之一,由于中国既缺乏公共生活传统,又正处于社会转型中,还没有形成有效的公共信用监督管理体系,致使信用失范行为的泛滥。网络媒体、食品安全、公共服务、医疗等领域是道德失范的重灾区。因此,社会治理中的突出问题必须将道德的感召力和法

---

[1] 周艳辉:《增长的迷思:海外学者论中国经济发展》,中央编译出版社2011年版,第12页。

律的威慑力结合起来，建立信用基础性法律法规和标准体系，重点围绕政务诚信、商务诚信、社会诚信和司法公信四大领域，构建以信用信息资源共享为基础的覆盖全社会的征信系统，健全守信激励和失信惩戒机制，并将社会主义核心价值观融入各项政策议题和人们的日常行为之中，促进社会自律和个体的自我道德完善和发展，才能够造就良好的社会道德风尚，形成遵法守纪的习惯，进而才会使法律更有效力，社会发展才能进入较高层次。

官渡镇建"村规民约三项制度"破解农村信访难题

党的十八大以来,习近平总书记就推进社会主义民主政治建设作出一系列重要论述,多次强调要坚持和完善基层群众自治制度,发展基层民主,保障人民依法直接行使民主权利,为基层民主建设提供了有利指引和重要理论支撑。随着新农村建设以及基层民主制度的实践,村规民约又成为村民自治的重要载体而存在,是村民进行自我管理、自我教育、自我约束的行为规范,是国家为广大普通村民的公共参与所做的重要制度安排。作为村民共同制定遵守的行为规范,村规民约是村民自治的制度化体现,是基层民主的产物。新时代农村社会建设要求强化村规民约的自治性、约束性,是提升乡村治理能力的重要路径。本文选择中牟县官渡镇作为典型案例,来具体说明村规民约的制定对于农村基层社会和谐稳定以及农村社会公平化实现的重要作用。

一 章中牟县官渡镇面临的现实困境

官渡镇是农业大镇,位于中牟东部,东临开封,辖44个行政村,73个自然村,人口6.8万人,总面积122万平方千米,是中牟县面积最大,人口最多,矛盾最复杂的乡镇,历来是信访大镇。信访量占到全县信访量的8%,经常受到省、市、县的批评,经常有乡镇干部因此受处分,信访成了历届党委政府压力最大、最头痛的大难题。官渡镇新一届党委政府上任后,下决心破解人多事杂局面混乱的信访困局。

(一) 信访问题的主要源头

通过对全镇信访现状进行了全面系统的调查研究,发现"宅基地划分、土地调整纠纷、如何享受村民待遇"三个方面是当前农村常见的三大矛盾纠纷,也是最主要的信访源,占到总信访量的68.7%。这三类问题直接关系农村居民的切身利益,是每家每户最关心的大事要事,也是影响农村和谐稳定的信访源,更是农村工作的重心和关键。该镇党委书记表示,这三个方面矛盾诱发的原因实际上是因为社会发展与落后的管理不配套造成的,原有的旧的管理制度无法解决新型城镇化带来的许多新问题,新矛盾,致使基层干部不能有效管理。

(二) 管理混乱的主要原因

通过对各行政村进行了全面的调研,发现5个信访大村都存在农村基层组织涣散,干部带头多吃多占的问题。一些村干部素质低下,靠家族势力甚至是贿赂上台,在处理利益分配时明显存在私心,偏向家族亲戚,一碗水端不平,引发群众不满。一些村干部作风专横霸道,在分配集体利益时独断专行、随意侵占,致使群众离心离德。所以,大部分信访问题实际上是干部问题,信访问题之所以产生,很大程度上是干部不能依法办事,处事不公引起的。如何改变人治传统,压缩村组干部随意性,约束其行政行为,成了破解农村基层信访问题的关键所在。

二 中牟县官渡镇社会矛盾案例描述

【案例一】

前於村二组村民毛某闺女大学毕业后出嫁,不迁户口,想继续享受村民待遇,组里不给,便到镇上上访,在镇里大吵大闹。村镇干部告诉毛某,几十年来都是这规矩,你得守村规民约。毛某反而质问道,规矩谁定的?我怎么不知道?村规民约在哪,拿出来我看看。问的村镇干部当场哑口无言。

【案例二】

西周庄村的曹二狼身高一米八,虎背熊腰,眼光透着一股狠劲。二狼有一兄,名栓狼;一弟,号小虎,三人走在村里无人敢惹。仗着拳头硬,二狼家4口人,多占村里10亩地,十来年无人敢管。有一年,邻村分地,二狼索性"抢"了4亩。对方气不过,与他打了一架,不敌,只好作罢。同村的张纪安老实巴交,全家6口人,20多年只种半亩地。20世纪90年代,村里党组织涣散,调不成地。县工作组驻村多日,也未解决问题。此后,西周庄再也没有调过地。

【案例三】

官渡镇芝麻岗村鲁某因为喝了一顿酒,和村民小组组长签了一纸承包合同,占20亩地的鱼塘,20年竟不交一分钱。村中的一片鱼塘,边上盖了一座两层楼,红顶白墙,在冬日稀疏的树林里格外抢眼,村民提起鲁胜利都徒叹奈何。

【案例四】

西周庄村组长靳某,通过出租集体土地,私自赚取租金,并将粮补资金据为己有,侵占集体利益,造成群众常年上访。再有赵寨村由于村组织长期涣散,村支书带头巧立名目侵占宅基地,群众在土地调整、宅基地划分是相互攀比,信访量越来越大。

三 中牟县官渡镇破解信访难题的实践

经过几个月的调研反馈,镇党委政府深刻剖析认识到,制度缺失是农村信访问题得不到及时就地解决的关键因素。宅基地划分、土地调整、村民待遇等关系到农民切身利益的问题,也是基层民众最关心的问题,关系到农村社会的和谐稳定。近年来由于农村基层没有形成完善的具有法律效力的规章制度，所以农村社会出现的一系列关系到自身利益的事件得不到有效解决，同时也给基层干部的工作造成了不少压力，最终造成信访量不断增大，同时因为没有有效的规章制度也使得基层干部和民众之间不能找到准确的平衡点去解决问题，造成信访困局。在中牟县官渡镇因此引发的信访案件持续攀升。

无规矩不成方圆。官渡镇党委书记段长海又深刻剖析了基层矛盾始终无法有效解决的实际根源。村干部为什么不作为甚至乱作为？因为基层没有规矩。段长海又说道"矛盾都不大，但通过法律手段解决，程序复杂，时间较长。通过道德评判，缺少约束力，难以奏效。最有效的办法是村民自治，先立规矩"。但原先大多数村的村规民约形同虚设，有的村根本没有村规民约。2016 年以前，官渡镇 44 个行政村 73 个自然村仅有 8 个村有村规民约，其中 5 个村的村规民约制定过程中缺乏公开公正，没有召开村民大会，是村干部私下商定或者参照其他地方的样本依葫芦画瓢，没有履行公示、表决、备案等程序，得不到群众的认同。"没有制度的结果就是强者多占，老实巴交的群众吃亏，遇到问题干部全靠和稀泥，拿不出解决问题的真正依据和办法。"段长海说。经过镇党委政府认真思考，慎重研究，决定把建好村规民约，定好宅基地划分、土地调整、村民待遇三项规矩作为突破口，让村民自治"有法可依"，让问题解决"有章可循"，把基层干部的权力关进制度的笼子。

中牟县官渡镇前於村退休教师王兆良至今还清楚记得，2017 年 5 月 25 日，镇党委书记段长海、副书记谢继周等镇班子成员一行，在该村委二楼会议室，与前於村党支部、村委会组干部、党员代表和村民联户代表们，一起座谈促进乡村文明、乡村卫生、乡村稳定和基层社会化公平管理等。真正把村规民约的制定落实到实际行动上，改变了长期存在于农村社会的人治传统，让关系到民众切身利益的事件得到有效解决，促进了基层民主建设同时更促进了基层社会建设的公平、稳定。

(一) 中牟县官渡镇"村规民约三项制度"的具体做法

第一,党委政府全程指导监督,官渡镇把村规民约建设作为2017年头等大事来抓,镇政府印发了《关于推进基层社会公平化管理的意见》,要求各村围绕宅基地划分、土地调整、村民待遇三项制度制定村规民约,并对形式、内容、过程等方面作了详细规划。镇党委书记、镇长亲自挂帅,班子成员包村分片,全程指导、监督、审核,确保各村村规民约科学合理、严谨规范。

第二,四个原则全面渗透贯彻。在村规民约"三项制度"制定过程中,官渡镇党委政府发挥统揽协调作用,要求村规民约的制定必须符合四个原则。一是合法性原则。制定程序和制定内容都要依法依规,严格准守《村民组织法》《土地承包法》《土地管理法》《婚姻法》等法律政策,不能与国家相关法律法规相抵触;二是民主性原则。村规民约三项制度的拟定、修改、讨论、商议、决定过程中,应充分民主协商,注重发挥全体党员和群众的智慧和力量,真正体现村民意愿;三是实用性原则。村规民约"三项制度"制定切忌空洞,要从真正解决村内实际问题出发,针对村组热点,难点问题,制定适合本村村情的制度;四是动态性原则。村规民约三项制度既要保持相对稳定,又要随着形势和实际情况的变化适时修改完善。

第三,各个环节全程公开透明。制定村规民约首要的一条在于确保其公信力,确保公信力最关键的就是要做到公开透明、民主、监督。为此,官渡镇党委政府严把村规民约三项制度拟定、修改、讨论、商议、审核、公布等各个环节,做到全程公开透明无死角。一是全民动员。官渡镇党委政府连续召开党员大会、干部大会,对村规民约三项制度建设发出动员令,各村组也相继召开群众会议,将镇政府专门印刷的《致全体群众的公开信》发到每一家每一户群众,并利用标语、宣传车等形式,展开大规模的宣传,通过全民动员实使村规民约三项制度建设家喻户晓。二是全民拟定。村规民约三项制度由村两委抽查有威望、有文化的群众代表集体起草,草稿完成后先提交村两委干部讨论,再提交党员和村民代表大会讨论,之后由党员干部逐户征求村民意见,集全村村民智慧来拟定。经过反复修改完善,最后报镇政府审核。镇政府一般只进行法制审核,不干预具体内容。如享受村民待遇的具体条件、宅基地上所建房屋的具体高度、防台标高等,均由村内决定。三是村民表决。村规民约三项制度完稿后,召开村民大会表决。为开好村民大会,提高村民群众参与度,官渡镇党委政府规定,村规民约要想生效,必须达到参会户数、通过票数"双过半"的要求。组织村镇干部先进村入户吹风预热,提前半月通知到每一户村民,包括外出打工的群众,并通过发放小型农具等方式吸引群众到会。由于准备充分,组织得力,各村村规民约三项制度表决大会空前成功。村民热情空前高涨,大部分提前到会场,有群众甚至专程从重庆、贵州等地赶回家参会表决。41个村的村民大会平均参会率达到86%,参会率最高的村达到100%,村规民约三项制度平均赞成率达到82%,均一次通过。这种场面自从分田到户之后,近三四十年从来没出现过。

第四,全民告知。村规民约三项制度经表决生效后,印制成小册子,村组干部逐户送达村民家中,由当家人阅读签收,签字按手印,镇村两级存档。同时将全部内容做成版面,在村组显要位置上墙张贴,永久性接受群众监督。

(二) 中牟县官渡镇"村规民约三项制度"的具体操作

村规民约怎么立?镇里开动员大会时,前於村支书王根力很不以为然,说到我当了20多年的支书,村规民约不是没见过,但觉得不管啥用。但是党委书记段长海告诉村干部,这次立约聚焦三件事:宅基地划分,土地调整,村民待遇。"三项制度"怎么定?分三步走。

第一步,全民拟定。党委政府对制度的形式、内容、制定过程作出详细要求,并宣传到每家每户。各村两委抽调干部、群众代表起草。草稿交村两委讨论后,提交党员和村民代表大会讨论,逐户征求意见,再报镇政府审核。镇政府一般只进行法制审核,不干预具体内容。听说镇里不干预村规内容,王根力更不看好立约。不过,他没想到,回村一传达,大伙儿热情高涨。讨论草案时,你一言我一语,拟了6稿才确定下来。随后,村里召开党员和群众代表会议,征求意见。村里44名党员,除1人远在海南,到会43人,创了纪录。王根力一看,这事"有门儿"。

第二步,全民表决。镇上要求,村规民约要生效,参会户数、通过票数要"双过半"。王根力又担心,正值农忙,大伙儿能来吗?6月15日,是前於村开村民大会的日子。早上一睁眼,王根力听到雨声,一骨碌爬起来,开窗看,小雨淅淅沥沥,心便提到了嗓子眼儿。上午9点,一人不落,全部到场。望着台下花花绿绿的雨伞,王根力激动得差点掉泪。当天,村民全票通过"三项制度"。前於村成了官渡镇第一个"吃螃蟹"的村。"41个村的表决会,平均参会率86%。村规民约平均赞成率82%,均一次通过。"段长海说。

第三步,全民告知。制度表决后并进行全民告知,制度印制成小册子,送到村民家中,由当家人阅读签收,签字按手印,镇村两级存档,以利执行。

四 中牟县官渡镇"村规民约三项制度"执行机制

再好的制度如果执行不力就会成为一张废纸,官渡镇党委政府深刻认识到,建立村规民约三项制度只是万里长征走完了第一步,执行落实才是最关键的环节。为此,镇党委政府加强监管,指导各村顶住压力、咬紧牙关,严把执行关口。

(一) 严格约束干部

镇党委政府多次召开村组干部大会,强调村规民约三项制度是村组干部的紧箍咒,是考验村组干部作风的试金石,也是干部考核、评价、晋升、处分的重要依据,必须无条件带头执行村规民约三项制度。强化督导问责,将下坂峪、北沟两个村的私心重、办事不公道、群众威信低的支部书记免职,重新调整了村两委班子。在全镇干部中产生强烈震撼,干部作风为之一新,为村规民约三项制度的执行扫清了障碍。

(二)严格清退特权

村规民约三项制度实行后,所有涉及村组集体利益分配的事宜一律照章办事,通过镇两委政府、村两委监督、村民群众三重监督,杜绝私下通融、乱开口子的做法。原来每个村都有四五户各种理由多吃多占的特权户,现在集体利益分配时全部取消。2017年下半年,全镇共新划分宅基地36片,调整承包地9起,征地补偿项目6起,共涉及21个村,全部按照村规民约三项制度严格执行。新建住宅11户,全部按照村规民约的房高、台高和外部环境标准修建,没有一个特权户出现。

(三)逐步追讨历史旧账

为确保村规民约三项制度顺利推行,镇党委政府指导各村对以前多吃多占户保持攻势,逐步追讨历史旧账,将公平公正进行到底。

结 语

农村基层民主对于社会和谐稳定是一个关键因素,是实现基层管理的有效途径,同时有利于集体公共利益的合理分配,消除传统政治文化中的消极因素,减少基层政府在工作中的官僚作风,有利于树立正确的科学发展观和正确的绩效观。

中牟县官渡镇作为中国特色民主建设的一个案例代表,反映出了中国民主建设过程中出现的各种挫折和难题。以前涉及宅基地纠纷、土地调整纠纷、村民身份待遇等集体利益分配领域的矛盾,是老大难题。靠人治协调随意性,反复性大;走法院诉讼程序复杂时间长;通过道德评判缺少约束力效果差。但是村规民约的制定，通过村民自治，让一切变得不再麻烦。村镇干部管理村务有章可循有据可依。同时给村镇基层干部解了压，以前村镇基层干部解决问题靠吵、靠嚷、靠嘴皮子，压住一时反弹一世。村规民约三项制度实行，一切照章办事按制度来。再者形成了一种民主决策村民自治的新机制，村规民约三项制度的确立不仅解决了当前农村工作中的问题，而且形成了一套村民自治、民主决策、民主监督的工作机制。除了宅基地纠纷、土地调整纠纷、村民身份待遇等问题外出现其他问题状况都可以用村民民主自治的方式找到解决办法。而且培养了公平公正的依法依规的好民风。解决问题有章可循有法可依，化解矛盾靠规章制度的村治环境下，以遵章守法、按规矩办事为荣。

　　农民的政治参与质量直接关系到中国基层民主政治的面貌，对于缺少民主传统的中国社会来说，首先是要培养农民的主动参与意识，同时政府部门应该积极配合让民众知道参与途径和渠道。其次是积极响应党和政府的号召，遵从党和政府的积极引领和推动作用，破解基层组织懒散涣散的情况，根据各乡镇不同的实际情况制定出符合自己本村发展要求的村规民约。让问题解决"有据可循"让基层干部"有法可依"，真正意义上破解群众上访难题的困顿局面。在此基础上实行村务财务公开，让民众最大限度地实现民主自治，有利于对村干部行为的监督以及干群矛盾的解决。

金水区城管执法"四室一庭、四权分离"的实践探索

一 引言

党的十八届三中全会提出:"整合执法主体,相对集中执法权,推进综合执法,理顺城管执法体制,提高执法和服务水平。"十八届四中全会再次提出:"深化行政执法体制改革,推进综合执法,理顺城管执法体制,加强城市管理综合执法机构建设,提高执法和服务水平。"2015年11月9日中央深改组第十八次会议审议通过了《关于深入推进城市执法体制改革改进城市管理工作的指导意见》,提出要深入推进城市管理执法体制改革,改进城市管理工作,"以城市管理现代化为指向,以理顺体制机制为途径,将城市管理执法体制改革作为推进城市发展方式转变的重要手段,与简政放权、放管结合、转变政府职能、规范行政权力运行等有机结合,构建权责明晰、服务为先、管理优化、执法规范、安全有序的城市管理体制,推动城市管理走向城市治理"。这是对创新和完善行政执法体制机制改革提出的指导思想。

二 城市管理行政执法面对的问题与难题

(一)城管执法体制存在的问题

随着城市的发展,城管的职能不断增加,执法范围涵盖城市管理

的众多领域，实践中城管执法面临众多问题。首先是机构的职权数量过多，加之执法手段落后，执法资源与管理需求相矛盾，执法人员素质参差不齐，执法活动多和人民的日常生活息息相关，"末端治理"面临太多压力，成为社会关注的焦点。其次是执法权限过杂。由于传统执法权分散于不同的部门机构，普遍存在行政执法条块分割、职能交叉、各自为政，执法合力难以形成。比如，占道经营屡罚难禁，店外归城管负责，店内由工商监管，店内由工商监管，搬来搬去，城管、工商都没法管。最后是处罚权设置不合理，行政执法部门间存在职责交叉、范围不清、多头执法，甚至法律空白。执法协助体系不完善，部门间存在信息壁垒，缺乏应有的联动，执法过程中常出现推诿或扯皮现象，难以保障执法权的有效行使，造成了不少监管的盲区、薄弱点。而且由于基层执法力量普遍不足，执法工作通常采用委托形式实施，由委托部门承担相应法律责任，导致执法工作存在"责、权、利"不统一。

（二）城管执法流程存在的问题

首先，执法程序设计过于僵硬，取证依程序操作难。行政执法中的行政处罚的调查取证面临行政相对人的不配合，行政机关对其行为负有举证责任，如果行政机关不能提供足够的证据证明其所认定的事实，则执法机关面临行政复议、行政诉讼的风险。其次，城管执法缺乏强制措施，依程序办事给相对人带来不利。如执法人员发现违章建设时，因没有强制拆除权，须待履行完全的合法手续后再行拆除，无疑会对相对人造成更大的损失，行政相对人不服从城管部门处罚就只能申请法院强制执行，由于申请程序复杂、时间长，往往造成很多违法行为愈演愈烈或不了了之。最后，现实中城管执法存在违反法定程序的现象。违反法定程序，就是违反法律、法规、规章对行政行为方式、步骤、形式、时限、顺序五要素的规定。在执法中，还存在重实体、轻程序的思想，影响城管执法的正确性和严肃性。

（三）城管执法过程中面对的两难选择

城管执法机关所行使的行政处罚职能中，对黑车、小广告、无照经营、违法建设等行为的执法难成为城管执法系统关注的焦点。诸如盯点难、取证难、处罚难成为执法面对的共性问题，其处置难度之大、效率之低、反复性之强成为一个非常值得关注的现实问题。而城管执法肩负着政府赋予的城市管理使命，具有维护社会公共秩序的职责。如对流动摊贩的治理中，城管管理手段主要是巡逻或举报后，由城管孤军奋战，城管人员以劝说、赶离现场为主，由于城市流动摊贩的大量存在和大量流动，城管执法人员和城市小商贩在玩着"猫鼠游戏"。另外，流动小商贩多是底层维持生计的就业方式，城市要为这类弱势群体提供生存空间和生存权利，基层执法人员在行使自由裁量权，面临一个两难选择的境地。

三　金水区城管执法案例描述

【案例一】公安护航，制止恶意抗法

作为河南省知名的"三甲"医院，河南省肿瘤医院周围的纬五路、东明路这一段可谓是人满为患。更有许多长期占道经营的商贩，堪称这一地带的"地头蛇"，加剧医院周边的交通拥堵。2016年1月19日中午，未来路执法中队联合公安警务室对省肿瘤医院西门的占道经营摊贩进行了清理。在清理到纬五路与姚寨路口的一处四五十岁的卖烤红薯的大哥那里，"意外"出现了。"红薯哥"对执法队员的管理拒不配合，还"三字经"似的破口大骂并从架子车上拿出一把菜刀，上去就要砍执法人员。说时迟，那时快，民警迎上去，来了几个"大挪移"，算是将"红薯哥"控制住，并带至派出所进行调查并将其处以15日行政拘留。随着这名占道商贩被清理，执法人员随后的整治行动就顺利了很多。

【案例二】现场有公证，执法多保障

位于郑州市东明路与纬四路交叉口的一家水果店突出店外经营，极不配合执法。这次有了公证员在场，城管执法人员心里踏实多了。"以前送达书面处罚决定书，对方要是不配合，对我们不理不睬，坚决不收，一旦进入司法程序，他们又说没见过决定书，不知道啥情况。到底送达了没有，最后就说不清了。"他说。而有了这次公证送达，后期将案件移交法院申请强制执行，顺利执行到位。

【案例三】法律援助解疑惑，主动履行好处多

占用城市道路卖水果的王某很想不通，卖东西到底犯了什么法了？为什么要处罚我？而且要处罚那么多（罚款二百元的行政处罚）？带着这样的疑问他来到了城管法律援助服务室。刘律师热情接待了他，听取他的陈述后，刘律师调取了卷宗，认真查看后认为主体明确，违法事实清楚，法条选用适当，处罚适当。于是她耐心地给他讲解法律，讲解违法行为的社会危害，给他参看自由裁量，最终，王某意识到了自己的违法行为，主动履行了处罚决定，缴纳了罚款，并表示以后不再占道经营。

【案例四】口口相传，巡回法庭影响大

南阳路与岗杜街附近，一家名为"大汗烤羊腿"店门口，两个铁炉子，支在人行道上，其中一个炉子装满黑炭，熊熊火焰正在燃烧。在店门口约5米处人行道上，堆放着20多个炭烧铁炉。一辆法院的警车与一辆行政执法车缓缓停在该店门前，几名法警与行政执法人员来到店内，向店内员工出示证件上前询问。法警将老板陈某带进警车，送至金水区人民法院。金水区人民法院执行二庭副庭长赵军宏表示，2016年4月14日，金水区人民法院向陈某寄送了执行通知书；5月6日，法院再次电话通知陈某本人，但一直拒不执行。法院此次强制执行2万元罚金，并追加滞纳金2万元，一共被罚4万元。对此，店老板陈某后悔地说："以后再也不敢占道摆摊烧烤了。"

四 金水区城管执法"四室一庭"司法保障机制

四室一庭即城管执法联合公安、司法公证、法律援助、法院等机构和职能部门,共同对城管执法领域内的执法重点、难点问题逐个破解,提升城管执法和服务水平,树立了城管执法新形象,开创了城管执法的新模式。

(一)公安警务室

为了解决城市管理行政执法过程中,执法相对人信息取得难、城市管理行政执法权有限等问题,金水区执法局联合公安、交警等部门,成立了公安警务室。公安警务室一方面在避免暴力抗法、确保执法顺畅,当事人信息取证等方面,协助执法中队行使城市管理行政执法工作;另一方面联合执法中队,对机动车占道经营、废旧机动车占用城市道路等城市管理问题进行长期整治,将行政执法做出实效,将依法行政落到了实处。

(二)公证服务室

金水区司法公证处设立的城管执法公证服务室,对破解城管执法在主体、程序、处罚和送达方面的难题,提升标准化执法水平、提高执法公信力等方面具有十分重要的作用。司法公证全程介入城管执法活动,对执法过程中执法者和相对人的行为公证监督,一方面能精细工作流程,监督并规范城管执法行为;另一方面为执法提供客观、真实、合法的证据,尽可能还原执法现场,真正实现文明执法的目标。

(三)法律援助室

郑州市法律援助服务中心在金水区执法局设立的城管执法法律援助服务室,由律师事务所的职业律师为执法相对人无偿提供法律咨询、政策解读等法律援助服务。法律援助服务室为执法相对人搭建有效的救济平台，保护执法相对人的合法权益。城管执法法律援助服务室的成立，一方面为执法相对人提供法律援助，提高其法制观念；另一方面对执法人员加大监督，提升其执法水平；通过双方努力，形成双向长效机制，营造公平正义、执法为民的社会氛围，促进依法行政、法治社会的全面建设。城管执法法律援助服务室是全国首家设立在城管执法部门的法律援助服务室，截至目前，法律援助室已进行各类法律援助90余件，为提高执法效率，提升执法相对人法律意识起到重要作用。

（四）行政调解室

为进一步推进服务型行政执法工作，努力践行"百姓城管，服务百姓"的执法理念，有效化解执法争议，实现城管执法的法律效果与社会效果的和谐统一。金水区执法局结合城管执法实际，设立"行政调解室"，由工作经验丰富，熟悉相关法律知识的人员担任行政调解员，针对相对人与执法单位关于行使法律法规规章规定的自由裁量权产生的争议；法律、法规、规章规定应当由执法单位裁决或者调处的民事纠纷以及相对人之间产生的与行政管理有直接关系的争议纠纷，依法开展行政调解工作。行政调解以法律、法规、规章和政策为依据，以相对人自愿为基础，坚持处罚与教育相结合，遵循自愿、合法、公平、公正的原则，截至目前，行政调解室已进行各类行政调解十余件。对解决群众诉求、有效化解行政争议、纠正违法行为起到十分积极作用。

（五）城管巡回法庭

金水区人民法院在城管执法局建立的城管巡回法庭，是河南省内首家由地方人民法院专门处理城市管理行政执法中非诉案件执行的城管巡回法庭，人民法院介入城管执法工作领域，对非诉讼案件实行强制执行，实现了处理该类城市管理行政执法案件执行方面的专业性、快捷性、便利性。城管巡回法庭借助司法强制力,使城管执法行为效果落到实处,提升执法权威性,增强城管执法的透明度和公众的认可度,用实际回应种种质疑,重塑城管形象。自城管巡回法庭成立以来,金水区城管执法局已向法院申请强制执行160起,经法院审理、并下达行政裁定书157起,对纠正顽固违法行为和软暴力抗法行为起到了有力的震慑作用。例如,辖区岗杜街大汗烤羊腿店长期占道经营一案,就充分发挥"四室一庭"司法保障机制作用,通过联合法院、公安、公证等部门,借助司法强制力,对当事人强制执行罚金并追加滞纳金共4万元,对类似违法行为起到了震慑作用,取得了良好的执法效果和社会效果。

五 金水区城管执法"四权分离"执法措施

"四权分离"是将执法过程划分为:督查督办权、调查取证权、处罚决定权、强制执行权四部分。逐步形成分工合理、职责明确、协调有序、运转高效的城市管理工作机制。

(一) 督查督办权

督查督办全由案件督查督办中心形式,主要负责巡回检查辖区城市管理总体情况,搜集违法案件线索,汇总各渠道投诉,制作并及时派发督办单至相关执法中队,要求相应执法中队限期调查立案,并实时跟踪督查督办案件进展情况以及违法行为整改情况。

(二) 调查取证权

调查取证权由执法中队行使。执法中队负责日常巡查和督查督办案件的调查取证等一线执法工作。执法中队在接到督办案件后,组织开展现场检查、调查取证、搜集证据材料,经执法中队负责人审核后,将相关材料利用网上案件管理审批系统传送至案件指导办理中心。

（三）处罚决定权

处罚决定权由执法大队、法制科、局领导共同行使，通过局法制科下设的案件指导审理中心利用网上案件管理审批系统，全面审查城管执法案件，对执法中队在执法过程中的违法相对人认定，相对人违法行为取证等执法程序进行严格审查，结合法律规定和裁量标准，对案件从立案到结案进行逐级审查审批，确保每个案件必须通过三级审批，方能最终形成处罚决定。

（四）强制执行权

强制执行权依托城管巡回法庭，针对行政执法类非诉讼案件予以强制执行。局法制科密切关注执法案件的进展情况，行政相对人既不履行行政处罚决定（罚款），又不提起行政复议和行政诉讼的案件将及时向金水区人民法院城管巡回法庭申请强制执行，借助司法审判的力量，依法实施强制执行。

"四权分离"城管执法措施分权为出发点，实现执法权力分阶化、执法流程精细化、执法职责精确化；逐步形成分工合理，职责明确、协调有序、运转高效的城市管理工作机制。金水区城管执法局通过以问题为导向，理顺体制机制，划清职责边界，切实解决城市管理和执法中多头执法、职责不清、推诿扯皮、效率低下等问题，按照"五单一网"，明确执法权限，严把案件审核关，并综合运用行政指导、行政奖励、行政扶助、行政调解等非强制手段，引导当事人自觉遵守法律法规，及时化解矛盾纷争，促进社会和谐稳定。逐步形成管理、执法和服务三位一体的服务型行政执法模式。

六 金水区城管执法"互联网+执法"管理模式

（一）网上案件管理审批系统

为切实提高执法效率和规范执法程序、减少和避免执法过程中的人为因素，金水区城管执法局自主研发了具有专利知识产权的城市管理行政执法"网上案件管理审批系统"，将城市管理行政执法的流程、法律依据、行政处罚自由裁量进行融合和步骤分解，通过互联网，实现网上立案、审核、审批、监督以及案件资料的统计分析、综合查询等功能的信息化管理。网上案件管理审批系统使城管执法案件实现了从立案、办理到结案整个程序的网上快速准确流转。同时，每个执法案件的办理全部施行统一网上量化要求，不可擅自更改，有效防止暗箱操作，降低案件办理过程中的履职风险。网上案件管理审批系统使城管执法这项被习惯性评价为简单粗暴的工作，变成了一项具有高科技含量和高智力支持的现代化城市管理手段。

（二）网络执法互动

配备执法记录仪，网络直播既监督城管，又让市民多一分理解。实现服务体系的智能化。为加强舆论引导工作，城管执法局在充分利用报纸、电视等传统媒体的基础上，通过心通桥、微博、微信平台等新兴媒体，着力形成正面的舆论宣传导向，架起与百姓的沟通桥梁，认真倾听网民声音，快速解决网民诉求，以"百姓城管、服务百姓"为执法工作理念，逐步打造"网络城管"，充分展示了良好的执法形象，提高了网民对城管执法工作的了解度、理解度和支持度。

（三）微信平台

随着技术的不断成熟，金水区城管执法局开通了"金水城管执法"微信公众平台，定时推送，展现日常城管执法工作风采；积极互动，为执法工作创造良好的舆论环境；图文并茂，为枯燥的执法工作平添了不少乐趣，极大地拓展了城管与群众之间获取信息、互动交流的渠道。

（四）微博问政

微博是一个宣传阵地，金水区城管执法局始终坚持在为群众办实事的基础，以"亲切、坦诚、轻松、家常"的语言文字与网友交流。在面对网友的批评时，不回避，不删帖，虚心接受，自查自审。用实际行动取得网友的谅解，争取网友的支持，赢得网友的认可。"@郑州市金水区执法局"微博凭借平等诚恳的互动交流，准确及时的信息发布，现在已初步发展成为具有公信力和执行力的城管宣传平台。

（五）心通桥网络舆情处置

"心通桥"作为郑州市网络问政全媒体平台，金水区执法局严格按照区委宣传部对舆情处置工作的要求，建立网络舆情管理QQ群，并由专人进行监控，做到信息早发现、早落实、早反馈，并与区网络管理员进行互动，认真处理郑州市网络问政平台"心通桥"网站上网民反映的各类问题，按照回复要求在规定时限内办理投诉件、回复处理结果，杜绝监控不到位、回复不及时、久拖不办被区委督查室督办的现象。

结语　金水区城管执法实践探索的意义

郑州市金水区城市管理行政执法局以党的十八届三中全会、十八届四中全会的精神为引领，探索出了以公安警务室、公证服务室、法律援助室、行政调解室和城管巡回法庭为主要形式的"四室一庭、四权分离"城管执法司法机制，扩大了城管执法的司法功能，有效破解城市管理行政执法过程中暴力抗法、强制无力、证据缺失等执法难题，全力维护城市管理执法的权威和法律尊严，实现城市管理执法与司法的有效衔接，对违法行为起到了震慑作用。借助司法监督力，不仅规范了城管执法行为，避免和减少了与执法对象的摩擦和冲突，也保障相对人的合法权益，实现了文明执法的目标。构建的"互联网+执法"管理模式，全面提升城市管理精细化水平。另外，创新执法巡查方式，错时执法、徒步执法、延伸执法，精细管理，精准执法，精心服务，实现将执法与服务有机统一。

郑州市以网格化为载体的社会治理创新[*]

一 郑州市以网格化为载体的社会治理创新的时代背景

(一)社会转型期出现的新变化

当前,我们正处于一个特殊的历史时期。一是体制转轨期。中国正由初步的市场经济向逐步完善的市场经济转变,社会经济成分、就业方式、分配方式、组织形式和生活方式等的多样化,对群众工作的理念与方法、提高党的执政能力等提出了新要求。二是改革深化期。当前中国改革进入攻坚阶段。这一阶段的改革,多属涉及面宽、触及利益深、配套性强、风险较大的"硬骨头",有着特殊的复杂性和艰巨性,要求我们把握发展规律,扎实推进改革。三是经济快速发展期。这个时期,经济社会发展已经具备了较好的基础,抓住了机遇就会发展。既要追求经济增长方式的速度,又要追求经济增长的质量,由此带来了传统与现代、粗放与集约、工业化与信息化的重叠。在这个特殊期,要把推进资源节约型社会、自主创新国家建设提到战略高度来认识和对待,注意借鉴吸收发达国家和中国在这些方面的经验教训。四是思想观念碰撞期。当前社会经济结构的多元化引发的社会分配结构的多元化、社会利益结构的多元化、社会组织形式的多元化、

---

[*] 原载《河南社会治理发展报告》,2014年。

社会就业方式的多元化和社会生活方式的多元化,等等,直接或间接地影响着人们的思想观念和价值取向,带来了各种思想观念的激烈碰撞。五是信息化高速发展期。中国互联网络信息中心发布的《第32次中国互联网络发展状况统计报告》显示,截至2013年6月底,中国网站数量294万个,网民规模达5.91亿人,互联网普及率44.1%,手机网民规模为4.64亿人。信息化时代的到来,深刻改变了中国普通民众的生活,也改变着原有的政治生态。"虚拟社会"在空间具有虚拟性和跨地域性,交流上具有高度开放性和互动性,数据传输上具有快速性和可加密性,网络语言具有丰富性和情绪性,其成本的低廉、主体的隐蔽、过程的迅捷、成员的广泛都超出了传统社会管理的范畴。海量的网络原生态信息不仅使公众的知情权、参与权、表达权、监督权得到前所未有的扩展,也直接考验着党与政府的执政智慧。

(二) 传统社会管理模式与市场经济要求不协调

而目前还存在许多与市场经济体制要求不相适应的地方。一是部分党员干部头脑里还留有计划经济体制时代的烙印,仍习惯于突出阶段性的工作,采取运动式、突击式的方法措施,要求必须打破惯性思维,强化务实、创新、高效、民主、多元、开放、竞争、拼搏的意识。二是政府职能尚未完全转到经济调节、市场监管、社会管理和公共服务上来,管了很多不该管也管不好的事,行政审批事项仍然过多,市场配置资源的基础性作用还难以充分发挥,传统的行政管理方式已经难以适应市场经济发展和经济全球化的需要。一些地方行政机构设置不合理,层级过多,部门之间职责不清,协调不力。三是计划经济体制虽然已基本转变为社会主义市场经济体制,但工作推进机制却没有随着体制的转变而变化。计划经济系统清楚地表现为一种自上而下的单向作用控制,表现为简单性、封闭性、机械性,市场经济系统则表现为一种相互作用系统,表现为开放性、主动性、创新性。社会主义市场经济条件下,迫切要求勇于改革各种体制障碍,加快建立一套与之相适应的工作推进机制，实现由运动式履责到常态管理，由职责不清到各司其职，由事后处置到制度化源头治理，由单一监管到社会综合监管，由单向传动到多向互动，由单靠政府推动到靠法制、市场、社会等多方力量形成合力共同推动的转变。

（三）加快郑州都市区建设的时代要求

近年来，郑州站位"全国找坐标、中部求超越、河南挑大梁"，河南省委、省政府对郑州的发展寄予厚望，要求郑州在中原经济区建设中"挑大梁、走前头、作表率"。与此相呼应，围绕"建设大枢纽、培育大产业、塑造大都市"的目标，郑州提出了"建设郑州都市区"的战略构想，提出要实现郑州全域城镇化，把郑州建成千万人口的现代化大都市、中原经济区核心增长极和国家区域性中心城市

具体实施上，按照统一规划、分步实施的原则分三步走，确定了郑州都市区近期、中期、远期发展目标。近期目标：2011—2015年，形成郑州都市区框架结构和支撑体系，把郑州建设成为千万人口规模的现代化都市区；中期目标：2016—2020年，遵循辐射带动、区域协作的发展原则，形成"多中心、多组团、网络化、开放型"的城乡空间发展格局，基本实现城乡一体化发展格局，初呈以"大枢纽、大产业、大都市"为支撑的自然之美、社会公正、城乡和谐的现代田园城市风貌，建设成为国家中心城市；远期目标：2021—2030年，遵循城乡统筹、互促共进的发展原则，进一步优化空间布局，争取建成现代田园城市。

为推进郑州都市区建设，郑州确立了新型城镇化引领、现代产业体系构建、以网格为载体"依靠群众推进工作落实"长效机制建设三大主体工作。在新型城镇化建设方面，按照"一主（主城区）三区（东部新城区、西部新城区、南部郑州航空港经济综合实验区）四组团（巩义、新密、新郑、登封四个卫星城）36个产业集聚区27个新市镇182个新型农村社区56个历史文化风貌特色村"的空间布局，加快形成合理的城镇体系、合理的人口分布、合理的产业布局和

合理的就业结构，实现农村居住环境城镇化、公共服务城镇化、就业结构城镇化和消费方式城镇化。尤其是坚持"两核"驱动、"六城"支撑，加快推进中心城区现代化。"两核"即主城区和航空港实验区，"六城"即以航空港实验区为主体的航空城、以高新区为主体的科技城、以经开区为主体的汽车城、以郑东新区为主体的金融城、以中牟县绿博组团为主体的文化城和以二七商圈、华南城为标志的中心城区商贸城。在现代产业体系构建方面，加快新型工业化步伐，重点打造战略支撑产业，加快培育战略性新兴产业，依托工业七大主导产业，着力打造新材料、铝精深加工、现代食品等六个千亿级产业基地和汽车与装备制造、电子信息两个五千亿级产业基地，在此基础上，突出电子信息产业、汽车与装备制造业、现代商贸物流业、文化创意旅游业四大战略支撑产业，使郑州成为全国有影响力、有带动力的先进制造业基地；加快推进现代服务业发展，围绕现代服务业七大主导产业和空间布局，加快推进"十中心"建设；加快推进新型农业现代化，推进都市型农业集群发展。

实现这些目标，需要在体制保障上下功夫，建立以网格化为载体的社会治理创新机制，真正解决政府职责在基层中的短板，真正解决"看得见的管不了，管得了的看不见"的制度弊端，构建起以基层党组织为核心，政府市场监管、社会管理、公共服务和群众自治有效衔接、互为支撑的治理结构。

二 郑州市以网格化为载体的社会治理创新探索与实践

（一）启动阶段

近年来，随着郑州市经济社会发展速度明显加快，流动人口迅速增加，非法生产、非法经营、非法建设、安全生产、信访稳定、食品安全等方面问题时有发生。通过深入剖析，郑州市委、市政府认为，造成这种乱象的原因主要有三个方面：一是基层基础不牢，一些政府职能没有落到实处;二是一些地方政府和党员干部存在官僚主义、形式主义作风,远离群众,信息不通,成了"瞎子""聋子",不能及时发现和解决问题;三是条块分割,基层乡镇(办)和政府职能部门之间职责不清、沟通不畅、协作不力、办事效率不高。

为从根本上解决此类问题,郑州市建立了市领导分包联系基层乡(镇)办制度,市委、市政府领导坚持每周末到分包联系点实地调研,走村入户了解社情民意,倾听基层干部意见建议,探索新形势下做好群众工作的有效途径,逐步厘清了工作思路。

2012年2月24日,郑州市转变领导方式创新党务工作大会召开,会议印发了《市委、市政府关于建立"坚持依靠群众推进工作落实"长效机制的意见》(郑发〔2012〕4号),首次提出,要强化群众观点,坚持群众路线,转变领导方式,创新党务工作,着力构建"坚持依靠群众推进工作落实"长效机制,为郑州都市区建设提供坚强政治保障。会后,市直各单位、各县(市)区迅速行动,成立本单位群众工作领导小组、确定派驻工作人员、研究制订工作计划、召开会议安排部署。截至2012年2月28日,郑州市共组建市直群众工作队67个,参与人员820人,其中县处级干部151人,科级干部367人,科级以下干部302人。

(二) 试点阶段

2012年3月,郑州市将金水区经八路办事处、惠济区老鸦陈办事处、新郑市梨河镇分别作为全市中心城区、城乡接合部、农村三种类型试点,分别由郑州市委政研室、市委办公厅、市政府办公厅派出群众工作队,指导长效机制建设。期间,市委、市政府主要负责同志坚持每周末到经八路办事处、新郑市梨河镇蹲点调研,为试点单位理思路、出主意、想办法,摸索经验。

(三) 全面推进阶段

在总结深化提升试点经验的基础上,郑州市于4月27日召开

"坚持依靠群众推进工作落实"长效机制推进大会，集中推广三家试点单位经验，并就全市推行"坚持依靠群众推进工作落实"长效机制工作进行动员部署。会上印发了《关于规范"坚持依靠群众推进工作落实"长效机制的实施意见》（郑发〔2012〕8号），基本确立了"明确一个目标、坚持两个原则，细划三级网格，搭建四级平台，形成五级联动"的构架体系。

2012年6月，郑州市出台《关于"坚持依靠群众推进工作落实"长效机制群众工作队管理办法》，明确了群众工作队的职责任务、管理制度、考核奖惩办法。通过群众工作队建立抓本系统、本部门工作落实的平台，实现了市、县、乡各级工作力量和职能向基层延伸，保证和推动了"坚持依靠群众推进工作落实"长效机制在基层的有效落实。

2012年7月，郑州市社会公共管理信息平台正式联网运行，构建了社会问题常态化管理的技术平台，实现了群众反映问题的统一汇集、统一办理、统一反馈。

2012年10月，郑州市出台《"坚持依靠群众推进工作落实"长效机制责任追究办法（暂行）》及其实施细则，明确了责任追究的主体及对象、方式及程序、责任区分界定等问题，为"坚持依靠群众推进工作落实"长效机制运行提供了保障。截至2013年7月，全市实施网格化责任追究3287人次，其中党政纪处分处理136人次。

（四）深化提升阶段

2013年3月，郑州市出台《2013年深化规范提升"坚持依靠群众推进工作落实"长效机制工作20项举措及推进方案》，从推进条块深度融合、完善考核奖惩办法、加强基层基础工作、强化基层群众自治、加强信息平台和群众工作队的管理、创新工作抓手改变工作作风等方面，进一步明确了目标任务。5月8日，郑州市召开"坚持依靠群众推进工作落实"长效机制工作推进大会，标志着郑州市长效机制建设进入全面深化、规范、提升阶段。

三 郑州市以网格化为载体的社会治理与一般网格化管理的比较

（一）内涵实质的深化

网格化管理是以地域网格为单元，以信息技术支撑的管理技术，在许多地方作为一种社会管理的手段被广泛运用。郑州市以网格化为载体的社会治理创新，按照"重心下移、权力下放、全面覆盖"的组织运作原则，以提高公共服务水平和满足群众诉求为价值导向，广泛宣传调动群众参与的积极性，积极探索群众自治的方式方法，推动全社会参与网格化管理，共同维护社会公共利益、解决社会问题、化解社会矛盾，努力建设以基层党组织为核心，政府市场监管、社会管理、公共服务和群众自治有效衔接、互为支撑的新型社会治理模式。

（二）适用范围的延伸

一些地方的网格化管理多运用到社会治安、安全生产、消防、卫生等个别领域，或侧重于某个行业的管理，或局限于局部区域。郑州市以网格化为载体的社会治理创新在运用范围上，不局限于个别领域、局部区域，更注重广运用、全覆盖，实现对政府市场监管、社会管理、公共服务等职能的全覆盖。

（三）突出职权下放职责差异

郑州市以网格化为载体的社会治理创新在实际操作上，不仅做到了人员下沉、职责明晰，更做到了职权下放、差异化职责。它通过明确群众工作队、街道社区、职能部门下沉人员、网格长等不同主体的差异职责，推动市、县、乡三级工作力量和职能向基层延伸，形成市、县、乡、村（社区）、村组五级融合的"三级辐射、五级联动"的工作格局。职责明确以后，在哪个环节出了问题，就会实行逐级问责。通过差异化明确职责，实现了责权明晰、联动负责、逐级问责，推动了工作的全面落实。

(四) 群众参与程度的深化

郑州市以网格化为载体的社会治理创新在多元参与主体上，群众不再是过去形式化、表面化的参与，而是作为基层社会管理主体参与其中，获得了城市管理的实质权利，不仅是政府公务人员，包括社区驻地单位、公共服务场所、物业公司以及离退休党员、商户代表、社区积极分子等多元力量也参与网格管理中，发挥民意调查、市民听证会、网络问政等举措的作用，采取公开接访、设立电子信箱、公布热线电话等方式，创新群众参与社会治理的平台与载体，保证了公众在城市建设和发展中的话语权。

四 郑州市以网格化为载体的社会治理运行机制

2012年5月，郑州市委、市政府专门成立社会公共管理办公室，社会公共管理信息平台积极与ZZIC网络行政平台进行互联对接，通过信息化平台加强网格化管理，并建立社会公共管理重要事项联席会议制度，加强民生诉求事项的办理落实。这既是理念的变换，也是流程的再造。2013年，郑州市获得"全国社会管理综合治理优秀城市"称号。郑州市网格化管理的实践表明，城市网格化管理新模式促进了政府与居民的良性互动，形成政府与居民共治的新局面。郑州市网格化管理体系以网格覆盖为标志，建立了"横到边、纵到底"的管理新构架，有效构筑起了"三级网格、四级平台、五级联动"的长效工作机制。郑州市推进网格化管理体系建设是社会管理的体制机制创新，是对经济社会发展中涌现出来的新问题的积极回应，这既是理念的变革，也是流程的再造。郑州"坚持依靠群众推进工作落实"长效机制以网格化管理为载体，网格化管理体系的基本构架是三级网格、四级平台、五级联动、群众工作队积极参与。2013年郑州市提出以"深化规范提升"为主题，不断把长效机制建设工作引向深入。

在城市实行社区楼栋长等制度,在农村推行村民联户代表制度、"四议两公开"工作法等,将党的群众路线落到了实处。郑州的长效机制既吸取了网格化管理等现代城市管理的有益经验,又超越了一般意义上网格化管理的范畴,体现了郑州本土特色,对其他地区也具有借鉴价值。

(一)三级网格

一是把乡(镇、办)、村(社区)和村组(楼院、街区)划分成三级网格,统筹各级各部门力量、机关干部下沉基层驻村驻点,建立信息化平台,对每级网格定人、定岗、定责、定奖惩,实施网格化管理。以乡镇、街道为基准划分出了180个"大网格",以行政村和社区为基准划分出了2879个"中网格",以居民楼院、村组为基准划分出了19801个"小网格"。完善了以人、地、物、情、事、组织为核心的基础信息数据库,实现了政府管理和服务全覆盖。郑州市卫生系统利用现代网络技术,将全市城、乡、社区、村医疗服务网点纳入各级网格,实现"地图式定位责任服务管理",直观、便捷地显现与民众密切相关信息,使每个市民都能享受公平公开、触手可及的公共卫生和基层医疗服务

二是以4.5万名公职人员下沉基层为标志,建立了条块融合、联动负责、齐抓共管的工作新格局。全市共下沉乡(镇)办工作人员10588人,整合各级职能部门力量下沉网格22374人,市、县两级下派工作队2390个10173人,形成了乡(镇)办、职能部门、群众工作队三个责任主体协同联动、共同担责的工作合力。

三是以四级信息平台为标志,建立了责任、有序、高效的基层管理和服务新机制。按照"统一受理、分级处置、跟踪督查、评价奖惩"的原则,建立了基层排查、定期会商、联合执法、督查考评、责任追究等13项工作制度,对市场监管、社会管理、公共服务中存在的问题,按照职责范围实行逐级发现、逐级报告、逐级办理,促进了各类问题的及时发现和有效处置。

四是以广大群众的广泛参与为标志，建立了以基层党组织为核心，政府市场监管、社会管理和公共服务与群众自治有效衔接、互为支撑的基层治理新结构。郑州市领导坚持每周抽出半天时间到基层蹲点调研，各级网格人员从以前"宅"在机关里转变为现在的在网格上"忙"，办事效率明显提高。引导广大党员融入网格、服务群众，在网格化管理中发挥模范带头作用。如：贾峪镇把党组织建在网格上，构建"红色网格"，为基层党员党组织发挥作用搭建舞台。"横到边、纵到底"的各级网格架起了党员干部与群众之间的连心桥。

（二）四级平台

"四级平台"，就是按照"统一受理、分类处置、逐级上报、跟踪督查、评价奖惩"的原则，搭建市、县（市）区、乡（镇）办、村（社区）四级联网的社会公共管理信息平台。每一级平台既是一个基层信息数据平台，也是一个工作指挥、处置、监督平台。依托社会公共管理信息平台，各级政府及其职能部门可以实现对辖区内的市场监管、社会管理、公共服务等问题，按照职责范围实行逐级发现、逐级办理、逐级报告，确保各类问题应发现、尽发现，应处置、尽处置，形成化解矛盾和维护稳定的工作合力。

（三）五级联动

"五级联动"，就是由市委常委分包县（市）区，县（市）区党政班子成员和市直单位群众工作队分包乡（镇）办，乡（镇）办党政班子成员和县（市）区群众工作队分包村（社区），村（社区）干部分包村组、楼院、辖区公共单位，市直、县（市）区直行政执法部门班子成员分别分包乡（镇）办。通过市、县（市）区、乡（镇）办、村（社区）、村组（楼院、街区）上下五级联动，地方党委政府、职能部门和群众工作队三方联动联责，构建"事事有人管、人人都有责"的工作新格局。按照市里文件提出的"三个三分之一"的要求，即市直、县（市）区直部门负责人每年用三分之一的时间调

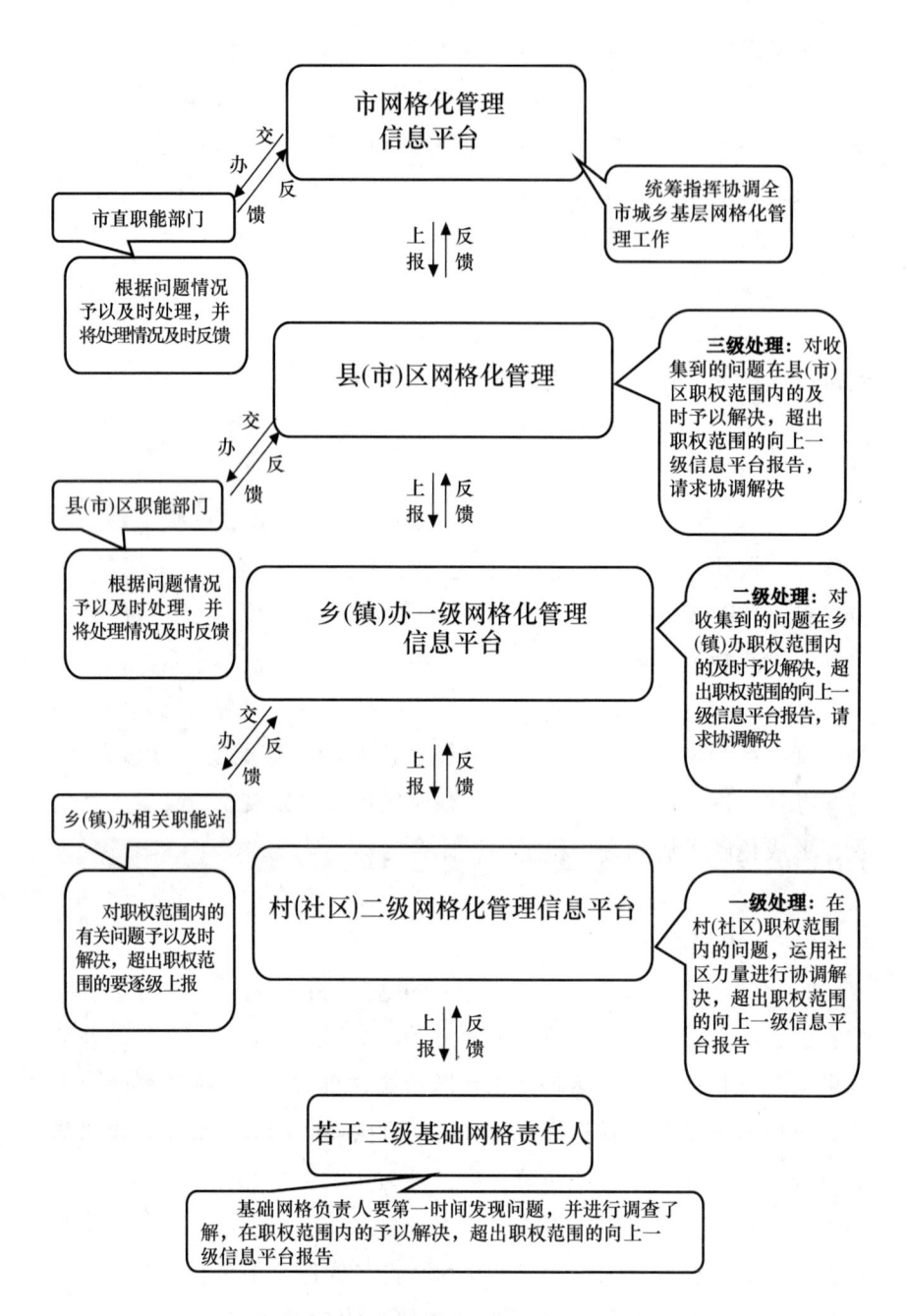

```
市直职能部门
根据问题情况予以及时处理,并将处理情况及时反馈
```
↑交办 ↓反馈

市网格化管理信息平台 — 统筹指挥协调全市城乡基层网格化管理工作

↓上报 ↑反馈

县(市)区网格化管理 — **三级处理**:对收集到的问题在县(市)区职权范围内的及时予以解决,超出职权范围的向上一级信息平台报告,请求协调解决

```
县(市)区职能部门
根据问题情况予以及时处理,并将处理情况及时反馈
```
↑交办 ↓反馈

↓上报 ↑反馈

乡(镇)办一级网格化管理信息平台 — **二级处理**:对收集到的问题在乡(镇)办职权范围内的及时予以解决,超出职权范围的向上一级信息平台报告,请求协调解决

```
乡(镇)办相关职能站
对职权范围内的有关问题予以及时解决,超出职权范围的要逐级上报
```
↑交办 ↓反馈

↓上报 ↑反馈

村(社区)二级网格化管理信息平台 — **一级处理**:在村(社区)职权范围内的问题,运用社区力量进行协调解决,超出职权范围的向上一级信息平台报告

↓上报 ↑反馈

若干三级基础网格责任人 — 基础网格负责人要第一时间发现问题,并进行调查了解,在职权范围内的予以解决,超出职权范围的向上一级信息平台报告

郑州市社会公共管理信息平台工作流程

查研究、梳理指导本单位开展群众工作，领导班子每年有三分之一成员带队深入基层，机关干部每年有三分之一的人员参与基层群众工作，市直各部门、各单位全部参与群众工作，每个市直部门分包一个乡镇办；按照"落地1—2个村（社区），联系辐射一个乡（镇）办"原则，抽调党性修养高、政治素质高、干部作风硬、责任心强、业务精通、身体健康的业务骨干开展群众工作。群众工作队按照"长期对口、蹲点联户、分片负责"的联系分包体制，派驻群众工作队联乡驻村开展工作。"长期对口"，就是长期分包，而不是短期帮扶，群众工作队尽可能与所联系点职能对口、业务融合；"蹲点联户"就是一个单位蹲的点是一个村（社区），工作范围是整个乡镇办面上的工作，每名群众工作队员联系一户或几户群众；"分片负责"，就是市、县、乡三级群众工作队落地的行政村或社区原则上不交叉。

五　基本经验

（一）发挥整体政府协同效应

郑州市推进网格化管理体系建设，实质就是针对现行管理制度弊端展开的一次社会管理的机制创新。在传统管理体制中，政府职责由职能部门垂直管理和基层政府属地管理共同承担，由于条块职责不清晰，致使条块分割、信息屏蔽、相互推诿、责任缺失。部门、层级以及职能之间的壁垒带来了协调的困难和管理运作的不畅。在新机制下，通过差异化职责促进条块融合，初步解决了多头管理、推诿、纠纷的问题，形成了职责明确、相互制约的"监督""指挥"两个工作轴，把所有的部门都在指挥、监督的系统中整合起来，并全面覆盖城市管理、社会保障、综合治理、社会服务各方面与公众密切相关的问题，所有涉及城市管理工作的专业部门和街道办事处，都要接受网格化城市管理指挥中心的指挥调度，实现了从"分散"到"集中"的转变，从而充分发挥了专业部门间的协同效应。

整体政府理论强调政府机构功能的整合，通过各种方式"联合"

或"协同""协调"以提高优质的公共服务和更高的运作效率。郑州市网格化管理体系的创新之处在于,通过让行政资源更多地向基层下沉推动条块融合,通过组团式下沉强化基层力量实现管理组织的扁平化,它是强制性的制度变迁,政府主导的社会治理创新。郑州市政府成立了社会公共管理办公室、社会公共管理信息平台与 ZZIC 网络行政平台进行互联对接,通过信息化平台加强网格化管理,并建立社会公共管理重要事项联席会议制度,加强民生诉求事项的办理落实。这是初始制度安排设定之后,在报酬递增路径依赖下使相关制度安排向同样方向配置,形成良性的路径依赖。但任何事物的发展都有一个过程,多是从结构上由简到繁、功能上由少到多、效率上由低到高的过程。这种制度安排在递增报酬情境下会成为一种自我强化机制持续下去,而且还需要通过正式制度的嵌入与非正式制度的支撑才能达成制度协同的"累积效应"。

郑州市构建以网格为载体"坚持依靠群众、推进工作落实"长效机制,通过差异化职责促进条块融合,致力"条块融合、职责明确、联动负责、逐级问责、网格覆盖",把所有的部门都在网格系统中整合起来,并全面覆盖城市管理、社会保障、综合治理、公共服务等领域,充分发挥协同效应,形成政府管理、公共服务和基层自治有效衔接、互为支撑的新型社会治理结构。但是任何制度变迁都会面临既有制度安排的阻力,不仅是正式的制度安排,还有非正式的制度安排,如何推动"坚持依靠群众推进工作落实"长效机制的有效运转,现实实践中仍然有许多观念障碍体制机制弊端需要面对。

(二)践行群众路线,形成共治新格局

引导广大党员融入网格、服务群众,在网格化管理中发挥模范带头作用。如:贾峪镇把党组织建在网格上,构建"红色网格",为基层党员党组织发挥作用搭建舞台。2012 年把片警、村医、民调员等财政补贴人员 5000 余人充实到网格的基础上,2013 年又把巡防队、协管员、计生专干、大学生村干部、环卫工人、老党员、离退休干部等基层力量纳入网格,使网格触角更广、更敏锐,网基力量更充足。在城区全面推广楼栋长制度、在农村全面推广联户代表制,进一步强化群众自治力量。充分发挥业主委员会、物业公司、其他群众组织的作用,参与楼院及社会管理,引导群众自治,实现网格化管理与群众自治的有效衔接。

郑州市调动各职能部门"自上而下、重心下移",把社区作为城市社会的基础单元纳入网格,使各种社会群体的聚焦点、各种利益关系的交汇点向心于行政管理与自我管理的衔接点,构建了"块"的作用更突出、"条"的力量更到位、网格责任更明确的管理格局,形成了基层社会治理结构的合力。

(三)运用信息资源的技术创新

郑州市社会公共管理信息平台是网格化管理的重要依托。通过规划建设全市统一的"社会公共管理信息平台",一是在问题发现和处置上实现全市上下联动、条块结合的业务协同;二是在全市规划建设基础资源数据库及其动态更新与数据共享机制,包括人口、流动人口、楼院、企业、驻区单位等基础资源数据库。信息平台从郑州市社会公共管理办公室、各职能委局连接到各县(市)区,延伸到乡(镇)办、村(社区)和村民小组(街道、楼院),再通过市政府网络信息发布中心(公众诉求平台)联系社会公众,受理、处置和回复网络媒体事项,实现"一网打尽"式的联动与共享。政府信息资源整合打破了信息资源开发的孤岛状态,实现了政府信息资源的全方位共享和开发效率的最优化,从而使整个政府信息服务过程系统化、规范化。

网格化城市管理信息平台作为技术支撑,实现了信息的实时更新和动态监控。基于系统实时生成的大量基础数据建立了科学完善的监督评价体系,使管理无缝隙更易落实。数字化服务平台可实施24小时监控制度;实现区、街道、社区和基础网格多级联动,随时查看、交办全市所有网格记录的居民服务诉求与走访情况。单元网格内一旦出现问题,会第一时间被发现,第一时间被解决,第一时间被反馈,第一时间被检验。使城市治理变得更加积极主动,实现了从"人治"到"技防"的转变,实现了制度约束和技术约束的融合。